The Southern Version of **CURSOR MUNDI**

Volume III

The Southern Version of
CURSOR MUNDI

General Editor, Sarah M. Horrall

Already published
Volume I. Lines 1-9228. Edited by Sarah M. Horrall
Volume III. Lines 12713-17082. Edited by Henry J. Stauffenberg

Forthcoming
Volume II. Lines 9229-12712. Edited by Roger R. Fowler
Volume IV. Lines 17289-21346. Edited by Peter H. J. Mous
Volume V. Lines 21347-23898 and General Introduction.
        Edited by Sarah M. Horrall

OTTAWA
MEDIAEVAL
TEXTS AND STUDIES

The Southern Version of CURSOR MUNDI

Volume III
Lines 12713-17082

Edited by
Henry J.
Stauffenberg

et exaltabitur sicut
unicornis cornu meum

University of Ottawa Press
1985

Canadian Cataloguing in Publication Data

Main entry under title:
The Southern version of *Cursor Mundi*

(Ottawa mediaeval texts and studies; 13)
Partial contents: v. 3. Lines 12713-17082/
edited by Henry J. Stauffenberg.
ISBN 0-7766-4814-4 (v. 3)

I. Series: Publications médiévales de
l'Université d'Ottawa; v. 13.

PR1966.A35   821'.1   C79-2580-9

This book has been published with the help

of a grant from the Canadian Federation for the Humanities,

using funds provided by

the Social Science and Humanities Research Council of Canada.

COVER DESIGN BY GILLES ROBERT

© University of Ottawa Press, 1985
ISBN 0-7766-4814-4
Printed and bound in Canada

IN MEMORIAM

This edition of the *Cursor Mundi* has its origins
in a doctoral dissertation completed between 1972 and 1977
under the direction of the late DR. A. P. CAMPBELL,
Professor Emeritus in English and former Director of
the Medieval Studies Programme
at the University of Ottawa.

It was Dr. Campbell who introduced me to the MS
which forms the basis of the present edition,
and who consistently provided encouragement for
this project.

As someone well acquainted
with Dr. Campbell's interest in the field
of medieval biblical paraphrase, I deeply regret
that his death occurred virtually on the eve of
the *Cursor*'s publication.

REQUIESCAT IN PACE

DEDICATION

This volume is principally dedicated to my beloved mother,
Victoria J. Stauffenberg (†), a woman of commanding presence,
who ensured that I would be a bibliophile
from the earliest stages of my memory.
It is co-dedicated to my father, Henry S. Stauffenberg,
in grateful recognition of his oft-tried patience
in coping with a temperamental academic,
and to my aunt, Dolores C. Thomas,
in acknowledgement of her steadfast familial loyalty.

I also hope that this edition of the *Cursor Mundi*
will reflect credit upon my late uncle "Frank,"
who so generously subsidized my education at all levels.

This work is, moreover, dedicated to those individuals
who exhibited genuine friendship during its preparation:

Michel C. Gauvin,
whose consistently sound advice, practical assistance,
and wry humour have always been appreciated

Serge Girard,
whose *joie de vivre* I have always admired,
and who performed two acts of kindness which he has doubtless forgotten

Normand W. Théberge and Carole Théberge,
who have evinced continuing support, encouragement, and kindness
(and, of course, to their son, Daniel — a future scholar)

Finally, in a special sense, this volume is dedicated to "S.F."

AD MULTOS ANNOS!

Ottawa, 1 January 1984

TABLE OF CONTENTS

General Editor's Introduction xiii

Introduction to This Volume xv
    List of Manuscript Sigla xv
    Structure of This Section xvi
    Sources xvii
    Editorial Principles xxi
    A Note on the Presentation of the Passion Narrative xxi

Text 1

Explanatory Notes 135
    List of Abbreviations 135
    Notes 136

Appendix A: Errors in Morris' Texts 161

Appendix B: MS BL Additional 31042 165

Appendix C: MS BL Additional 36983 211

Bibliography 235

GENERAL EDITOR'S INTRODUCTION

The present volume, containing an edition of lines 12713 to 17082 of *Cursor Mundi,* was originally intended to be part of Volume II of a three-volume series. It has now been decided, however, to publish this section separately as Volume III, with lines 9229-12712 to appear as Volume II, and lines 17289-21346 as Volume IV. Volume V will contain lines 21347-23898, as well as the General Introduction.

In the present volume, the Introduction, the text of MS H, the explanatory notes, and the Bibliography have been prepared by Dr. Henry J. Stauffenberg. The General Editor is responsible for the transcription of the variants, the list of errors in Morris' edition (Appendix A), and the texts of MSS BL Additional 31042 (Appendix B) and BL Additional 36983 (Appendix C).

INTRODUCTION TO THIS VOLUME

LIST OF MANUSCRIPT SIGLA

H   Arundel LVII, College of Arms, London

T   Trinity College, Cambridge, R.3.8

L   Laud Misc. 416, Bodleian Library, Oxford

B   Additional 36983, British Library, London

C   Cotton Vespasian A iii, British Library, London

F   Fairfax 14, Bodleian Library, Oxford

G   Göttingen University theol. 107^r

E   Edinburgh, Royal College of Physicians

Add   Additional 31042, British Library, London

STRUCTURE OF THIS SECTION

In his edition of *CM*, Richard Morris established the following textual divisions for this section. With the exception of the parenthetical notation for ll.12713-12751, the wording employed for the following sub-sections is his.

12713-12751	(Introduction to the "sexte elde")
12752-12915	Of John the Baptist and Christ's Baptism
12916-13001	The Temptation
13002-13241	The Death of John the Baptist
13242-13265	The Beginning of Christ's Ministry
13266-13358	Christ Chooses the Apostles
13359-14383	The Miracles and Sayings of Christ
14384-14775	The Obstinacy and Contrariousness of the Jews
14776-15384	The Jews Plot against Christ's Life
15385-16016	The Betrayal and Last Hours of Christ
16017-16664	The Trial before Caiphas and Pilate
16665-17082	The Crucifixion and Burial

SOURCES

Both the generally derivative nature of *CM* and the pivotal theological significance of ll.12713-17082, in particular, render it virtually impossible to complete an exhaustive survey of the poet's source-materials. In fact, few medieval writers, major or minor, failed to comment upon the events recounted in this section.

Despite the foregoing comments, several works may be cited with certainty regarding their influence upon this segment of the poem.

The Vulgate *Bible*

In her introduction to *OTSCM*, Dr. Horrall makes the following statement: "The *CM*-poet seems to use [the Vulgate] only occasionally, sometimes to correct his other sources."[1] This observation, however, does not apply to ll.12713-17082. On the contrary, the author evinces considerable fidelity to his canonical New Testament materials. Moreover, it should be noted that whenever apocryphal incidents, do occur, they are of a supplementary, illustrative nature, clearly intended to enhance the intrinsic value of the gospel narrative—not to supplant it.

Haenisch supplies a listing of the *Cursor*-poet's biblical sources.[2] Although reasonably accurate, this table is not wholly satisfactory. For instance, while he cites *Luc.* 3:23 as the source for the detail that Christ was baptized when "annorum tringenta," Haenisch fails to attribute the prophecy of Symeon (ll.17051-4) to the same evangelist (2:23); instead, he includes these lines under the vague category "Reflections of the Poet." Unfortunately, many of his textual divisions reflect a conscious striving for what might be termed "architectonic convenience."

---

1. *OTSCM*, p. xxi, n. 62. A List of Abbreviations is included in the Explanatory Notes. Full bibliographical details are found in the Bibliography at the end of this volume.

2. *CM*, pp. 35*-39*.

Herman's *Bible*

Herman de Valencienne's OF *Bible* has long been acknowledged as a major source for both the Old and New Testament sections of *CM*.[3] The relationship between the two works is especially evident, e.g., in such instances as their respective accounts of Christ's entry into Jerusalem (ll. 14937-15112) and their lengthy scriptural recapitulations (ll. 14398-14451).

The Old French *Cross Story*

Contained in MS BN fr. 763 (fols. 267-273), this 1783-line poem was initially recognized as a source for *CM* by A. S. Napier.[4] Several sections furnish material for the Old Testament portion of the *Cursor*, but the OF work's influence upon the present New Testament text is principally reflected in the following episodes: l. 15691ff. (Judas and the "scalded cock"), l. 16543ff. (the Crucifixion), and l. 16861ff. (the "humatio" of the three crosses).

Vita Prothoplausti Ade

This work, more commonly known as the *Legende,* was also established as a source by A. S. Napier.[5] Its contribution to *CM* 12713-17082 is chiefly evident on the basis of details not contained in the OF *Cross Story* in *Trad. anon.*, such as the "mira fragrancia" associated with the cross-wood (16561-2).

---

3. This important text was edited in a series of Griefswald dissertations under the title *La Bible von Herman de Valenciennes* (Griefswald, 1914), but published in incomplete form. Karl BARTSCH's *Chrestomathie de l'ancien français,* 10th ed. (Leipzig, 1910), pp. 71-76, also furnishes an excerpt. For an extensive comparison, consult Lois BORLAND's *The Cursor Mundi and Herman's Bible,* Diss. Chicago, 1929, and her subsequent article "*Herman's Bible* and the *Cursor Mundi,*" *Studies in Philology,* XXX (1933), 427-444. A more recent study is Philip BUEHLER's "The *Cursor Mundi* and *Herman's Bible*—Some Additional Parallels," *Studies in Philology,*

LXI (1964), 485-499. A later edition of the poem, from one manuscript, is *Li Romanz de Dieu et de sa Mère,* ed. Ina SPIELE, Publications Romanes de l'Université de Leyden, XXI (Leyden, 1975).

4. *The History of the Holy Rood Tree* (London, 1884), EETS OS 103, pp. xxiiiff. Napier published several parallel extracts to demonstrate the relation between the poems.

5. *Ibid.* The version quoted in the present edition is that of Moshe LAZAR, "La Légende de 'l'Arbre de Paradis' ou 'bois de la croix,'" *Zeitschrift für romanische Philologie,* LXXVI (1960), 34-63.

Historia Scholastica Evangelica

Petrus Comestor's monumental work[6] was originally accorded source-status by Haenisch.[7] Apart from supplying a broadly authoritative exegetical structure for many medieval religious texts, the *Historia* also cautiously transmitted such non-canonical notions as John the Evangelist's identification with the bridegroom at Cana (ll.13424-30; 13438-9). In some cases, Comestor may have inspired the southern redactor of *CM* to depart from the original northern reading in such significant details as the substitution of palm for pine in the composition of the rood-arbor (l.16565). Few scholars, however, would now agree with W. H. Schofield's opinion that "Comestor was the chief source of the *Cursor Mundi*."[8]

Le Chateau d'Amour

The poet himself mentions "sent Robert bok"[9] at line 9516, thereby attributing a canonically unsubstantiated status to the venerable Grosseteste.[10] Haenisch discusses this source at length with reference to ll.9514-11594.[11] Regarding *CM* 12713-17082, the influence of the *Chateau d'Amour* is most apparent from l.16949 onward.[12]

Legenda Aurea

This well-known synaxarial compilation[13] is discussed by Haenisch, but only as a source supplementing Isidore's *De Vita et Morte Sanctorum*.[14] More specifically, he limits the *Golden Legend*'s influence to the apostolic narrative inaugurated at l. 20849. Voragine's work,

---

6. *PL* CXCVIII, 1537ff.

7. *CM*, pp. 3*-13*.

8. *English Literature to Chaucer*, p. 76.

9. Two Anglo-Norman versions have been utilized in preparing the present text: *Robert Grosseteste's Chateau d'Amour*, ed. M. COOKE, Publications of the Caxton Society XV (1852), rpt. 1967, and *Le Chateau d'Amour de Robert Grosseteste*, ed. J. MURRAY (Paris, 1918).

10. Despite four separate—and unsuccessful—attempts at securing his canonization in 1280, 1286, 1288, and 1307, "Grostest of Lyncolne" was popularly accorded sainthood. Cf., e.g., Robert of BRUNNE's *Handlyng Synne* I,

ll.4739ff., ed. F. J. FURNIVALL, EETS 119 (London, 1901).

11. *CM*, pp. 23*-31*.

12. This relationship has been established by Kari SAJAVAARA in "The Use of Robert Grosseteste's *Chateau d'Amour* as a Source for the *Cursor Mundi*," *Neuphilologische Mitteilungen*, LXVIII (1967), 184-193. For an extremely authoritative discussion of related versions, see the same author's *Middle English Translations of Robert Grosseteste's Chateau d'Amour* (Helsinki, 1967).

13. The text cited is that of Th. GRAESSE (Lipsiae, 1850).

14. *CM*, pp. 47-56.

nevertheless, has been used elsewhere by the *Cursor*-poet (e.g., in his explanation of Mary's genealogy).[15] Although frequently cited in the accompanying notes, the principal value of the *Legenda* in terms of the present edition is to demonstrate the currency enjoyed by numerous elements of apocryphal lore during the Middle Ages.

EDITORIAL PRINCIPLES

The editorial principles for this volume are the same as those outlined in Volume I, pp. 25-27.

In addition to the text of *Cursor Mundi* from MS H and variants from MSS TLB, this volume also contains, as Appendix B, a transcription of the hitherto unpublished Thornton fragment of *Cursor Mundi* (MS Add). Furthermore, MS B does not copy *CM*, ll.14916-17288, but instead substitutes 1140 lines from the *Meditations on the Supper of Our Lord*. A transcription of these lines from MS B appears here as Appendix C.

A NOTE ON THE PRESENTATION OF THE PASSION NARRATIVE

Lines 14933-17082 inclusive depart in several significant ways from the bi-columnar format employed in other sections. The account of the Passion is, for example, inaugurated by a large, lavishly decorated capital "O" balancing six short lines. Its elaborate ornamentation divides the two columns of text vertically, and continues horizontally across the entire top of the folio, giving the effect of a floriated "T".

From line 14967 through folio 100v (17082), the columnar transcription of the text is abandoned in favour of long lines divided internally by medial punctuation. To facilitate the preparation of this volume, as well as to correspond to the numbering of the four Morris texts, the hemistichs have been reproduced as individual units.

The scribe's original system of punctuation (incorporating the symbols //, ⁊, and ·) has been retained in conformity with the MS.

---

15. Ll.12733-51.

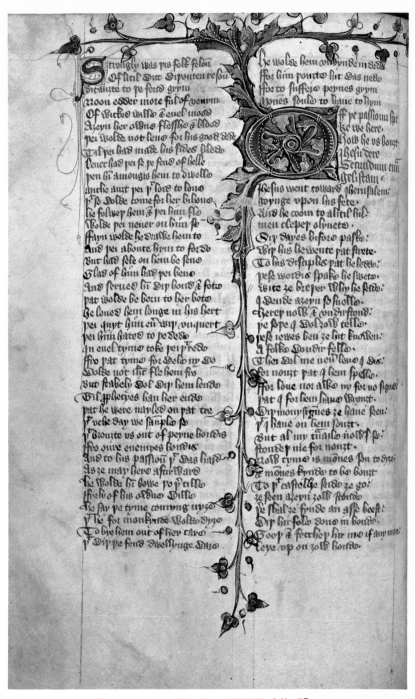

College of Arms MS Arundel LVII, folio 87v
Reproduced by permission of College of Arms

Text of
the Southern Version
of *Cursor Mundi*
(College of Arms MS Arundel LVII)

Lines 12713-17082

Of þis nomore but oþer here   fol. 74r col. 2
Of ion baptist & ihesu dere
Þe sixte elde to brynge in place   12715
Whenne þat god wolde sprede his grace
To his owne chosen trewe
Þe testament bigon he newe
Wherof seynt Ion was messengere
Þat of holynes had no pere   12720
Wiþ his baner he coom bifore
To teche þe lawe of cristen lore
Ion as banerere of honoure   fol. 74v col. 1
Coom þo bifore oure saueoure
In tyme of holy Ion to mene   12725
Was lawe bigonne of bapteme
He tauȝte men first forsake synne
And so her bapteme to bigynne
By whiche to heuen we shul come
Whenne we of þis world ben nome   12730
If we oure lyf trewely lede
And at þe endyng to crist vs bede
Þis tre þat I here bigynne
Is al set for mary kynne

12715   elde] age B. brynge] begyn B.
12716   wolde] wol TB. sprede] spede B.
             A heading follows in B:
             þe sexte age here we begyn
             þat God kepe vs oute of syn
12719   Wherof] When B.
12722   cristen] cristis B.
12723   banerere] manarer B.
12724   þo] om. LB.
12727   forsake] to forsake LB.
12729   By...we] þurgh which we to hevyn B.
12732   at þe] all oure B.
12733-51   om C.
12734   mary] manys B.

Þat men may knowe witterly 12735
Of Ioseph kyn & of mary
For boþe of o mon þei come
Þat leuy had sumtyme to nome 12738
Þis leuy had sones two 12744
Matan & pantera also 12745
Of mathan coom iacob & of him Ioseph
Þat is þe neþermaste step
Of þat syde no mo to telle is
Of pantera coom parpantera I wis
Of parpantera coom Ioachim 12750
And Seynt Mary coom of him

S eynt Ion bi þe flum gon dwelle
Þe folk fu[l] feire for to spelle
In watir baptised he alle þo
Þat wolde bapteme vndirgo 12755
In baptisyge ȝonge & olde
Men to him souȝte & he was bolde
His prechyng & his sermoun
Brouȝte mony men to resoun
And into weye to gete hem mede 12760
But hard hit was his lyf to lede
Þe iewis tiþing of hym herde
And of his fare þat he wiþ ferde
Wondir hem þouȝte þat he myȝt laste
Wiþ so greet trauaile & faste 12765
Siþ he was of her kyn & kiþ

12735   þat] þan B.
12738   Leuy...to] hight leuy be his B.
12739-51 *om.* FAdd.
12739-43 *om.* HTLB.
12744   two] ij° L.
12746   &] *om.* TL. him] Iacob B.
12747   is] was B. step] Steph B.
12749   parpantera] Pantera B.
12750   parpantera] Pantera B.
Before l. 12752 there is a heading in Add.
12753   ful] fur H.
12755   vndirgo] vndirto B.
12756   In baptisynge] He baptized B.
12757   &...bolde] manyfolde B.
12760   into] into þe B.
12763   And] *om.* B. he wiþ] wiþ hym B.
12764   hem þouȝte] it was B.
12765   so...&] his trauayle & his B.
12766   Siþ] Synne LB. kiþ] liþ B.

Whi he wolde not wone hem wiþ   fol. 74v col. 2
Þe maistris also of þe lawe
Bitwene hem in her comyn sawe
Had wondir of þis baptisyng   12770
And seide hit is greet mistrowy*n*g
Þis Ion shal oure lawe fordo
But we take bett*er* tente þerto
We wol se for what resoun
For sauyng or dampnaciou*n*   12775
Þat he siche baptizing mas
And wheþ*er* he be messias
Þat þe folk abideþ so
To brynge hem out of wo
Elye or crist wheþ*er* is he   12780
Þe sooþe fayn wite wolde we
Or he is p*ro*phete þat þus leres
Wiþ þis sent þei her messangeres
Of þe wisest þat þei fond
To brynge from Ion c*er*tyn tiþond   12785
Þe messengeris þus I sende
To þat wildernesse þei wende
Ful hendely þe*n*ne þei hi*m* grette
Anoon as þei togider mette
Þe wisest þat among hem were   12790
Þe erned seide on þis manere
Sir þei seide we wolde þe pray
Þat þou þe soþe woldes vs say
What man shul we calle þe
Telle vs what mon þou be   12795
Alle folk of ierusalemes londe
Han wondir of þe to vndirstonde
Of þi baptem & of þi dedis
Of only lyf þat þou here ledis
Art þou ouȝt hely here now   12800
Cryst or p*ro*phete þat mon shulde bow

12770 þis] his B.
12771 is] was B.
12774 We] He L.
12775 or] of oure B.
12783 sent þei] þey sent TLB.
12787 To þat] þat to B.
12790 þat] *om.* B.
12792 wolde] will B.
12793 þou...woldes] þe soþe þow wolde B.
12796 folk] þe folke B.
12799 Of only] And of þy B.
12801 Cryst] That Cryst L. mon] we L; men to B.

Wheþer þou leue siche lay as we
To send hem word þei praye þe
Of þiself what wolt þou say
Vnto maistris of þe lay   12805
Gladly þen seide Ion
I shal ȝow telle soone anon
My leue breþer and my frende   fol. 75r col. 1
Aȝein to ȝoure maistris ȝe wende
And telle hem sooþ on my partye   12810
Nouþer am I crist ny ȝit elye
Ny prophete ȝe me not calle
What shul we seye þenne to hem alle
A voys cryinge in desert
So I hette al apert   12815
Biddyng make redy þe gate
Of þe lord hyȝest of state
Aȝeyn þe lord þat comen is now
To him owe vche mon to bow
Þat long was het now comen es   12820
Of him I preche in wildernes
Of whom am I not worthi to
To louse þe þongis of his sho
And loke ȝe make redy his wey
He is þat lord so shal ȝe sey   12825
Al holly Iones sawe
Brouȝt þei to maistris of þe lawe

Whenne ihesu crist was comen nere
To þe elde of þritty ȝère
He knew þe tyme come   12830

12802   leue] liue B. lay] law B.
12803   send hem] them send L. þei] we L.
12805   Vnto] Vnto the L; To þe B. þe] oure B.
12809   maistris] master L. ȝe] om B.
12810   And] om. B. sooþ on] þe soþe of B.
12811   ny ȝit] or yet L; nor B.
12812   ȝe] þat ȝe B.
12813   þenne to] among B.
12815   apert] aperert B.
12816-7   om. CFAddG.
12818   Aȝeyn þe] To þat B.
12820   het] it L.
12822   Of] To B. am I] I am B.
12827   maistris] þe mastirs LB.
12829   elde] age B. þritty] xxx L.
12830   knew] knew well B.

Þat he wolde haue bapteme nome
He wente him to flom iurdone
Þere he fond his cosyn Ione
Lyuyng þere al only
But bi goddis loue on hy   12835
Whenne Ion him sey as seiþ þe boke
For drede vche lymme he quoke
And seide þat alle my3ten here
Se þe lomb of god dere
Se þe lomb þat clense shale   12840
Þis wrecched world ful of bale
Þou3e he aftir me born be
Longe was he bifore me

// Ihesu seide to seynt Ion
My cosyn dere & frend anoon   12845
To baptise me I haue þe sou3t
Baptize þe lord dar I nou3t
I caitif wheþen coom hit me   fol. 75r col. 2
Þat I lord myn shulde baptize þe
For I am lord ful of synne   12850
And hider fled from al my kynne
A nedeful wrecche here am I hidde
Þou shal do Ion as I þe bidde
Baptize þou me leue cosyne
I dar not touche þe lord myne   12855
Skil me þinkeþ hit were more
Þat I of þe baptized wore
Ion he seide we mot lawe fulfille
Lord he seide now at þi wille   12859
Ihesus into þat watir 3eode   12862

12832   flom] þe flom B.
12834   Lyuyng] Lying B. al] *om.* L.
12835   loue] *grace* B.
12836   as] so B.
12838   þat] *om.* B. my3ten] myghty B.
12840   þe] þis B. clense] fell B.
12841   ful of] of all B.
12842   Þou3e] 3effe B. born be] be borne B.
12843   Longe...me] He was long me beforne B.
12845   &] my B.
12848   wheþen] when B.
12849   myn] *om.* B.
12858   we] I B. lawe] þe law LB.
12859   now] *om.* LB.
12860-1 *om.* CAddGHTLB.
12862   þat] þe B.

And seynt Ion nyȝehonde him stode
Whenne he say ihesu þere stonde
Quakynge he lift vp his honde　　　　　　　　　12865
Þere was oure lord cryst
Of his owne seruaunt baptist
On him þe holy goost þen liȝt
In shap of doufe coom wiþ fliȝt
As he loked vp to heuen　　　　　　　　　　　12870
Open he say þe cloudis seuen
Þe fadir steuen out hit brast
As hit were a þondir blast
Þis is my loued sone so dere
Al þis world him owe to here　　　　　　　　　12875
In whom I haue as ȝe may sen
Euere wel apayed ben
Whil seint ion þis offis did
Dyuerse wondris þere were kid
Þe holy streme of flom iordone　　　　　　　　12880
On boþe side stood stille as stone
Þre þingis in oon were seen þere
Þe sone þat monnes body bere
Þe fadir voys þe childe þer knew
Þe holy goost dowfe of vertu　　　　　　　　　12885
Þe olde testament here slakeþ
And þe newe bigynnyng takeþ

Of þi worship ion is to say
Þat shewed was ilke day
Ion was of alle dedis clene　　　　　　　　　　12890

12863　nyȝehonde] nerhond B.
12867　owne] *om.* B.
12868　þen] þere B.
12869　coom] sone B. wiþ] in L.
12870　to] into L.
12871　seuen] vij L; evyn B.
12872-3　*om.* CGHTLB.
12874　so] *om.* B.
12876-7　*om.* CFAddG.
12877　apayed] ipayed B.
12881　side] sydis B.
12882　were] þer was B.
12885　goost] *om.* T. dowfe] a dove B.
12887　bigynnyng] here vertu B.
12888　Of] Aff B.
12889　shewed was] þere was schewyd þat B. ilke] þat ilk L.
12890　all] *om.* B.

Þourʒe þi merit was hit sene   fol. 75v col. 1
Whenne noon so worþi was as þow
To hondele gode ihesu & bow
And ʒaf him þe holy sacrament
Þat al þis world owe to tent   12895
Merueile hit is to þinke in brest
How shulde þe clerk baptize þe prest
Þe sone þe fadir þe knyʒt þe kyng
He ordeined þat made al þing
But myʒte hit neuer ouer slip   12900
Þat himself seide of þi worship
Of blis þat he to þe purueide
Siche witnessyng himself seide
Among alle wymmennes sones seide he
Þat euer was or ʒit shal be   12905
A gretter childe was neuer noon
Of modir born þen þou seint Ion   12907
He þe chees for his lanterne   12910
Bifore his face þe liʒte to berne
To go bifore his comyng
As baner doþ bifore a kyng
As baily gooþ bifore Iustise
So coom þou bifore þat riʒtwyse   12915
When ihesu had baptem vndirgon
He laft Ion stille by flum iordon
For þo to folk he wolde him knowe
But ar he wolde him fully showe
ʒitt a whyle he wolde abyde   12920
Til he had fasted lenten tyde
Þat wolde he not done apert
But went into depe desert

12890-1   *reversed in* Add.
12891   þi] þe B.
12894   þe] þat B.
12895   þis] þe B.
12900   hit] her T. slip] skip B.
12901   himself] God B.
12903   Siche witnessyng] Which witnes B.
12905   euer...shal] had in all þis worlde B.
12908-9   *om.* HTLB.
12913   bifore] tofore B.
12914   gooþ] comyþ L; dothe B. bifore] tofore B.
12918-9   *reversed in* Add.
12918   knowe] showe L.
12919   him fully] hymselffe B. showe] know L.
12921   lenten] þe lentyn B.
12923   into] hym into B.

Þere þe holy goost him ledde
He fasted fourty dayes vnfedde   12925
Fourty nyȝtis & fourty dayes
Þenne hongride him þe story sayes
Þourȝe þe kynde of his monhede
Þat of bodily fode had nede
Þe enemy fend þo him souȝt   12930
Fonde him he wolde if he mouȝt
Hit was sene he him not knewe   fol. 75v col. 2
Whenne he temptide þat lorde trewe
Fayn he wolde hym taste wiþ synne
To wite if he had part þerynne   12935
Þat false deuel as I seide ere
Coom to asaye his maker þere
He had no doute wiþ him to mote
But stood riȝt bi his lordis fote
He say hym hongry al for faste   12940
In gloteny he wolde him caste
To him he seide I woot þat þou
Hast fasted longe & hongrest now
If þou be goddis sone
Make þi biddyng to be done   12945
Þat þese stones be breed to wille
And siþen may þou ete þi fille
To þat fend seide god anone
Men lyueþ not bi breed one
But bi goddis word also   12950
Þat of his mouþ to men shal go

//   Þis fend laft not his werre
Þis fend laft not his werre
But bodily he ȝeode him nerre
Who wist euer þeof so bolde
He hent his lord in his wolde   12955
In his armes & toke his fliȝt

12924   Þere] *om.* B. him] þedir hym B.
12925   fourty] xl L.
12926   nyȝtis] nyght TLB. *second* fourty] xl L.
12927   Þenne...him] He hongryd as B.
12930   enemy fend] fende his enmy B.
12931   him] *om.* B.
12935   part] tast L.
12939   riȝt] *om.* B.
12944   If] ȝeffe þat B.
12948   seide god] god sayde B.
12949   bi] in B.
12951   of] oute of B. to men] *om.* B.
12953   bodily] dodily T; boldly LB.

To þe toun of ierusalem riȝt
On an hiȝe pynacle he set him doun
Of þe temple in þat toun
If þou be goddis sone seide he 12960
Þus shal I assaye now þe
Leep doun nowe to þe grounde
And kepe þi body hool & sounde
For writen hit is he shal þe sende
Aungelis þe for to defende 12965
To kepe þe in her hondis two
Wiþouten hirte of foot or to
Nouþer to hirte on tre nor stone
Do leep drede þar þe haue none
Ihesu seide þe ouȝte to wonde 12970
Þi god þi lord for to fonde

// ȝit gon þat þeof more to chyde fol. 76r col. 1
And seide here shal þou not abyde
Sum oþere vnswere shal þou say
Ar I passe from þe away 12975
Þe fend him in armes hynt
And bar him forþ wiþouten stynt
Vpon þe hext hil he fonde
And þere shewed him al þe londe
Euervche kyngdome & vche cite 12980
Ouer al þe world þei myȝte se
Sestou not seide þat feloun
Al þis world tour & toun
Þe kyngis alle are at my fay
And at my wille regne þay 12985
Alle I gyue hem to þe now

12957 To] Vnto B. toun of] *om.* B.
12958 hiȝe] *om.* B.
12961 Þus] Þis L.
12964 þe sende] dissende B.
12965 for] *om.* B.
12966 To] And B. two] ij° L.
12968 on] of B.
12969 Do] To LB. leep] skip B.
12972 þat] þe B
12974 say] me say B.
12975 I] þou B. þe] me B.
12976 armes] his armes B.
12979 þere] þere he B.
12983 tour] boþe toure B.
12984 Þe...are] Þes lordschips ben all B.
12986 hem...þe] the right L.

If þou knelyng wolt me bow
Þe ouȝte not to haue in doute
For to be myn vndirloute
Ihe*sus* seide no lengere   12990
May I þi wickede wordis bere
Fle sathan wiþouten dwelle
For writen hit is in book of spelle
Þi lord owe þou to fote falle
And worshipe wiþ þi myȝtis alle   12995
Þe fend fley anoon þat tide
Durst he no lenger his biddy*n*g byde
His au*n*gels coom at his wille
And serued him as hit was skille

Leue we ihe*sus* a litil while   13000
And turne we to sei*nt* Ion our stile
How heroude kyng him dud of lyue
For loue of his broþer wyue
But not þat heroude wite ȝe wele
Þat slowȝe þe childre of israele   13005
But anoþer þat so hat
Of þre sones þat he gat
Þe formast het archelaus þus
As þe story telleþ vs
Þat regned aftir his fadir lyue   13010
Þat oþer phelipp spoused a wyue
Þat hadde to name herodias   fol. 76r col. 2
Heroudis þe þridde broþer was
Þis heroudis kyng as hit is red
Boþe he loued seynt Ion & dred   13015
And gladly herde his sarmou*n*
But myche he dide aȝeyn resou*n*
Vnkyndenes he kidde ful ryf
He raft philip his broþer his wyf

12987   me] to me B.
12988   ouȝte] oweth B.
12993   writen...is] it is write B.
12994   þou] þe B.
12995   And] Hym B.
13001   sei*nt*] *om.* B.
13002   of] on B.
13012   Þat hadde] Sche hight B.
13013   Heroudis] Heraud B.
13014   heroudis] heraud B.
13018   Vnkyndly he did vnryffe B.
13019   broþer his] brothir L; broþers B.

Þe same þat herodias hiȝt   13020
Miche he dide aȝeyn þe riȝt
Whenne Ion herde hit was so
Wite ȝe wel he was ful wo
And forto felle þat foule shome
He coom to heroudis home   13025
Out of desert þat he was Inne
He coom to blame þe kyng of synne
Bifore his barouns euerychone
He forbede him þat wommone
And tolde him wherfore & why   13030
No mon shulde do so synfully

// Herodias herde þis tiþing
And drad to leue heroudis kyng
In hir herte wolde she wede
For why his wordis were to drede   13035
She wist wel riȝtwis was his sawe
But of him wolde she stonde noon awe
On oþer side she was ful wo
Lest she parted þe kyng fro
She cryed & made mychel dol   13040
As she þat was an ebber fool
She had a douȝtir of philip geten
Hir wickednes beþ neuer forȝeten
Of hir name is no fors to telle
Knowen she is þerby in helle   13045
To kyng heroude seide seynt Ion   13048
Dowey fro þe þis wicke wommon
Þou louest hir myche aȝeyn þi lyf   13050
And ȝit is she þi broþer wyf
Whom þou shuldest not haue wiþ lawe

13022   hit] þat it B.
13025   home] hous home B.
13028   barouns] lordis B.
13031   No mon] þat non schuld B.
13032   herde…tiþing] dred þis þing B.
13033   heroudis] herowde his L; þe B.
13035   his] her B.
13036   She] Bote sche B.
13038   oþer] þe oþer B.
13039   Lest she] To be B. parted] departed TL.
13041   an ebber] more þan a B.
13042   geten] beget B.
13043   beþ…forȝeten] schall not be forȝett B.
13044   Of] *om.* B. no fors] not B.
13046-7 *om.* HTLB.

If þou dreddest goddis awe
I drede but þou soone bete þi sake fol. 76v col. 1
Þou diȝest not wiþouten wrake   13055
Dowey Ion whi seistou so
To þi desert I rede þou go
Stille I rede þou holde þe þore
And of þis mater to speke no more
For leue hir ȝitt wol I nouȝt   13060
Þat þou hast seid beþ dere bouȝt
I loue hir more þen any þing
Þat is moost aȝeyn þe kyng
Þi broþer wyf fro him to reue
I rede bi tyme ȝit þou hir leue   13065
He seide Ion to myche is spoken
And þat shal not be vnwroken
Þou shalt in my prisoun lye
And þese wordis dere abye
Herodias hatid him to dede   13070
Þei prisoned him bi hir rede
In prisoun heroudis dud him cast
For to make him agast
To sle him was he not in wille
But þat wicked wommon to stille   13075
Hir to wraþþe he dredde sore
For he loued no þing more
His disciplis coom him to se
Þe kyng hem lete haue fre entre
Þei fonde him in þat prisoun depe   13080
Miȝt þei not forbere to wepe
Ion asked & wolde wite
Wheþer ihesu crist oure lord ȝite
Bigon wiþ wordis him to kiþe
For þerof wolde he be ful bliþe   13085
He seide my breþer leue frende

13054   soone bete] bete sone B.
13055   diȝest...wiþouten] die shalt *with* L.
13059   And] *om.* B. to] þou B.
13061   beþ] schall be B. beþ dere] shalle der by L.
13064   fro...to] þou hym be B.
13065   ȝit] þat B.
13071   Þei] He B.
13072   heroudis] heraud B.
13074   he] it B. in] his B.
13075   wicked] wrech B.
13080   þat] a B.
13083   Wheþer] ȝeff B.
13086   leue] & lefe L; my leue B.

Now shal ȝe [on] myn eronde wende
To ihesu þat lordynge now
And seiþ him as I seye to ȝow
On meke manere sey ȝoure eronde   13090
Forȝeteþ not but vndirstonde
Aske hym if he be þat gome
Þat mon to saue now is come
If hit be he how longe siþe   fol. 76v col. 2
Shal he him hide & not kiþe   13095
Or bidde him sende vs word þon
Wheþer we shul bide anoþer mon
Þei took leue & from Ion went
And coom þere ihesus was present
Þei seide sir Ion þe greteþ I wis   13100
Þere he in harde prisoun is
And askeþ if þou be he þat shale
Louse þe bounden folk of bale
ȝe I am he he seide parfay
ȝe shul grete him wel & say   13105
Miseles are hole & criples go riȝt
Deef han heryng & blynde han siȝt
And þat mon shal blissed be
Þat him sclaundreþ not in me   13109
Þus þei toke þis vnswere   13112
And louely to seynt Ion hit bere
Miche folk was wiþ Ihesu þon
And he to take hem bigon   13115
He bad hem alle holde hem stille
Til he had hem seide his wille

13087   on] *om.* H.
13088   lordynge] lorde go ȝe B.
13093   now is] is now to B.
13096   bidde] *pray* B. vs] his B.
13097   bide] abyde B.
13099   ihesus] Crist B.
13100   sir] *om.* B. þe greteþ] gretyþ þe LB. Iwis] I was T; wis L.
13102   askeþ] askid L.
13103   of] fro B.
13104   he] *om.* LB.
13106   &] *om.* B.
13107   &] *om.* B.
13109   not] non B.
13110-1   *om.* CAddGHTLB.
13112   þis] her B.
13113   Ion] *om.* T.
13117   hem] *om.* B.

// Gode men he seide what mon ȝede ȝe
Into wildernesse to se
Wende ȝe þere a ruyd to fynde   13120
Þat heldeþ wayuynge wiþ þe wynde
Ouþer a man clad in silk
In kyngis housis are founden þilke
Say me what ȝe souȝte þore
Prophete ȝe forsoþe & more   13125
Þis is he of whom was red
Longe ar he was born & bred
I shal sende to puruay
Myn aungel bifore þi way

Seint Ion so in prisoun was   13130
Til a feste day coom in plas
Þe kyng let to him calle
Þe baronage of his kyngedom alle
Þis was þe day as ȝe han herde
Þat he was born into þe werde   13135
Whenne alle were wel at ese   fol. 77r col. 1
Bifore þe kyng in his palese
His broþer douȝtir smal & gent
Bifore hem in halle went
She cymbaled tumblynge wiþalle   13140
Alle wondride on hir in þe halle
She so wel þat maistry couþe
Alle had hir soone in mouþe
Þenne seide þe kyng þat mayden tille
Aske me what is þi wille   13145

13118   what] for what L.
13119   to] for to L.
13120   ȝe þere] the thedir L.
13122-9   *om*. F.
13123   housis...þilke] house men fynde swilk B.
13124   Say] Tell B. souȝte] se B.
13125   Prophete...&] Prophes ȝe and prophes B.
13126   of whom] þat long B.
13127   &] or LB.
13131   Til] To B.
13132   Þe] Þan þe TLB.
13133   baronage] lordis B. kyngedom] londe B.
13135   he] Saint Iohn B. born...þe] hedid in þis B. þe] þis TL.
13136   alle] þat þay B.
13139   hem] hym B. in] in þe B.
13140   cymbaled tumblynge] tomblyd semly B.
13143   soone] soun B.
13144   þat mayden] þe mayde B.

I shall þe ȝyue I make avow
If hit be half my kyngdome now
He bad hir aske what she wolde
And swoor he shulde couenaunt holde

//   Sir kyng she seide god ȝelde þe   13150
Þer on wole I councel me
To chaumbre she toke hir pas
For to speke wiþ herodias
Modir she seide what maner þing
Rede ȝee I aske of þe kyng   13155
Haþ he graunted þe þi bone
Anoon þou go & aske him sone
Of seynt Ion þat in prisoun isse
His heed to ȝyue þe in a disshe
Whenne she þis herde þat fendis fode   13160
Bifore þe kyng she coom & ȝode
Sir she seide of þi baronage
Wol I aske noon outrage
Þar þe be noþing dredonde
I aske þe nouþer hous ny londe   13165
Ny noon oþer þing out of resoun
But Iones heed þi prisoun

//   Whenne heroude say she wolde noon
Oþer ȝifte but þe heed of Ion
Wiþ himself wex he wrooþ   13170
And namely for he swoor þat ooþ
Bifore þat ilke folke so fele
He wiste men wolde him holde vnlele

13146   þe] ȝe T.
13149   he...couenaunt] þe couaunt he schuld B.
13150   þe] it þe B.
13151   councel me] counsailed be B.
13152   To] To þe B. hir] þe B.
13153   For] om. B.
13155   ȝee] om. T.
13156   þi] a B.
13157   Anoon...go] Go sche sayde B. þou] þenne T. him] om. B.
13160   þis] þat B.
13161   Bifore] Sone before B. coom &] om. B.
13164   Þar] dare L. Þar...noþing] Þerof be þow noght B.
13167   þi] in thy LB.
13169   Ion] Saint Iohn B.
13171   þat] an B.
13172   þat ilke] all þe B.

A seriaunt to þe iayle he let gon
Ion to hede soone anoon   13175
He was heueded also soone   fol. 77r col. 2
His biddynge was not vndone
And take þe mayden þat hit auȝt
Hir modir þenne fro hir hit lauȝt
Þerfore euer worþe hir wo   13180
Þat godemen doþ wiþ tresoun to slo
But þis dede was solde ful dere
Þe menynge lasteþ ȝit vche ȝere
Wiþ an open vengeaunce sene
Whoso wol seche wiþouten wene   13185

//   Þus was good seynt Ion slone   13192
Oþer enchesoun was þer none
Of þis to make an endyng
In euel tyme bigan she tumblynge   13195
To make his heed of be brouȝt
Was neuer noon so dere bouȝt
As we rede & here telle
His soule went anoon to helle
Þe ȝatis fond he sparred fast   13200
And he þe barres of hem brast
Þere dwelled he a while & most nede
And bodeword brouȝt of socour in dede
To fendis þat he þerynne fonde
Til her lord hem lesed of bonde   13205
To helle bifore crist he ferde
As he dide into þis werde
Þerfore is he calde forgoere
And cristis owne messangere

13174-5   *om.* F.
13174   he let] let he TL.; gan B.
13175   Ion] And Iohn L. soone] right L.
13177   vndone] done L.
13178   take] ytake L; toke it B.
13179   þenne] anon B.
13181   godemen] godeman B. to] *om.* B.
13182   solde] bought LB.
13183   menynge] mevyng L. lasteþ ȝit] ȝett lasteth B.
13185-91   *om.* GHTLB.
13188-91   *om.* FAdd.
13200   he] þay B.
13204   To] Off B. fendis] frendis L.
13205   her] our L.
13207   þis] þe B.
13208   is he] he is B.

His disciplis þo were boun 13210
And lad his body out of toun
To sebastians wiþ myche fare
Þis holy cors þei buryed þare
Þerfore I rede ʒow breþeren alle
Þat ʒe on blessed Ion ay calle 13215
For wite ʒe alle as I seide are
A better childe neuer wyf bare
He is blessed ouer vche prophete
Of myche bale he may vs bete
Of hyʒe osprynge þis Ion he is 13220
Sib to iesus in heuen blis
And also to his modir mary fol. 77v col. 1
He preye for vs to haue mercy 13223

// Herde ʒe haue of Iones soþ sawis 13226
Slayn he was in paske dawis
Here now what herodias did
In a wal his heed she hid
She haþ hit saltid in a wal 13230
For she dred if so shulde fal
His heed were to his body done
He wolde quike aʒeyn soone
Þourʒe his mychel holyhede
Aftirwarde also she ʒede 13235
His body out of erþe hent
And al to poudir þei hit brent
Siþen wele holy monkis sende
To geder þe askis þat þei brende
Poudir or boon þat þei fond þere 13240
Vp þei gedered & wiþ hem bere

13215 on] of B. ay] so B.
13216 alle] well B.
13218 ouer] of B.
13219 Of] With B.
13220 he] *om.* B.
13224-5 *om.* HTLB.
13226 Herde...haue] Here haue ʒe herd B. soþ] *om.* B.
13227 paske] passed B.
13228 now] *om.* B.
13229 wal] vale B. hid] did L.
13232 His] ʒeff þe B. his] þe B. done] gone B.
13235 ʒede] dede B.
13237 And] *om.* B.
13238-9 *om.* BAdd.
13238 wele] were TL.
13240 or] & B.
13241 &...bere] lesse & mor L. *After this line there are two extra lines and a heading in* Add.

// Ihesus wist wel þis stryf
Wherfore Ion was done of lyf
To þe iewis þat were feloun
In him preysing he made sarmoun   13245
Fro nazareth to capharnaon
Fro neptalim to zabulon
He wente prechyng of þe lay
In auerille þe toþer day
He bigon so faste to preche   13250
And openly þe folke to teche
Þe synagogis alle souȝte he
Ouer al þe londe of galile
Of his sarmoun speke mony mon
And of þe loue word þat he won   13255
Whenne he herde seynt Ion was slayn
To nazareth he went aȝayn
Into his owne kyndely cuntre
Two dayes in auerille entre
He preched holily & speke   13260
And heled mony þat were seke
Þe vnhole fast to him souȝt
Her helyng grucchid he hem nouȝt
Leche was he to hem holde   fol. 77v col. 2
He asked nouþer siluer ny golde   13265
Ihesu þouȝte hit was ful longe
Wiþouten felowshipe to [g]onge
To chese him felowis he dide bigynne
But not of riche kyngis kynne
Nouþer of erlis ny of baroun   13270
Ny oþere grete lordyngis of toun

13245 preysing he] preching & B. *After this line there are two extra lines in* Add.
13250 so] þo TL; *om.* B.
13251 þe folke] forto B.
13253 Ouer al] Þorough B.
13254 mon] a man L.
13255 þe] his B. loue word] louerede TB.
13259 Two] ijº L. auerille] a noble B.
13260 holily] holy L.
13263 grucchid...hem] grevid hym L.
13264 holde] bold L.
13265 He] And L. ny] nor T.
13266 ful] to B.
13267 gonge] ȝonge H; go B.
13269 not] non B. riche] richiche T; þe B.
13270 Nouþer] Ne B.
13271 oþere] of LB. grete] riche B.

But mene men of sympel lyf
Þat siþen were holden princis ryf

//   Two breþer peter and andrew
Boþe þei were of myche þew   13275
Had þei firste noon oþere goode
But wiþ her shipp fonde hem fode
Wiþ her fisshyng were þei fed
And pore lyuelode þei led
Wiþ o word haue þei ship forgon   13280
Þat was al her worldis woon
Neuer aftir turned þei her mode
For þei say her chaunge was gode
At þe see Iame & Ion he fond
As þei were lynes leyond   13285
Fadir & modir & al her kyn
And shipp þei lafte & folwed him
Þen coom to him Iudas thadew
And wiþ him brouȝte bartelmew
Siþen he coom vnto a bij   13290
A morenynge fonde he dan leuy
Of publicans leder was he
And a mon of greet pouste
Ihesu first wiþ him he ete
And he for ihesu al forlete   13295
To folwe him þouȝte him no shame
Siþþen mathew was his name
Siþen hadde he symound & Iudas
Þe lesse seynt Iame & seynt thomas
Þenne Iudas scarioth þe bolde   13300

13272   mene men] men þat were B.
13274   Two] ij° L.
13275   þei] *om.* B.
13277   shipp] shepe L.
13279   pore] so a pour L.
13280   haue þei] þey haue her B.
13283   her] þe B.
13285   lynes] her nettis B.
13287   folwed] went *with* B.
13290   vnto] to T; into L.
13291   A] And B. fonde...dan] he found B.
13292   leder] lernyd B.
13294   he] *om.* B.
13296   *first* him] *om.* L. þouȝte him] he þoght B.
13297   *repeated in* L.
13299   Þe] And L. *first and second* seynt] *om.* B.
13300   Þenne] And B.

Þat aftirwarde his lorde solde
Twelue were þei to telle in dole
Whenne þei were togider hole
For þat þei to þis lord chese   fol. 78r col. 1
Þei forsoke þis worldis ese   13305
To mon wrou3t þei neuer vnpes
Þei men hem sou3t wiþ greet males
Togider þei loued as sister & broþer
None wille sondre þo fro oþere
Wiþouten alle chidyng or stryf   13310
Til þe endyng of her lyf
Petur þat he porest fond
Ouer al he made him moost weldonde
Biforn alle his oþere ferus
Moost pruyelage he 3af to perus   13315
To petre he seide loues þou me
Þou woost wel lord þat I loue þe
Þou shalt do þen my commaundement
3is sir wiþ al myn entent
To di3e for þe if hit be nede   13320
My sheep he seide þou shalt fede
Peter he seide þou hast ben gode
Fissher hiderto on þe flode
Fro þis day forþ I shal þe ken
To be fissher of gode men   13325
Fro þis tyme now shal þou be
3atewarde of heuen & erþe to se
Of hem þou shalt þe keyes bere
Boþe to open & to spere
Whom so þou byndest be he bolde   13330
Bifore me beþ he forbounden told
And whom þou lesest out of bonde

13301   solde] he solde B.
13304   þat] *om*. B.
13306   wrou3t þei] þey wroght B. vnpes] in pees B.
13307   Þei] 3eff B. sou3t...males] did mochell vnes B.
13309   wille] wold LB.
13310   alle] any B.
13317   þat] *om*. B.
13319   al] *om*. B.
13320   for þe] þerffore B.
13323   hiderto] herto B.
13326   now] foreward B.
13328   þou shalt] schaltow B.
13330   so] *om*. L. he] þou B.
13331   beþ...forbounden] ben þay bounden B.

For lous he shal in heuen stonde
Petre art þou & my chirche shalle
On þat stoon sett hir grou*n*dwalle   13335
No wrenchis of þe malediȝt
Aȝeyn hir shal haue no myȝt
Serueþ me þou and þi fere
ȝe are my frendis leef & dere
So þei dide boþe day & nyȝt   13340
Him þei serued as hit was riȝt
Wiþoute*n* pride in sy[mpe]l lyf
Wiþoute*n* boost wiþouten stryf
Þe folk him folwede of þe londe   fol. 78r col. 2
Bi hundride & bi þousonde   13345
Men folwede him for diu*er*se resou*n*s
Su*m*me to here his sarmou*n*s
To se himself coom su*m*me eke
Su*m*me for hele þat were seke
Su*m*me to þe miraclis ryf   13350
How he reised dede to lyf
And so*m*me for to haue þe fode
For vche man hadde of his gode
And þ*ere* as any faute bitidde
Was neu*er* his curtesy vnkidde   13355
But he hit shewed wiþ mony dedis
In mony stides wiþ worþi medis
As at þe feest of architriclyne
Þ*ere* he turned watir to wyne

13333 For lous] Lesed B.
13334 Petre...þou] A stone þou ert B.
13335 hir] þat B.
13336-7 *om.* F.
13336 No] None B.
13338 þi] my B.
13339 my frendis] me boþe B.
13340 So] And so B. boþe] *om.* B.
13341 as hit] & þat B.
13342 sympel] synful H.
13344 þe] þat B.
13347 his] of his B.
13348 coom su*m*me] som com B.
13349 And som com werk to seke B.
13350 þe] se B.
13351 dede] þe dede B.
13352 for] *om.* B. þe] of his B.
13354 as] þat B. faute] defaute T.
13355 vnkidde] vnhid B.
13357 worþi] many B.
13359 he turned] tornyd he B. to] into B.

// Lordyngis in þat ilke cuntre   13360
Þat men clepen galile
In a toun þat cane is cald
A bridale was þere oon Ihald
Þe brydgome dide hem þidur calle
His special frendis alle   13365
So þat þer was beden to be
Oure lady and hir meyne
Ihesus himself he coom þertille
Wiþ somme disciplis at his wille
Þe congregacyoun was ful greete   13370
And mony semely sat in sete
Þe folk þat day fare was fed
Of breed & flesshe soden & bred
Left þei neuer for cost ny swynke
Good wyn þei hadden to drynke   13375
Þe wyn was not spared amonge
Þerfore lasted hit not longe
Whenne mary wiste her wyn was goon
She tolde hit to hir sone anoon
She made hir moon in pryuete   13380
My leue sone wyn wante we
To his modir seide he þon
What is þat to þe & me wommon
If hit be so oure wyn be gnede   fol. 78v col. 1
On vs liþ not þe nede   13385
But ȝit wol we do as hende   13388
In nede shul þei fynde vs frende
She calde þe botillere hir to   13390
And seide do þat my son biddeþ do
Þat he biddeþ mot be purueide
Hit shal be done lady he seide
Ihesus bad hem soone anoone

13360   ilke] *om.* B.
13361   clepen] clepid B.
13362   In] Into B. cane] cave B.
13363   was...Ihald] þere was holde B. þere oon] þeryn L.
13364   dide] *om.* B. calle] callid B.
13365   His] Þe B.
13368   he] *om.* B.
13373   Of] With B. flesshe soden] fisch sode B.
13378   her] þe B. goon] done B.
13383   þe & me] me & þe TL. &] or B.
13386-7   *om.* CAddGHTLB.
13389   þei] we B.
13392   mot] *om.* B.

Fulle her grete vesseles of stone 13395
Of watir clere and þei dud so
Þenne bad ihe*sus* hem to go
For to taste of þat new wyne
And bere hit to sir arche*t*ricline
Þat of þat hous þo was husbonde 13400
And costage to þat brydale fonde
þei filde a cuppe soone in haast
And ʒaf architriclyne to taast
He dronk & felt good sauour
Dranke he neu*ere* eer siche licour 13405
He calde to him þe botillere
And seide to him þat alle myʒt here
Why he seide þus didest þou
To holde þe good wyn til now
þe good drynke shulde firste spende 13410
And þe weyker at þe ende
Whe*n*ne men be dronkent in þat tyde
And ʒe þe best haue made to abyde
Ay hiderto as me þinke
Þe more is wasted of oure drinke 13415
Her feest þei helde wiþ melodye
Swete hit was þat companye
Þat he þere was þat sufferide pyne
And made hem of her watir wyne
Þis was þe formast syne he did 13420
Þat was bifore his disciplis kid
Þerfore trowed þei þo new
Fro þat day in god ihesu
Þen laft þat brydgome þe bryde
And folwede ihe*s*u fro þat tyde 13425
Lay he neu*er* bi hir syde

13395   vesseles] vessel TL.
13399   bere] to bere B. sir] *om.* B.
13400   þo was] was þo B.
13401   þat] þe B.
13403   ʒaf] ʒaffe it B.
13404   felt] fonde B.
13405   eer siche] so gode B.
13409   til] to B.
13410   good] *om.* B. shulde firste] shalle first L; first schuld be B.
13413   And] Þat B. to] *om.* B.
13414   hiderto] hethir L.
13418   þere] þat þere B. *second* þat] and B.
13420   formast] firste B. he] þat he B.
13422   trowed] trow B.
13423   day] tyme B.

But laft hir in al worldis pryde   fol. 78v col. 2
Of wyf forsoke he hondbonde
And toke him to þe bettur honde
Men seyn þis was seynt Ion   13430
Wiþ ihesu bettur loued was noon
He was cosyn to ihesu crist
And siþen he was euangelist
Þis was Ion þe gospellere
And lay to ihesu brest at þe sopere   13435
Of witt he dronk þere of þe welle
Þat he wiþ speche gon siþen spelle
Þis syne did cryst at his brydale
Þat same Ion telleþ in tale
Of þo þat ihesu had in erþe   13440
Of gospelleres he was þe ferþe
Marke lucas & mathe his felawes
But Ion was þe sotilest in his sawes
þerfore to þe ern likened is he
Þat is no foule so hiȝe may fle   13445
Is noon so siȝty foule of yȝe   13448
Ny so fer to fle may dryȝe   13449

Ihesus a passage made he   13452
Ouer þe see of tiberiade
Greet was þe folk him folwinge ȝede
To here his sarmoun h[e]m þouȝte gode   13455
Her hele to gete þat were seke

13427 al] þe B.
13428 hondbonde] husbonde B.
13429 And] He B.
13432 He] Þat B.
13433 euangelist] a vaungelist B.
13435 And...ihesu] Þat slept on cristis B. þe] *om.* L; his B.
13436 Of] Þat B.
13437 Þat he] And B. gon siþen] sith gan B.
13440 þo] þis B.
13442 &] *om.* B.
13443 þe] *om.* B. his] *om.* B.
13444 ern] egle B.
13445 Þat] There LB.
13446-7 *om.* CAddGHTLB.
13448 Is] Nere L; Ne B. of] *with* B.
13449 to...dryȝe] may flye to dure B.
13450-1 *om.* FAddGHTLB.
13452 a] þo B.
13454 Greet] Moche B. him folwinge] þat *with* hym B.
13455 hem] him H.

For fer þei souȝte him ful meke
Þis folke was myche & of greet wille
Ihesus clomb vp into an hille
His disciplis wiþ him he ledde   13460
Bihelde þe folk aboute hem spredde
Þat folwede him in myche þrong
Him rewed þat þei had fasted long
Þe dales were wiþ folk ouerleide
Philipp he calde to him & seyde   13465
Philipp þis folk is wondir fele
How redes þou we wiþ hem dele
Now haue þei greet nede of mete
Where shul we her fode gete
Þus he seide þe gospel telles   13470 fol. 79r col. 1
Him to asaye and no þing elles
For he þat made sunne & mone
Wiste wel what he had to done
Þei folwede him fasting dayes þre
Of hem had ihesus greet pite   13475
He seide if þei turne home her wey
For defaute faile wole þei
Whenne þei may fynde no þing to by
Dede bi strete mot þei ly
Philip seide lord what counsaile   13480
May I ȝyue hem to avayle
Me þinke to do hit were not eeþe
Whoso hadde penyes þre hundreþe
To bye wiþ breed þei are so fele
Hit were to vchone but a mossele   13485
Þo spake andrewe was noon so mylde
He seide we haue wiþ vs a childe

13457   For] Full L; Fro B.
13458   was] were B.
13461   hem] hym B.
13463   fasted] fast B.
13466   is] er B.
13470   þe] as þe B.
13473   to] *om.* T.
13474   fasting] *om.* B. þre] iijᶜ L.
13475   had ihesus] he had B.
13477   wole] mowe B.
13479   bi] in þe B.
13482   to do] today L.
13483   þre] iijᶜ L.
13485   to] but to L. but] *om.* L.
13487   He] And B.

Þat haþ fyue looues & fisshes two
But what is þat wiþouten mo
Oure lord seide inouȝe is þat   13490
I wolde þe folk al doun sat
He seide we shal do ful wele
Of hey þer was myche dele
What shulde we seye of þis sermoun
Alle anoon seten hem doun   13495
Ihesus blessed þis breed wiþ grace
And dide hit to be dalt in place
He blessed als þo fisshes two
And made his foysoun þerynne to go
Whenne hit biforn hem was leyde   13500
Alle hadde Inouȝe þei seyde
Þis breed & fisshe was dalt aboute
Had noon defaute in þat route
Wyte we hit was a greet gederinge
Þat ihesus fed wiþ so litil þinge   13505
Wiþ fisshes two & fyue loues of breed
Fyue þousonde fedde he wiþ his reed   13507
Þe lord of blisse and of pyne   13510
Wolde þei shulde no crummes tyne
He bad geder þe relef on hepis   fol. 79r col. 2
Þerwiþ þei filled twelue leepis
Þus con he sett his foysoun
Where he wole ȝyue his benisoun   13515
Alle þe folke þat þere ȝode
Þonked god of her fode
And seiden soþely þis is he
Þat shal his folke do saued be

13488   fyue] v L. two] ijº L.
13491   folk al] peple B.
13492   He] And B.
13494   shulde] schull B.
13495   seten] þey sett B.
13497   And...be] Anon it was B. place] þat place B.
13498   þo] þe B. two] ijº L.
13499   made] bade B. þerynne to] þerto B.
13501   Alle] Þey ete & B.
13504   hit] þat B.
13506   fisshes two] two fisches B. two] ijº L.
13507   þousonde] mˡ L.
13508-9   *om*. HTLB.
13512   bad geder] had gedird L. on] of T.
13513   þei] þe T. twelue] xij L.
13515   wole] wold L.
13519   his] do B. *After this line there is a heading in* Add.

Aftir þat þis signe was done   13520
Not longe bitwene but soone
Anoþer he did ȝe shul here
As telleþ vs þe gospellere
Of a mon born was blynde
And souȝte at ihe*sus* grace to fynde   13525
Ihe*sus* he was þere he welke þe strete
And wiþ þis blynde gon he mete
His disciplis asked þan
Lord þei seide what haþ þis man
Or his eldres done biforn   13530
Þat he shulde blynde be born
Ihe*sus* seide haþ not he þis
Ny ȝit his kyn don þat mys
But for goddis werkis may
In hi*m* be showed fro þis day   13535
My fadir werkis most I do
Whil þat I haue day þerto
For now bihoueþ þe son to spede
For to do his fadir dede
Worche he most bifore þe nyȝt   13540
Whiles þe day lasteþ liȝt
Whil I in þis world shal be
Hit haþ no liȝt but vpon me
Anoon to þe erþe he spit
And wiþ erþe he menged hit   13545
He toke þe wast of he*m* away also
And smered boþe his eȝen two
He seide to hi*m* my leof frende

13520 þat] *om.* B.
13523 telleþ vs] vs tellith B.
13524 mon] man þat B.
13525 And] Þat B.
13526 he...he] as he B. *first* he] *om.* TL.
          second he...þe] & walkyd in L. welke] walkyd in B.
13527 And] *om.* B. gon he] man he gan B.
13532 not he] he not B.
13533 Ny ȝit] Nor B. þat mys] þat amys L; amis B.
13534 for] for þat B.
13538 bihoueþ] hihoueþ T. spede] sprede B.
13539 his] þe B.
13541 Whiles] Þere B.
13543 vpon] vp B.
13545 wiþ] to þe B. he] *om.* B.
13546 he*m*] hym LB. away] *om.*B
13547 boþe] *with* B. two] ijᵒ L.
13548 He] And B.

To natatory þou shalt wende
At natatory siloe   13550
Þere shal þyne yȝen wasshen be
He wesshe his eȝen þere ful riȝt   fol. 79v col. 1
And anone he had his siȝt
For þenne was he no more led
He coom aȝeyn into þat sted   13555
Whenne þei him sey þat knew him are
Fast gon þere on him stare
Sone þei seide art þou not he
Þat ȝondir day myȝtest not se
Summe seide nay & summe so   13560
Summe seide anoþer in his stide is go
Þe soþ hemself couþe not fynde
He vnswered þat had ben blynde
I am he forsoþe to sey
How gat þou þi siȝt seide þei   13565
My siȝt he seide gat I þus
Þer is a man þat het Ihesus
Wiþ lame he anoynt myne yȝen two
And bad me siþen forþ to go
To natatory siloe   13570
And wasshe þine yȝen þere seide he
Whenne I hadde his biddynge done
Anoon I say also soone
Where is he þei seide þon
I noot he seide where he is goon   13575
Þei him toke þese fals Iewis
And lad him to þe pharisewis
Þat maistris of lawe were þon

13552   þere] *om.* B.
13554   was he] he was B.
13555   aȝeyn] *om.* B. þat] þat same B.
13556   are] þere B.
13557   þere] they LB.
13559   ȝondir day] ȝistirday B.
13560   so] sayde so B.
13562   hemself couþe] hymselffe couþ þay B.
13563   He] Þo B.
13564   to] I B.
13568   anoynt] noynted B. two] ij° L.
13569   forþ] for B.
13571   þine] myn B.
13573   say] se B.
13575   is goon] bycam L.
13576   þese] þe B.
13578   lawe] the law LB.

And asked at þis heled mon
How þat he had geten his siȝt   13580
He seide þus ihe*sus* me diȝt
So*m*me iewis seide þat stode hi*m* by
Of god hi*m* semeþ haue no party
Þat holdeþ of haliday no state
For þis was done on oure sabate   13585
Anoþer seide how euer mouȝt
Siche werke of synful mon be wrouȝt
Þese pharisees þat eu*er* were felle
Whe*n*ne þei had stryuen as I telle
Þei groped & couþe no cause fynde   13590
Þe*n*ne dide þei to brynge aȝey*n* þe bly*n*de
What haldestou þat man seide þei   fol. 79v col. 2
A p*r*ophete seide he by my fey

//   Þe maistir of iewis bigon þan
To mystrowe of þat cely man   13595
Wheþ*er* he biforn blynde had bene
Þei seide alwey he had sene
Þe nexte men of his osprynge
Þei dude anone bifore hem brynge
Sey ȝe þe blynde born mon was he   13600
Say vs now by ȝoure lewete
How hit is þat se he may
He is oure sone þei seide in fay
Wiþouten doute oure sone he es
And was blynde born wiþoute*n* les   13605
How þat he siȝte haþ now
We ne woot aske him how
Aske him for best he wate
Ȝyue vnswere of his owne astate
Þus ȝaf þese men vnswere þore   13610

13579 at] of L.
13581 He] And B. þus] þat þus B.
13591 to] *om.* B. þe] that L; þat was B.
13593 seide he] he sayde B.
13594 of] of þe B. bigon þan] þo began B.
13595 of] on L. cely] *om.* B.
13597 Þei] He B.
13600 þe] that L; þat þis B. mon] *om.* LB.
13601 Say] Say ȝe B.
13605 les] mys L.
13606 siȝte] his sight B.
13609 astate] state B.
13610 þese men] þis folke B.

Þat dredde þo Iewis wondir sore
Þei had made þat men wel wist
A statute aȝeyn ihesu crist
If any wolde him leue or loute
Of her synagoge shulde be put oute 13615
ȝit þei called þe þridde tyme 13618
Þis blynde & bad him þonke apolyne
Blesse him þei seide þat woneþ on hiȝt 13620
For þis man is a synful wiȝt
Of his synne seide he woot I nouȝt
But to me blynde · siȝt he brouȝt
How made he þe · þei seide to se
Telle vs how he dide wiþ þe 13625
Wharto shulde I telle more
I haue al tolde ȝow ore
Wherfore aske þe of him bi dene
Wole ȝe his disciplis bene
We þei seide & þo bigan 13630
Felounly þis mon to ban
Holde þe to him þei seide caytyue
His wol we be neuer oure lyue
Þou mot his disciple be fol. 80r col. 1
For moyses disciplis are we 13635
Þat was a man wiþouten sake
We woot þat god wiþ him spake
Of þis mon no knowing haue we
To þo iewis þenne vnswered he
Wondir me þinke of ȝoure mouþ 13640
Why ȝe holde him so vncouþ

13611   Þat] And B. þo] þe B.
13613   aȝeyn ihesu] aȝens B.
13615   shulde] þey schuld B.
13616-7   *om.* HTLB.
13617   *om.* G.
13619   Þis] Þe B.
13620-3   *om.* F.
13620   hiȝt] high B.
13626   telle] tell ȝow B.
13627   ore] before B.
13628   Wherfore] Wherto B. þe] ȝe TB.
13629   disciplis] disciple B.
13630   þei] þe T.
13631   þis ... ban] to curs þat man B.
13633   be neuer] neuer be in B.
13635   For] Off B.
13636   sake] lak B.
13639   þo] thise L; þe B. þenne] *om.* B.

And seyn ȝe wot not wheþen is he
Þat haþ gyuen my siȝt to me
I woot & hit of sooþ be souȝt
A synful mon god hereþ nouȝt   13645
But he allone þat doþ his wille
He holdeþ him fro dedes ille
Þis is þe mon þat god heres
And helpeþ oþere bi his preyeres
Ne hit I wis neuer herd   13650
Siþ þe bigynnyng of þe werd
Blynde born mon gete siȝt
Wiþouten greet grace of goddes myȝt
Þenne seide þei þou caitif lorn
In synne was alle togider born   13655
Wheþer þou wenest vs now here
Of þyne vnwittis for to lere
Wiþ þis þei huntide him as a dogge
Riȝt out of her synagogge
Herde ȝe þis lurdeyn now seide þai   13660
How he wolde lere vs of oure lay
Þat ebber shrewe in synne I gete
Whenne ihesu wiste him haue þis hete
Her stryf he wiste lasse & more
And þat þei hadde him wraþþed sore   13665
Þerfore he þouȝte him do solace
And more to shewe him of his grace
Whenne ihesu & he were mett
Ful derworþely his lord he grett

13642   seyn] sayde B. wheþen] when B.
13644   hit of] þe B.
13647   He] And B.
13649   helpeþ] clepeþ T.
13650   Ne] Nor B.
13651   Siþ] Fro B.
13652   born mon] man borne to B.
13653   greet] *om.* B. goddes myȝt] god allmyght LB.
13654   þei...lorn] caytyue þou ert borne B.
13655   was] *om.* B. born] were þou borne B.
13656   vs now] now vs L.
13657   þyne...for] oure wittis vs B.
13658   huntide] howtyd L. him] *om.* B.
13660   ȝe] ȝe not B. lurdeyn] lethyrn L. seide þai] þey sayde B.
13661   How he] That L.
13662   I] *om.* T; is B.
13664   Her] His B.
13666   do] to do L; to B.
13667   more...him] schew hym more B.
13669   Ful] *om.* B. his...he] he hym B.

To him spake ihesus & bad him say 13670
Leuestou in goddis sone or nay
What is he he seide & where
To trowe in him leof me were
Ihesu seide þou hast him sene   fol. 80r col. 2
And wiþ him spoken wiþouten wene 13675
Þenne seide Ihesus my tocommynge
In erþe is iuggement to brynge
Þat þei þat not seen shulde se
And þat þe seynge blynde shulde be
Þenne seide somme of þat semble 13680
Seistou þenne þat blynde be we
Were ȝe he seide wiþouten siȝt
Þenne were ȝe blynde wiþouten pliȝt
But now ȝe say þat ȝe may se
In synne þerfore lafte are ȝe 13685

Forþermore shal I telle ȝow
Somme dedis of ihesu now
As telleþ þis euangelist
Þat was folwynge ihesu cryst
Þe mounte olyuete is an hille 13690
Þat ihesus hauntide mychil tille
Þider ȝeode he ofte we sey
For þere was he wont to prey
On a day whenne him þouȝte gode
Fro þenne to þe temple he ȝode 13695
For to teche & hem to lere
Þen men þat gladly wolde here
Þese pharisees þat loued ay stryf
To þe chirche brouȝten a wyf

13670   To...ihesus] He spak to hym B.
13673   To trowe] Leue B. leof] to trow B.
13676   tocommynge] comyng B.
13677   brynge] kyng B.
13678   not...se] se not schall sene B.
13679   þat...seynge] þay þat se B. shulde] schall B.
13685   lafte] laste T.
13686   shal I] I schall B.
13688   þis] þe T; vs þe B.
13690   mounte] mount of B.
13693   prey] play B.
13695   þenne] þens B.
13696   &...to] hem & forto B.
13699   chirche] temple þey B.

Þat wiþ horedome was ouergone 13700
Her lawe wolde hir to stone
Amydwarde þat tempel wyde
Þere mony mon was þat tyde
Aboute hir heed hir heer honge
Alle wondride on hir in þat þronge 13705
Þenne spak oon of hem for alle
Bifore ihesus he made his calle
Þei 3af heryng to him vchone
Meistir he seide þis wommone
Haþ broken þe bond of hir spousaile 13710
And þerwiþ taken wiþouten faile
Moyses wole we alle siche stone
Wheþer þei be pore or ryche of wone
Þou 3yue vs now þi iuggement   fol. 80v col. 1
But þis was not her entent 13715
For þei had sworn vchon þertille
Þat wrecche wommon for to spille
In wrongwis doom or dede þei sou3t
To take him þat þei my3t nou3t
Þei þou3te if he bidde hir stone 13720
Mon of mercy is he none
And if he bidde let hir go quyte
Wronge he doþ here & despite
To breke her lawe þei sou3t him þus
Him to take good Ihesus 13725

// Whenne þei þus on ihesus sou3te
Wel wiste he what þei þou3te
He stouped doun & wiþ his honde
He wroot a while in þe sonde

13700-1 *om.* B.
13701   Her] Hir L.
13702   þat] þe B.
13703   mon] men L; a man B. was] wer L.
13707   Bifore] Toffore B.
13709   he] þay B.
13712-3 *om.* F.
13712   alle siche] schull her B.
13717   wrecche] wrechyd B.
13718   wrongwis doom] wrong wysdom L; wrongwis don B.
        or] her TB.
13720   stone] slon B.
13723   &] and vs L.
13724   sou3t] thought L.
13725   good] I gode B.
13727   þei þou3te] he wroght B.

Alle þei cryed þat þer was   13730
ʒyue vs þi dome & let vs pas
Ful longe we dwelle now seide þei
Who werneþ ʒow to wende ʒoure wey
But whoso þat is wiþouten last
At hir þe firste stoon he cast   13735
Hir stonyng may he wel bigynne
Þat mon þat is wiþouten synne
Þo louted he doun anoþer siþe
Alle wexe þei doumbe also swyþe
Wist þei neuer what to say   13740
Vchone for shame stale away
In þe temple lafte none
But ihesu crist & þat wommone
Ihesu lifted vp his heued
And say noon in þe temple leued   13745
Bihelde þat womman stondinge þare
Þat caitif carked al wiþ care
Wommon he seide where beþ bicomen
Þine enemyes þat [þ]e had nomen
Quakynge she loked hir aboute   13750
And ihesus bad hir haue no doute
Lord she seide þei are awey
Þerfore wommon to þe I sey
Go now forþ my leue frende
For þou hast leue now to wende   13755 fol. 80v col. 2
I dampne þe not þi synne fore
But go & synne þou no more
He seide not only nomore þou synne
But loke þi wille be not þerynne

13732   now] *om.* B.
13733   werneþ...wende] lete ʒow forto go B.
13734   But] And L. whoso] who B. þat] *om.* T. last] syn B.
13735   At hir] *om.* B. cast] caste her in B.
13736-7 *reversed in* Add.
13739   doumbe] duur B.
13740-1 *reversed in* Add.
13740   neuer] noght B.
13744   heued] honde B.
13745   say...leued] ther was non in þat stede L. leued] stond B.
13747   carked] careffull B. wiþ] in B.
13749   þe] he H.
13750   Quakynge] Quakyd L.
13755   now to] forto B.
13757   synne þou] will syn B.
       After l. 13759 there is a heading in Add.

A watir is þere in þat þede   13760
Þat þei calle piscine in her lede
Þis ilke watir story sayes
Was myche honourid in þo dayes
As hit were a good ryuere
Þerby lay mony vnfere   13765
Þerynne were wont to descende
Aungels þat from heuen wende
Þat tyme bifel hit so þere
Whenne þe watir droued were
Þe firste seke mon þat myȝt wyn   13770
To þat welle to wasshe him in
Of what sekenes so was on him
He shulde be heled vche a lym
Ihesus þo was þere walkonde
And coom þerby myche folk he fonde   13775
Þat were þere liggyng for to abyde
Whenne her hele shulde bytyde
Þere fond ihesus a mon vnfere
And had ben eiȝte & þritty ȝere
His lymmes had he so forgone   13780
Þat of hem weldynge had he none
Ihesu bihelde þis caitif þore
And of him rewed selcouþe sore
He seide good mon wiþ me þou mele
Desirest þou to haue þyn hele   13785
Ȝe sire he seide no þing so glad
For so in sekenes am I lad
Þat I ne may to þat watir wynne
For oþere gone bifore me Inne

13760   A] A a L.
13762   story] the story LB.
13763   myche] mochell B.
13766   to] *om.* L.
13769   Whenne] What tyme B. droued] meved B.
13771   welle] revir B.
13772   Of] On L. so] þat B.
13774   þo] *om.* B.
13775   myche] nyght B.
13779   And] þat B. ben] ben þere B. eiȝte & þritty] xxxviij L.
13781   had] held B.
13783   rewed selcouþe] rewthe had he B.
13784   wiþ] to B. me] the L.
13787   lad] stad B.
13788   þat] þe B.
13789   oþere gone] þo þat go B.

Nor no mon wol sooþ to telle   13790
Bere me into þe welle
Long haue I lad in langure lyf
Is noon wole rewe on me caitif
Now godemon I þe trewely say   fol. 81r col. 1
Þou shalt be hool fro þis day   13795
Rise and lye no lenger þere
Do þe to go wiþ al þi gere
Vp he roos hool wiþouten care
And on his bak his bed he bare
Þat day þat he was made so fere   13800
Þe iewis helde holy & dere
Whenne þei him say þat burþen vndir
Fast gon þei on him wondir
What cursed mon is þis seide þay
Worchyng aȝeyn god & his lay   13805
Hit semeþ he haþ of god no drede
And seiden him to mony fel dede
Þou cherl whi brekestou oure lawe
Þi bedde shuldes þou nouþer bere ny drawe
Bere þi burþen aȝeyn in hyȝe   13810
Waryed be þou of allemyȝtye
Gode men he seide for goddis myȝt
Why wyte ȝe me wiþouten pliȝt
A blessed man ȝaf hele to me
At þe welle of siloe   13815
Whenne he had made me hool & fere
Ryse vp he seide wiþ þi litere
Do þe soone heþen to go
And as he bad þenne dide I so

13790 Nor] Ne B. sooþ] þe soþe B.
13792 lad...langure] in langour led B.
13794 I...trewely] forsoþe I B.
13796 Rise] Aryse B.
13798 hool] *om.* B.
13799 And on] Vpon B.
13800 so] hole & B.
13802 burþen] bi þin B.
13803 gon...him] on hym gan þay B.
13805 Worchyng] Þat worschip B.
13806 he...god] of god he haþe B.
13807 seiden] senden B. him] hem L.
13809 Þi] That L. nouþer] nevir L; not B.
13812 goddis myȝt] god almyght B.
13815 of] *om.* L.
13818 heþen] hennes TLB.

Eiȝte & þritty ȝeer in bonde   13820
Haue I not welden foot ny honde
Þe auŋgels liȝtyng þer body
Til he me heled sikerly
He þat me þis hele haþ wrouȝt
Wiþstonde his biddyng owe I nouȝt   13825
Þei let him passe fro hem to telle
And spak togider þo iewes felle
Þis mon is not wiþ god seide þay
Þat brakeþ þus þe haly day
Þe lyf þat he ledeþ in dede   13830
Hit is aȝeyn oure lede
He hateþ oure counsels so dere
And of oure lawe wol he not lere
Oure haly dayes halt he not sooþ   fol. 81r col. 2
But mony dedis on hem he dooþ   13835
Þo dedis to vs be not feire
Oure lawes alle þei apeire   13837
He doþ vs mony gederynge make   13842
And myche to þenke for his sake
Þat we may sufferen hit no more
We mote counseilen now þerfore   13845
Þat he be taken & done in bondes
Who so firste on him may lay honde[s]
And who þis counsel holdeþ nouȝt
Þat hit be dere on him bouȝt
Wiþ þis þei parted her semble   13850
But ihesus went of þat cite
And toke him to anoþer syde

13820 Eiȝte & þritty] xxxviij L.
13822 auŋgels] auŋgell B. body] bode L; bode I B.
13827 þo] þo þe B.
13829 þus] this L. þe] his LB.
13831 aȝeyn] all aȝen B.
13832 dere] sere L.
13833 lere] her B.
13834 halt] heldeth B.
13835 he] om. TLB.
13836 Þo] The L.
13838-9 om. CGHTLB.
13840-1 om. HTLB.
13842 doþ vs] dois L.
13846 be taken] by take L. bondes] bonde B.
13847 hondes] honde HB.
13849 on] vpon TLB.
13850 þei...her] departed þat B.
13851 of] fro LB.
13852 to] om. L.

Out of her siȝt him to hyde
For ȝit was not his tyme comen
To be of her hondis nomen   13855
Miȝte þei neuer take him so
Til himself wolde hit were do
Whenne tyme coom · forþ he him bed
And not a fote fro hem fled
Til he had shed his swete bloode   13860
And ȝyuen himself for oure gode
Ihesus went to temple þon
Þere spake he wiþ þis heled mon   13863
He say him al mournynge bitid   13866
For iewes so had hym chid
He esed hym wiþ wordes hende
Fro now he seide þou moost frende
Tente to my tale & my techinge   13870
For of sekenes hastou helynge

Ihesus wente forþ here & þere
& dude myraclis euerywhere
Til hit coom to a solempnite
He coom aȝeyn into þat cite   13875
Wiþ him coom his disciplis lele
And oþere folke folwynge fele
Into þe temple wiþ him þei ȝede
And he bigan hem for to rede
To preche to hem an sarmoun   13880 fol. 81v col. 1
And tolde hem mony good resoun
Alle bigon þei þus to telle
Who herde euer þus mon spelle

13853   her] ȝour B. him] hem L. hyde] habide B.
13855   her hondis] her bondis L; þe Iewis B.
13857   himself...do] his will were þerto B.
13862   to] to þe B.
13864-5   *om.* CAddGHTLB.
13866   say him] seid hem L. bitid] hym tid L.
13867   For] For þe B.
13869   Fro] For L; Fle B. now] hens B. þou] my B.
13871   sekenes] sekirnes B.
13872   Ihesus] I Ihesus L.
13873   myraclis euerywhere] mervailes wide wher B.
13875   into] to B.
13879   he] *om.* L.
13880   an] and TB.
13881   hem] to hem B. mony] many a L.
13883   þus] this L.

Mon vnlered of bokelore
Alle wondride on him lasse & more   13885
Ihesus þat her talkynge herde
Swetely he hem vnswerde
My lore is not myn seide he
But his þat hit haþ ȝyuen to me
Þat neuer endeþ ny neuer shal   13890
For wit & trouþe he is al
He & his lore wol laste for ay
Þis wol himself witenes & say
Þe mon þat spekeþ of himself roos
Wite ȝe gode men what he doos   13895
Whenne he his owne preising haþ souȝt
Þenne is his mouþ soþfaste nouȝt
But soþfastenes is in him þon
Þat seiþ loueword of oþere mon

// Moyses ȝoure law ȝow brouȝt   13900
ȝe knowe hit but ȝe holde hit nouȝt
Selcouþe I haue ȝe hate me so
And giltles seke ȝe me to slo
Þenne seide þe iewis wondir here we
Þou mysseist þe deuel is in þe   13905
Who wol þe sle whi seistou wronge
He seide I haue do ȝow amonge
Werkis siche as ȝe haue sene
Þat ȝe on wondride ofte for tene
ȝaf ȝow not to moyses þe olde   13910
Lawe of circumcisioun to holde
And ȝe circumcise on hali day
And not ȝe letten for þe lay
Wherfore hate ȝe me þon

13884   vnlered] vnlernyd B.
13889   hit...to] ȝaffe it vnto B.
13894   roos] los B.
13898   is...him] in hym is B.
13901   knowe] knew L. holde] held L.
13902   Selcouþe] Mervayle B.
13903   ȝe] om. B. to] forto B.
13904   here] haue B.
13905   in] withynne L.
13907   He] I L.
13908   Werkis] Þe werkys B. siche] oft L.
13909   wondride] wondir B.
13910   to] om. B.
13911   Lawe] Þe lawe B.
13912   on] on þe B.

For I made hool a seke mon   13915
Vpon þe day of ȝoure sabate
But demeþ me not in my state   13917
So shulde ȝe do wolde ȝe me trow   13920
And wel I woot hit were for ȝow
Mony folke were by & stood   fol. 81v col. 2
And herde þis folke so wrooþ & wod
Þat were comen into þat toun
And herde al her disputisoun   13925
Mony wordis þei spak & felle
Þat longe were here to telle
Somme seide when crist shal him showe
Whenne he shal come shal noon him knowe
Ny of what kyn ny of whiche cuntre   13930
But þis monnes kyn wel knowe we
Of þis lond boþe is he & his
Þe contre woot þat sooþ hit is
Þenne seide ihesu a word or two
ȝe woot what I am my kyn also   13935
Of ȝoure foly whi ne wole ȝe blynne   13942
And seke not sacles so wiþ synne
Bereþ skil & holdeþ resoun
Siþ ȝe knowe me & my nacyoun   13939
For he þat me among ȝow sende
Is soþfastenes wiþouten ende
He þat me sende I woot what he is
But ȝe knowe him not I wis   13945
If I seide þat I not him knewe
Þenne were I lyere & vntrewe
Boþe were I fals & lyere how
Riȝt siche as ȝe are now

13916   ȝoure] oure B.
13918-9   *om.* CAddGHTLB.
13920   shulde] schull B. wolde] wolle L.
13924   into] to B.
13929   Whenne] Whens B. him] *om.* TLB.
13930   *second* of] *om.* B. whiche] what B.
13932   boþe is] is boþe B.
13933   Þe] þis B. þat] þe B. hit is] iwis B.
13934   Þenne] And þan B. two] ijᵒ L.
13936   ne] *om.* B. ȝe] ȝe not B.
13939   Siþ] Sen B. me &] *om.* B.
13940-1   *om.* HTLB.
13945   ȝe knowe] know ȝe L.
13946   not him] hym not B.
13948-9   *om.* F.
13948   lyere how] vntrew B.
13949   siche] so B.

I knowe him & haue done euere   13950
Fro him shal I sondre neuere
Þo souȝte þei ihesus to slone
But honde myȝt þei ley on him none
For þei wolde him haue nomen
But his tyme was not comen   13955
Mony fro þat trowed trew
In þe werkis of gode Ihesu
And fro þat day wiþouten faile
Þe iewis wiþ her fals counsaile
By her tresoun & her reede   13960
Souȝte ihesu to do to dede
Now shal ȝe here on what wyse
Ihesu dide lazar to ryse
But ar þat we furþer go   fol. 82r col. 1
Speke we of his sister two   13965

Þat on was martha to seyn
And þat oþere maudeleyn
Þis lazar as seiþ oure story
Was of a stide het bethany
Þese þenne were his sistres twynne   13970
Þe ton a wommon ful of synne
A wondir synful was she one
And first was she comyn wommone
Of þis wommon þe myche feirhede
Made mony mon of wit to wede   13975
Seuen fendis out of hir cast he
As telleþ luk þe euangele

13952-3 *copied after l.* 13959 Add.
13952 Þo] Then L.
13956 þat] tho L; þat tyme B.
13961 *first* to] for to L.
13962 ȝe] we B. on] in B.
13963 to] *om.* B.
13964 þat] *om.* L.
13965 we] we will B. his] þe B. two] ijᵒ LB.
13966 Þat on] Þe toon TB.
13967 And...oþere] That othir was L; Þe toþer was B.
13969 stide] place L.
13970 þenne] *om.* B.
13973 she] she a L. comyn wommone] a woman comen B.
13974 þe myche] mochell B.
13975 to wede] vnwede B.
13976 Seuen] vij L.
13977 As...Luk] And þat witnes B.

A cely synful was she þis
For al hir synne turned into blis
She was lyuynge in contre þere   13980
Whenne ihesu preched vche where
And mony apert myracle did
Wherwiþ to men he him kid
And mony seke he ȝaf her hele
And as he coom by o castele   13985
A man þat hett symound leprous
To ete preyed him to his hous
Ihesus grantede his preyere
For he him preyed wiþ good chere
Feire seruyse symounde him diȝt   13990
As was to siche a lord riȝt

// Whenne ihesus was set in his sete
Wiþ his disciplis at þe mete
Þis synful wommon þat we of seyn
Þat we calle mary maudeleyn   13995
Wiþinne þe castel þat I of tolde
She myȝt do what she wolde
Þe mon þat god wole be bet
We wite wel may no þing let
Þe word of ihesu sprong ful wyde   14000
Of myraclis þat he dide þat tyde
Whenne mary wist ihesus was comen
A boist of oynement haþ she nomen
A þing þat was of prys ful dere   fol. 82r col. 2
Þis oynement wiþ hir she bere   14005
And my tale shortly to telle
Bifore ihesu feet she felle

13978   synful] synner B.
13979   For al] Þat fro B. into] to B.
13980   lyuynge] lying B.
13981   vche] wyde B.
13982   apert] open B.
13983   he] he made B. him kid] hem did L.
13984   her] hem B.
13985   And] *om.* L.
13986   leprous] liprosus B.
13991   was] fill B. *After this line there is a heading in* Add.
13993   þe] *om.* L.
13996   I of] sche I B.
13999   wel] þere B.
14000   ful] so B.
14003   boist] boxe LB. of] *with* L. haþ] had B.
14006   And] In B.

Þere she fel in siche a grete
Þat wiþ þe teris she wesshe his fete
On him she wepte hir synnes sare   14010
And dryed hem wiþ hir heer þare
Where she fond chyn or soor
Wiþ oynement she anoynt þor
Al þis worshepe she him did
And also cust his feet amyd   14015
Alle wondride on hir & had ferly
Þei say hyr neuer so sory
Þat dede laft she not for shome
Symond maistir of þat home
Wondride & seide in his þou3t   14020
But wiþ mouþ he spak hit nou3t
Were þis mon prophete so good
Þis wepynge wommon on him wood
He au3te to wite what she were
And lete hir touche him not so nere   14025
For synful wommon is she þis
Þat al þis cuntre woot I wis
Ihesu cryst þo vnswerde
What symond þou3t wel he herde
He seide herken to me a stounde   14030
Gladly maistir seide symounde
In cuntre sumtyme was a man
Þat lante penyes of þat he wan
Þis man he was an okerere
Two men coom þat had mistere   14035
And asked him pens to lone

14009   þe] *om.* B.
14010   hir] for hir L.
14011   hem] hym B.
14012   chyn or] syn & B.
14013   Wiþ] W*ith* þat B. anoynt] noynted B.
14015   cust his] Cryst*is* L.
14017   so] ere B.
14019   maistir] þe mayster B.
14021   mouþ] word L. mouþ he] his mouþe B. hit] he B.
14023   Þis] Thy L. wood] so wode B.
14025   not] *om.* B.
14027   woot] knoweth B.
14029   þou3t] seid L.
14032   cuntre] a contre B.
14033   lante penyes] laght pens B.
14034   he] *om.* B.
14035   Two] ij° L.
14036   pens] penyes T.

Þis riche man lent to þat one
An hundride pens siche as ran
And fifty to þat oþer man
Whenne hit coom to her day   14040
Þei hadde not wherof to pay
And he hem say no catel haue
Al þat dett he hem forȝaue
Hem he forȝaf & bad hem go   fol. 82v col. 1
Wheþer owed to loue him bettur þo   14045
Sir me þinke wiþouten let
Þe mon þat he forȝaue moost det
To whom he forȝaf moost tille
Owe moost to loue him by skille
He seide we ben vnswered symeoun   14050
Þenne demestou bi riȝt resoun
Alwey she wept on his fete
And ihesu þo bihelde hir lete
And to symounde he seide anone
Seest þou here þis ilke wommone   14055
To my feet water ȝaf þou none me
To wasshe haþ she greet plente
Þou woost þat is sooþ I wis
ȝitt bed þou me not for to kis
Siþ I coom into þyn in   14060
To kisse my fee[t] con she not blyn
Oynement ȝaf þou me nouȝt
She haþ hiren to me brouȝt
She haþ anoynt me foot & shank

14037   to] *om.* B.
14038   An] And H. ran] þan B.
14043   Al] And all B.
14044   Hem he] He hem L. Hem…forȝaf] All þe dette B.
14045   owed] oght B.
14047   Þe mon] Hym B.
14048   forȝaf] ȝaffe before B.
14050   we ben] I am B.
14051   Þenne] Hem B. Þenne demestou] That seist þou L.
14052   wept] wepe LB. on] at L.
14053   And] *om.* B. hir] & L; & her B.
14055   here] *om.* T.
14056   none] not B.
14059   bed] bode L.
14060   Siþ] Synne L.
14061   feet] feee H. con] lete B.
14063   haþ hiren] oynement B. hiren] hethir L.
14064-5   *reversed in* L.
14064   anoynt me] me noynted B.

Wherfore I con hir myche þank 14065
And for she loueþ me out of bikur
Of my loue she may be sikur
Of hir synnes is she clene
Þei are forȝyuen alle bidene
He seide myche hastou loued marye 14070
Myche is forȝyuen þe þi folye
Go in pees þi mychel treuþe
Haþ þe saued & þi reuþe
Now art þou saued þourȝe þi fay
I shal be þi kepere fro þis day 14075
Ihesus aftirwarde in hye
Coom prechynge into betanye
ȝyuynge mony seke her hele
Þe folke him folewed was ful fele
Martha & maries broþer he fond 14080
Lazar þere he was wonond
He gestened wiþ þo sistres two
Mary & martha also
Whenne þei wiste he wolde dwelle fol. 82v col. 2
Of her ioye myȝt no mon telle 14085
No wondir was for siche a gest
Coom neuer eer wiþ hem to rest
Martha was houswyf sikerly
Aboute her seruyse ful bisy
Mary alone martha lete 14090
And set hir tofore Ihesu fete
Bifore his feet she set hir doun
For to here his sermoun
Nouþer she tent to mete ny borde

14065 myche] mochell B.
14066 loueþ] leyeþ B. out] *om.* B.
14069 alle] her all B.
14070 myche] mochell B.
14071 Myche] Þy mis B. þe] & B.
14072 treuþe] revþe B.
14073 reuþe] trewþe B.
14074 þourȝe] be B.
14075 be...kepere] þe help B.
14076 in] on L.
14078 mony] to many B.
14080 broþer] moder L.
14081 Lazar] Zakare B. he] *om.* L.
14082 wiþ þo] swiþ þes B. two] ijº L.
14083 Mary & martha] Wi*th* Martha & Mari B.
14087 wiþ...to] wi*th*oute B.
14091 tofore Ihesu] before goddis B.
14094 Nouþer] Anoþer B.

But for to here goddis word   14095
Martha say she not helpe wolde
A pitous pleynt to crist she tolde
Sir she seide recche ӡe not how
I am lafte oone to serue ӡow
My sister sitteþ as ӡe may se   14100
And leueþ al þe swynke on me
Bidde hir sir þat she ryse
And helpe me now in ӡoure seruyse
Martha martha seide ihesu þis
In myche bisynes þou is   14105
Bisy art þou aboute mony dede
But of oon is moost nede
Þe buttur party haþ mary chosen
Þat neuer may be fro hir losen
Blessed was þat afflictioun   14110
Þat mary brouӡte to siche pardoun
Al oþer þing she forsoke
Saue to oon she hir toke
Of alle þinge she toke to one
Wiþouten whom is goodnes none   14115
Of goodnes no mon con telle þe tendes   14118
Þat þis lord doþ to his frendis
For is noon þat in herte may þinke   14120
Ny clerke wryte nouþer wiþ ynke
Nor yӡe may s[e] ny herte lere
No monnes witt may hit come nere
How myche mede to vs is diӡt
If we wol serue þat lorde riӡt   14125
Leue we now þese sistres þus   fol. 83r col. 1
For to speke of lazarus

14099   lafte oone] besy B.
14101   leueþ] leith L. *Line repeated in* Add.
14102   ryse] aryse L.
14103   now] *om.* B.
14109   may...hir] fro her many be B. losen] loryn L.
14110   afflictioun] affeccioun LB.
14111   siche] þat B.
14114   Of] And L. þinge] þinges T.
14115   whom...goodnes] hym is goodes L; godenes oþere is B.
14116-7   *om.* CAddGHTLB.
14118   no mon] non B. no...con] can no man L.
14120   is] þer is LB. þat] *om.* LB.
14121   clerke] none clerk B. wryte nouþer] nothir wryte L. nouþer] *om.* B.
14122   Nor] Ne LB. ny...lere] nor ere here B.
14123   No] Ne B. hit come] com it B.
14124   myche] mochell B.
14127   For...speke] And speke we L. *After this line there is a heading in* Add.

Þis lazarus of bethany
Had sistris martha & mary
Muche loued he his sistres boþe   14130
Souȝte he neuer noon wiþ loþe
A castel was his & þeires
Aftir her elderes þerof eyres
To þis castel was ihesus calde
To herborwe as bifore I talde   14135
Soþ hit is þis lazarus
Was seke þe story telleþ vs
In his sekenes he lenged so
Þat he hadde no foot to go
Mary & martha were sory   14140
For his sekenes & oþere mony
His sistres serued him to honde
Þat bounden lay in goddis bonde
But to him þat so was bounden
Fer þei souȝt & noon founden   14145
Longe þei souȝt & fond no bote
Þat sekenes crepte to heed & fote
Whenne þei say hit was noon oþere
State of couerynge of her broþer
Counsel þei toke to ihesu to go   14150
For her broþer ful of wo
Of her broþer þei wolde hym say
Þat he wel loued in langur lay
And preye hym if his wille were
Come se lazar þat was vnfere   14155
Ful wel leued þei þat he
Myȝte make him hool to be

14129   sistris] sistirs two B.
14130   Muche...he] Mochell he louyd B.
14132   castel] castell þere B.
14135   bifore I] I byfore LB.
14136-7 *reversed in* Add.
14139   no] not B.
14143   goddis] seke B.
14144   But to] For B. so was] was so B.
14145   Fer] For L. Fer þei] Lechis fer B.
14147   Þat] Þe B. crepte] grope L. to heed] in honde B.
14148   Whenne] But when L.
14149   couerynge] rekenyng B.
14150   *first* to] *om.* L.
14152   þei wolde] wolde þay B.
14153   wel] *om.* L. lay] ay L.
14155   Come] To B. vnfere] her feere L.

Þei sende sondis ou*er* al Iude
And fonde hi*m* not in þat cuntre   14159
And wite ȝe wel for þis resou*n*   14162
Men souȝt to sle hi*m* wiþ tresou*n*
For þei hi*m* fond not in þat londe
Þei fyned not til þei hym fonde   14165
Þo messangeres hendely seide
Þe eronde þat was on hem leyde
Þei p*r*eyed him as lord dere   fol. 83r col. 2
For his frend þat was vnfere
Trauail to hi*m* þat he wolde make   14170
For hi*m* & his frendis sake
He lyþ to dyȝe þat lele & trewe
Lord þei seide on him þou rewe
To þo men þat bodeword bare
Ihe*s*u ȝaf he*m* þis vnsware   14175
He seide go aȝeyn ȝoure way
To hem ȝou sende ṣhal ȝe say
Þat þei not for her broþ*er* mourne
To deeþ shal not his langur turne
But my blis shal by hi*m* be sene   14180
Furþer þen hit ȝit haþ bene
Aȝeyn þei went wiþ her vnswere
Two dayes oure lord dwelled þere
Þen dude he his disciplis calle
Make ȝow redy he seide alle   14185

14158   sende sondis] sayde sendith B. Iude] Ynd L. *After* 14158 *there is an extra line in* L:
         Bot their mast*er* cowde they not fynd
14159   And] And so L.
14160-1 *om.* CAddGHTLB.
14162   By reason may wele wyt ye L.
14163   souȝt] þoght B. *After* 14163 *there is an extra line in* L:
         A yet it was ayenst alle reason
14165   fyned] left L; syned B. til] to B.
14166   Þo messangeres] The messanger L.
14167   hem] hy*m* L.
14168   lord] her lorde B.
14169   his] her B.
14170   þat] *om.* B.
14171   his] for his B.
14174   bodeword] þe erande B.
14175   he*m*] him T.
14177   hem] hym B. ȝou] I L; ȝow I B. ȝe] þou L; I B.
14178   her broþ*er*] hym B.
14179   his] your L.
14181   þen] þat B. haþ] had B.
14183   Two] ij° L.

Vnto Iude gooþ wiþ me now
Þei seide sir what þenkest þow
Was þou not but litil gone
Almest *þere* wiþ Iewes slone
Counsel is hit noon of frende   14190
Þat ȝe þiderwarde sir wende
Ihe*sus* seide why say ȝe so
Ten tides haþ þe day & two
Who so haþ to wende any way
Good is he go bi liȝt of day   14195
For who so walke by nyȝtirtale
Of disese he fyndeþ bale
To þat I say takeþ good kepe
Lazar oure frend is leyd to slepe
To hym to wende hit is tyme   14200
For to wake hym of his swyme
I haue hi*m* loued wel ofte siþe
Now is tyme I sum hi*m* kyþe
Sir þei seide if he slepe ouȝt
Doute of deþ ȝit is hit nouȝt   14205
If he may slepe hele is at honde
Ihe*sus* þo seide ȝe mysvndirstonde
For ȝe shal not longe tille   fol. 83v col. 1
Tiþinge here to like ille
He is deed þat I of say   14210
Now is goon þe ferþe day
Dede & doluen boþe is he

14186   Vnto] Into B.
14188   Was] Where B. þou not] not þou L. but litil]
        þere bote a while a B. gone] while gon L.
14189   þere] *om.* B. Iewes] þe Iewis B.
14191   þiderwarde sir] sir þedir B.
14193   tides] oures B. two] ij° L.
14195   is he] it is to B. of] *om.* L.
14196   walke] go B.
14198   takeþ] take ye L.
14199   oure] your L. to slepe] aslepe B.
14201   For...hym] Hy*m* to wake B.
14202   wel] *om.* B.
14203   is] it is B. I...hi*m*] þat I it B. sum] come L. kyþe] blythe L.
14205   ȝit] *om.* B.
14206   hele] helth L. at] & B.
14207   þo] *om.* B.
14208   ȝe] he L. not] not here B.
14209   to like] to be L; ȝow liketh B.
14210   of] you L.
14211   ferþe] iiij^{th} L.

He is not quyke þat shal ȝe se
Now am I boþe glad & bliþe
Þat I was not wiþ hem þat siþe   14215
Now am I aftir sende
Þide[r]warde wole I wende

// Whenne Thomas þat het didimus
Herde þat dede was lazarus
As ihesus had tolde þore   14220
He seide þus & siked sore
To his felowis seide he
Lordyngis he seide now here ȝe
Lazarus is not in lyue
Go we deȝe wiþ him blyue   14225
Me lust no lenger lyue in place
But ihesu helpe of his grace
We shul haue mys sikerly
Of oure good frend of bethany
Bitwene ierusalem & þis castel   14230
Þat ȝe herde me bifore of spel
Þere mary woned magdalene
Were of myles ful fiftene
Þere lazarus was doluen & dede
Ihesus coom soone to þat stede   14235
Lazar was an hyȝe born mon
His kyn was ȝitt aboute him þon
At þat castel his frendis bade
And myche mournyng for him þei made
Mary and martha þe story sayes   14240

14213   is] nys L. þat...ȝe] as þe may B.
14214   am I] I am L.
14215   was not] nas L. hem] hym LB.
14216   am I] that I am L.
14217   Þiderwarde] Þidewarde H.
14219   Herde] Herde tell B.
14222   felowis] felawe B.
14223   now] *om.* B.
14224   in] on B.
14225   deȝe] & dye B. blyue] beliue B.
14229   good] lorde B.
14231   of spel] telle L; of tell B.
14232   mary woned] wonid Mari B.
14233   ful] *om.* B.
14235   soone to] into B.
14237   was] were B.
14239   myche] mychel TB. þei] *om.* TLB.
14240   þe...sayes] þo foure dayes B.

Had ben wepynge þo foure dayes
Þere were fele hem to rewe
And also mony vnbeden iewe
Þider coom boþe oon & oþer
To coumforte mary for hir broþer   14245

// By þis coom hem tiþonde
Þat ihesus comynge was nyʒe honde
Þat he was comen as þei bad   fol. 83v col. 2
Wiþ felowshepe þat he had
Was neuer ere martha so fayn   14250
Þenne wente she wepyng him aʒeyn
To fete she fel him sorwefuly
And rewely on him gon to cry
Lord she seide what to rede
Now is my broþer fro me dede   14255
Alaas haddestou here wiþ vs bene
He had not ben dede I wene
For what þing þou makest preyere
I woot þat god wol þe here

// Be stille he seide þi broþer shal ryse   14260
I woot wel she seide in some wyse
On domesday wel woot I whenne
He shal rise wiþ oþere menne
Ihesus seide I am vprist & lyf
Whoso leueþ in me mon or wyf   14265
Þouʒe þei were dede ʒit shul þei lyue
Suche ʒiftis may I hem ʒyue

14241 þo...dayes] þe story says B. foure] iiij^e L.
14242 hem] hym B.
14243 mony] meny an L.
14245 for] and L.
14246 hem] þere B.
14247 comynge...nyʒe] was comyng nere B.
14249 Wiþ] With þe B. had] lad TL.
14251 Þenne...she] Sche went B.
14252 To...him] She felle to his fete L. To] To his B. him sorwefuly] in hye B.
14253 to] *om.* LB.
14254 to] *om.* B.
14256 here] *om.* B.
14259-60 B *inserts* 11.14302-7 *between these two lines.*
14261 some] what B.
14262 whenne] then LB.
14263 rise] aryse L.
14265 Whoso] Who B. in] on L.
14266 Þouʒe] ʒeff B. shul] schuld B.
14267 may I] I may B.

And alle þat lyuen & trowen me
Deed shal þei neuer be
Trowestou þis she seide ȝe þo   14270
I trowe þis & more also
Þat þou art goddis owne sone
Comen among vs for to wone
Martha sorweful & sory
Tolde to hir sister mary   14275
And in hir ere gon she rowne
And seide crist is comen to towne
Do þe to speke wiþ him anoon
Vp roos mary stille as stoon
Toward hir maistir ron she fast   14280
Men wende she had ben a gast
Whenne men say hir þat bi stood
Rennande as she were wood
Witeþ hit of mony mon
Þe teris bi her chekes ron   14285
To hir broþer graue she gas
Þere for to swonne þei seide allas
But mary was in oþer entent   fol. 84r col. 1
Wiþ hir lord to speke she went   14289
To him she ran on knees she fel   14292
Lord she seide I wol þe tel
My broþer lazar þi frend is deed
And þat is to me a coold reed   14295
Haddestou lord ben þere wiþ vs
Hadde not my broþer died þus
Ihesus bihelde hir a stert
And had greet reuþe at his hert

14268   me] in me L; on me B.
14270   Trowestou] Trowest L.
14271   &] in mochell B.
14276   she] to B.
14278   Do...to] Go & B. wiþ him] hym with B.
14279   roos mary] sche ros B.
14282-3 *om.* Add.
14282   hir...bi] þat be her B.
14284   Witeþ hit] Wytnessiþ yet L. of] *om.* B. mony] many a LB.
14287   Þere...to] And ther she L. swonne] wonne B.
        þei...allas] in þat plas L.
14289   Wiþ...speke] To speke with her lorde B.
14290-1 *om.* AddHTLB.
14295   And] *om.* B.
14296   ben þere] ther bene L. þere] here B.
14297   not...broþer] he noght B.
14298   a] in a L.
14299   greet] *om.* L. at] in B.

Lazeres frendis þat þere were   14300
Cryed & made reuþful chere
Ihe*sus* to mary in hir woo
Miche loue shewed he þo
Whenne he wolde of his misfare
A party on himself he bare   14305
He wept sorer þen any oþer
Wiþ þo two sistris for her broþer
Tenderly he wepte and seide
Where haue ȝe his body leyde
Sir seide mary come & se   14310
Ful myche lord loued he þe
Lord of selcouþis so slyȝe
Þi louer þus why lettes þou dyȝe
Ihe*sus* her wayment vndirstoode
Wiþ hem to þat graue he ȝode   14315
Whenne he þer coom also soone
He bad þe graue to ben vndone
Of þe toumbe take of þe lid
Soone his commaundement þei did
Martha seide lord I trow   14320
Wormes bigynne to ete him now
He stynkeþ for þre dayes is goon
Þat he was leyd vndir stoon
Ihe*sus* seide martha do wey
Hit is no wit I here þe sey   14325
Forȝeten hastow soone þi lore
Þat I þe tauȝte a litel tofore

14301   reuþful] sory B.
14303   shewed he] he schewid B.
14304-5 *om*. Add.
14304   of] *om*. B.
14305   he] *om*. B.
14306   sorer] sorier L.
14307   þo] þe B. two] ijᵒ L. her] þe B.
14311   myche] muchel TB.
14312   Lord] O lorde B. selcouþis] mervayle B.
14313   þus] *om*. L. lettes] letist L.
14314   her] he T. wayment] wayling B.
14315   hem] hym LB. þat] þe B. he] she LB.
14317   to ben] schuld be B.
14318   *second* of] vp L.
14322   þre] iijᵉ L. is] it is B.
14323   Þat] Sen B. vndir] vndir þis B.
14325   Hit is] Ys it L.
14327   tofore] beffore B.

ȝif þou wolt leue I seide þe
Soone shuldestou selcouþe se
Wherof shal greet loueword ben   14330 fol. 84r col. 2
Þe folk togider gedered to seen
Þe graue lid awey þei kest
And ihe*sus* loked into þe chest
To his fadir he made a bone
And he him herde also soone   14335
Honourid be þou fadir ofte
Wiþ þine au*n*gels vpon lofte
Þi sone þe þonkeþ þou dou*n* hast sende
Of þe holy goost is kende
Fadir I woot I am of þe   14340
And oon are we alle þre
Flesshe haue I take among myne owen
And ȝitt am I not wiþ hem knowen
I wole alle wite for what resoun
Þat þou hast sende me hider doun   14345
Þourȝe me þi myȝtis to be spred
Wherfore I am loued & dred
I wole þat alle witen þat here ben stad
Lazar wiþ þat come forþ he bad
On lazar he ȝaf siche a cry   14350
Þat alle herde þat stood him by
At his biddynge he roos anoone
He þat liggynge was in stone
In wyndynge clooþ as he was wou*n*den
Heed & feet boþe bounden   14355
Louse him now he seide forwhy
I woot he lyueþ witterly
þe folk seide þat stood amydde
Miche trouþe hastou hi*m* kidde

14328   þou wolt] þat þou B.
14329   selcouþe] mervayle B.
14331   togider gedered] togider L; gadird togedir B.
14332   Þe...lid] And the gravaile L. þei] was B.
14333   And] *om*. B.
14335   also] *om*. B.
14337   au*n*gels vpon] au*n*gell all on B.
14338   þou] þat B. hast] is B.
14345   hider doun] adoune B.
14346   to] *om*. B.
14348   *first* þat] *om*. B. witen] vertu L.
14349   wiþ...forþ] come forþe *with* þat B. come forþ] comfort L.
14353   in] vnd*er* L.
14355   boþe] as he was B.
14359   Miche] Mochell B.

Fro þat day forþ for myche wele   14360
Þer folwede ihesu folk ful fele

// Soone ouer al þis tiþing ras
Þat lazar þus araised was
I trowe hit were furþer ryf
Þenne was bifore of his lyf   14365
Þe signes þat ȝe haue herd in fere
ȝe owe lordyngis hertly to here
Suche oþer herd ȝe neuer I wene
For who shulde siche wondris sene
Make crepeles to go & blynde haue siȝt   14370 fol. 84v col. 1
Whoso loueþ him not is malediȝt   14375
And namely þat were þere neer
Whenne he vp roos sir lazer
Þese iewis þat ben felle & fals
Þei owe him worshepe & mekenes als
As he þat born was of her kyn   14380
And moost coom he hem to wyn   14381

// Þese werkis þat cryst wrouȝte gode   14384
Menged þo iewis in her mode   14385
Þerfore þei counseled hem amonge
Him ouþer for to hede or honge
His gode werkis to hem not ware
Bur sorwe & kyndelynge of care

14360-1 *om.* F.
14360   day] *om.* L. myche] mochell B.
14363   Þat] Thus L. þus] *om.* L.
14364   were] was B.
14365   was...of] beffore was all B.
14367   lordyngis] lordis B.
14368   oþer] wondres B.
14370   Make] To make B. to] *om.* TLB.
14371-2 *om.* G.
14371-4 *om.* HTLB, *expanded to six lines in* Add.
14375   Whoso] Who L. not] *om.* L. not is] is not B. malediȝt] benedicte L.
14376   þat] þo þat LB.
14378   Þese] Þe B.
14379   mekenes] drede B.
14380   born was] was borne B.
14381   And moost] As L.
14382-3 *Om.* CAddGHTLB.
        Before l. 14384 *there is a heading in* Add.
14385   þo] þe B.
14386   hem] hym L.
14387   ouþer] *om.* T. for] *om.* B. or] or for to B.
14388   hem] hym B.

A sorweful reed fro þenne toke þei   14390
What hit was I wol ȝow sei
Ful deuely were þo iewes þro
Her blessed lord for to slo
Her owne lord ful of blis
Þat so helpful was to his   14395
So myȝty meke & mylde of moode
So fre ȝyuere of alle gode

// Lordyngis alle wel we wote
Oure elderes þe bibel wrote
God loued þe iewis long biforn   14400
Þat his swete sone was born
Miche loue had he to hem done
Delyuered hem fro pharaone
Fro pharao þat was so stronge
Þat helde hem in seruage so longe   14405
He sent a man hem to lede
For þat ilke cursed sede
Moyses was þe monnes nome
He ladde hem þourȝe þe see fome
Whil moyses was her ledere   14410
Þe kyng was drowned & al his gere
In wildernes wiþouten swynk
But god fonde hem mete & drynke
Of aungels fode had þei greet met
And of mony bales hem bet   14415
Miche loue gan he hem shawe   fol. 84v col. 2
And bi moyses sent hem lawe
He delyuered hem of myche wo

14390   sorweful] sorow L.
14391   wol] can B.
14392   þo] þe B. þro] þo B.
14397   fre] fre a B. alle] his B.
14402   Miche] Mochell B. to] *om.* B.
14405   so] *om.* B.
14406   sent a man] sayde among B.
14407   For] Fro TLB.
14409   see] salt B. fome] in same L.
14411   gere] fere L.
14413   But] Boþe T; *om.* B. mete] boþe mete B.
14414   had...greet] þey had gode B.
14415   And of] With B. hem] he hem B.
14416   Miche] For muche L; Mochell B. gan he] God L; he gan B.
14417-37   *Not in L; half a leaf missing.*
14417   lawe] þe lawe B.
14418   myche] muchel TB.

For þei had mony feloun fo
He heled boþe doumbe & deef   14420
And dide þe ȝerde bere boþe flour & lef
Þat aaron himself bere
As I tolde ȝow biforn here
And openly to hem bihete
By mony a nobel prophete   14425
He wolde take flesshe of her kynne
For to raunsoun adames synne
Whenne þei asked saul to kyng
Frely he ȝaf hem her askyng
And aftir dauid wiþ chesyng   14430
Þat golias slowȝe wiþ his slyng
Aftir salomon kyng of toun
And aftir þe lond of promissioun
He hette hem inne for to wone
And þenne sent hem his sone   14435
On erþe to be born we telle
To raunsoun alle þat ȝeode to helle
ȝit leued not þe felouns
Þat symeon tolde in sarmouns
Of him þat he in hondis bare   14440
But euer mystrowynge þei ware
Whenne he himself among hem kud
And mony feire myracle dud
And oon bifore architriclyne
He turned watir into wyne   14445
And als ten men þat were mesele
To vchone he ȝaf her hele

14419 feloun] a B.
14421 dide] made B. boþe] *om.* B.
14423 here] are B.
14424 openly] nobely B.
14426 her] his B.
14430 aftir] afftirwarde B.
14431 golias slowȝe] slowe Golias B.
14432 salomon] Sampson B. of toun] *with* croun B.
14433 And] *om.* B.
14435 hem] to hem T; he hem B.
14436 On] And B.
14438-9 *reversed in* Add.
14438 þe] þo TLB.
14439 in] in his TL; & B.
14443 mony] many a L. myracle] miracles B.
14444 And] As LB. architriclyne] archedeclyn B.
14445 watir] þe watir B.
14446 And als] Also to B. men] *om.* B.

Of lazar þat was deed also
Þat he reised & oþere mo
Of a man þat was vnfere 14450
More forsoþe þen þritty ȝere 14451
Þe more he to þe iewis him bedde 14456
Þe faster awey þei fledde
Alle þat he wiþ loue hem souȝt
Þe iewis entent was euer nouȝt
Þei were ful of enuye 14460 fol. 85r col. 1
To god & mon myche contrarye
Aȝeyn he[r] owne holy writ
Wolde þei not ȝit leue on hit
Þat seide crist shulde take monhede
Of a mayden of her sede 14465
ȝit wolde þei not vndirstonde
How Ion him baptized wiþ his honde 14467
And seide ȝoure saueoure is þis 14470
ȝitt leued þei him not iwis
For nouȝte þat he couþe do or say
Wolde þei not of þe riȝt way
Noon oþere signe þat dide ihesu
Miȝt hem brynge to trouþe trew 14475
But for his gode dedis vchone
Ofte souȝten him to slone
And moost ende for þat resoun
Þat he vp reised lazaroun

14449   oþere] many B.
14450   Of] And of L.
14451   forsoþe þen] þan eyght & B. þritty] xxx L.
14452-5   *om.* HTLB.
14456   him] hem L.
14457   Þe] Þe more B.
14460   ful] euer ffull B.
14461   myche] ay B.
14462   her] he H.
14463   on] of B.
14464   Þat] þay B.
14465   mayden] woman B.
14467   him baptized] þe baptist B.
14468-9   *om.* CAddGHTLB.
14471-90   *Not in L; half a leaf missing.*
14471   him] *om.* B.
14472   or] ne B.
14474   Noon] Þo B. signe] signes B.
14475   brynge] not bring B.
14477   to] forto B.
14479   vp] *om.* B.

Fro þat day þei did hem payne 14480
Þat he & lazar boþe were slayne
Ihesu for folk þat to him felle
Lazar for he did of him spelle

Þis cursed folk wiþ þis mystrow
Wolde ihesus slee but þei nust how 14485
Þei wiste not how to bigynne
Þei seide we most fynde sum gynne
How þat he may dampned be
Anoon þei made a greet sembele
Wiþinne an hous of þat toun 14490
Of her owne dampnacioun
How þei myȝte þat tresoun make
Raunsoun wolde þei noon take
He is þei seide wondir wyse
Al þe world wole wiþ him ryse 14495
Al þe world to him wole bowe
And if he lyue in him trowe
And men of rome shal come may falle
And take oure places & folk wiþalle
First oure lo[n]d from vs reue 14500
And we in her seruyse to leue
At þis gederyng a mon þer was fol. 85r col. 2
His name was called cayphas
Bisshop he was of þat cuntre
Bettur him were he neuer had be 14505
Bisshopis were þei þo aboute

14480 hem] hym B.
14482 for folk] forsoke B.
14483 Lazar] Zakare B.
14486-7 *reversed in* Add.
14486 wiste] nist B.
14489 a] *om.* B.
14490 þat] þe B.
14491 Of] To here B.
14495 wole] wold L. wole...him] wiþ hym will B.
14496 wole] wold L.
14498 shal] may B.
14499 places] place LB. &] our B.
14500 lond] lord H. reue] to reue B.
14501 to] *om.* B.
14502 a mon] one B.
14505 him...he] it had hym B. had] haue B.
14506-7 *om.* F.
14506 þo] all B. aboute] alowte L.

Vchone but his twelf moneþe oute
Caiphas seide gode men aboute ȝe wate
In goostlynes I holde ȝoure state
Folweþ me & my counsaile   14510
And I hope hit shal availe
ȝe vndirstonde not al þat I
Woot & knowe bi prophecy
A mon shal in honde be take
Dampned & deed for pepul sake   14515
Sooþ hit is þus shal hit be
Þis ilke ihesus þis is he
Deȝe allone forsoþe he shalle
Ar þe folke shulde perisshe alle   14519
To sle ihesu alle þei hiȝt   14522
And þerto þere trouþis pliȝt   14523

// Caiphas spake þere þo   14526
Þese wordis & oþere mo
Of ihesus deeþ as I ȝow tel
And seide þat he wiste wel
Þat he coom to diȝe wiþ wille   14530
And so prophecyes to fulfille
Fro þenne þei souȝte wiþouten awe
Ihesu for to brynge of dawe
Ihesu wolde no lenger be
Þere þei myȝte him here or se   14535
In effrem he dwelt þat tyde
A cite a wildernesse bisyde
Wiþ his disciplis dwelt he þare
He wist þe iewis wolde him forfare
If þei myȝte hond on him lay   14540
But ȝit was not comen þe day
Þat he wolde to deþe be done

14507   twelf] xij L.
14509   goostlynes] goostely lyffes B. I] ye L.
14511   I] ye L; ȝitt I B.
14512   not al þat] alle not L.
14515   pepul] þe peple B.
14516   Sooþ…is] Boþe is it þus & B.
14517-40 *Not in L; half a leaf missing.*
14519   Ar] Or B. shulde] *om.* B.
14520-1 *om.* CAddGHTLB.
14523   pliȝt] þey plight B.
14524-5 *om.* CAddGHTLB.
14533   of] hym on B.
14535   þei] þat þay B.
14542   wolde…deþe] to deþe wolde B.

But hit was comynge aftir soone
Þese Iewis dide euer wiþ him stryf
No mon more þat were in lyf   14545
His disciplis were ful woo   fol. 85v col. 1
Þat her maistir was hated so
Namely of hem þat he
Shulde moost serued & loued han be

// I haue seid crist chosen ȝow twelue   14550
þe twelfþe is þe deuel himselue
Þis bi him þenne he hit tolde
Bi whom he wiste to be solde
Þat was Iudas scarioth
Of alle fel him worst lot   14555
In effrem he dwelt a stounde
Þennes soone gon he founde
He dwelt not longe in þat cuntre
But went him into galile
Þe londe of Iude he had forborn   14560
For þere þei had his deeþ sworn
Þenne helde þe iewis in her cuntre
A feest men clepeþ cenophe
Þe disciplis seide ihesu dere
Þese wordis þat ȝe shul here   14565
Sir do þe hennes into Iude
Þere men þi werke may open se
To ierusalem we rede ȝe wende
For þere beþ comynly ȝoure frende

14543   was comynge] schall come B.
14544   dide] *om.* B. stryf] did stryue B.
14545   mon] men TB. in] on B.
14548   Namely] And namely B.
14549   moost...han] of most honorid B. loued] levid L.
14550   chosen ȝow] chose þo B. twelue] xij L.
14551   twelfþe] xij L.
14552   hit] *om.* B.
14553   Bi] In L.
14555   fel] þat fill B. worst] wist þe B.
14557   Þennes] Thereyn L; Fro þens B.
14558   cuntre] cite B.
14560   Iude] Ynd L.
14563   men] þey B. clepeþ] clepyd L; callid B.
14564   ihesu] to Ihesu B.
14565   Þese] The L.
14566   Iude] Ynd L.
14567-87 *Not in L; half a leaf missing.* 14567 *ends* thy werk may opyn fynd L.
14567   þi ... open] may þy werkis B. werke] werkes T. se] fynd L.
14568   we] I B.

Of any frenshepe elliswhere   14570
We woot moost are þei þere
Her feste is now go we þon
For þider gooþ mony mon
Hit is not skil þou þe wiþdrawe
But bede þe forþ to men to knawe   14575
If þou wolt haue þi werkis kidde
þou most þe drawe þe folk amydde
Þat þei may þe se and here
And loue þe for þi signes sere
He þat loueword wol [h]aue in nede   14580
Bodily forþ he mot him bede
Frendis seide ihesu 3e woot nou3t
Anoþer þing is in my þou3t
Þe world I woot hateþ not 3ow
Hit hateþ me forsoþe now   14585
Me & myne werkes alle   fol. 85v col. 2
And alle þat to my trouþe wol falle
Hit con not hate 3ow witterly
But me hit hateþ & no ferly
For hit woot neuer what I am   14590
And I speke of hit myche shame
I of hit & hit of me
May no loue bitwixe vs be
Go 3e to feste if 3e wole so
I haue no tome to come þerto   14595
I haue no tome þider to fare
Fewe men louynge haue I þare

//   Þei went allone & laft hym þus
And priuely folwed hem ihesus
Pryuely sewed he hem vnsene   14600

14573   mony] many a B.
14574   þou þe] þat þou B.
14575   bede] bere B. to] *om*. B.
14577   *first* þe] *om*. B.
14580   loueword] loue B. haue] laue H.
14581   mot] moste B.
14587   wol] may B.
14589   no] non B.
14591   speke] thanck L. myche] mychel T.
14593   bitwixe] betwen B.
14594   feste] þe feste B.
14596-7   *reversed in* B.
14597   louynge] levyng L.
14598   allone] anon B.
14599   hem] hym L.

Wolde he not haue knowen bene
Nouþer of Iewis ny of his owen
Wolde he not þenne be knowen
He wiste þe iewis bifore sware
Þei wolde him no lenger spare   14605
Þe felouns þat wolde him haue slayn
Fast aftir ihesu gan þei frayn
As witteles men so þei lete
Where þei seide is þe prophete
Whi is he not come Ihesus   14610
Now shulde he shewe his maistrius
At þe port salomoun
Coom oure lord into þe toun
Þere he fonde bifore him
Mony felouns iewis grym   14615
Anoon as þei wiþ him met
Soone he was aboute biset
Þenne bigon þei for to route
And faste to geder him aboute
Allone ihesus hem stood amyd   14620
Kenely þei him aresoun did
At oure feste seide þei are ȝe
Miche asked wherfore seide he
For þou art so dred wiþ alle
And men wol goddes sone þe calle   14625
ȝif þou be he þe soþe þou showe   fol. 86r col. 1
And do þe folk þe for to knowe
Soþ is hit · I hit am seide he
Wiþ goddes owne sone speke ȝe
But wel woot I ȝe leue nouȝt   14630

14601 haue] *om.* L; be B.
14602 Iewis] þe Iewis B.
14603 knowen] aknowen B.
14604 þe] beffore þe B. bifore] *om.* B.
14606 wolde him] hym wolde B.
14607 gan þei] þay did B.
14609 þei] is þey B. is] *om.* B.
14611 shulde] schul B. his maistrius] maystry to vs B.
14617 Soone] Anon B.
14620 hem] *om.* L. hem stood] stode hem B.
14621 Kenely] Kendly L; Vnkyndely B. aresoun] reason L. did] sayde B.
14622 feste] feet T. seide þei] þey sayde B.
14623 Miche] Mochell B. wherfore] wherof L; afftir wherfore B.
14624 so dred] dred so B.
14625 men] all men B. goddes...þe] þe god son B.
14628 Soþ...hit] Þe soþe it is B.
14629 owne] *om.* B.

Þe werkis þat of me are wrouȝt
Þat vche day ȝe se wiþ siȝt
Miȝt not be do wiþ monnes myȝt
ȝe trowe me not I woot wele
Nor ȝe loue me neuer a dele   14635
For ȝoure herde holde ȝe not me
Þerfore my sheep may ȝe not be
Aboute to saue ȝow haue I bene
Þouȝe my trauaile be litil sene
ȝe nyl me loue nor leue here   14640
But my sheep þat ben me dere
Into my paradis þat blis
Wel shal I hem þidir wis
On domesday shal þei stonde
My blisse to haue on my riȝt honde   14645
In lyue þat þei shul neuer leue
Þat ȝifte shal nomon hem reue
Witeþ þat I ȝow drede no þing
He þat of heuen is lord & kyng
My fadir he is ȝe vndirstande   14650
And him I drawe to my warande
I am his sone ihesu þat shalle
Bringe þis world out of þralle
But litil while þerynne am I
Hastily shal I passe þerby   14655
Not for þi wel shal I kepe
Þat he me tauȝte my fadir shepe
From al woo I shal hem were
Helle shal no þing hem dere
I haue greet myȝt & shal haue more   14660
For we beþ oon & shul euermore

14633   not be] non by L. wiþ] by L.
14636   For] Of L. holde] here B.
14638   saue] haue L.
14639   Þouȝe] ȝeff B.
14640   loue...leue] trow ne liff B. nor] ne L.
14641   me] my LB.
14642   my] *om.* B.
14643   wis] wyssh L.
14645   My...haue] On domysday B.
14646   In] In þat B. þat...neuer] schull þey euer B.
14650   ȝe] I L.
14651   And] *om.* TLB. drawe] take L.
14655   Hastily] For hastely B.
14657   he me] hem B.
14658   woo] euill B.
14659   Helle...þing] Þat no euill schall B.

Þis is sooþ my fadir & I
Are al oon now witterly
So þat we by noon art
May not ben in twynne part   14665

// Iewis þis þou3te no þing good   fol. 86r col. 2
Almest wex þei þo wood
Þei loked on him looþ & grym
And skornefully mysseyden him
Bitwene hem saiden þei in stryf   14670
Loke he skape not wiþ his lyf
Hit were worþi to stone him soone
Ihesus seide why what haue I done
Or wrou3t a3eyn 3ow any weyes
For þou art goddis sone þou seyes   14675
I say þe soþ þat shul 3e se
For good dede wol 3e stone me
For whiche of my gode dedis one
Is hit now 3e wole me stone
For þi gode dedis seide þei   14680
We wole not stone þe parfey
But for þi dedis a3eyn oure lawe
And for loue of þi myssawe
Þou makest þe god & noon art þow
3us seide ihesus so is hit now   14685
God I am who so ri3t wol mynne
We may not be partid in twynne
Goþ lokeþ þe sawes of 3oure lay
And vndirstondeþ what þei wol say
In 3oure bokis 3e may hit fynde   14690
But if 3ou self be ful blynde
3oure owne bokis con 3e not spelle

14663   Are...now] Alle ar oon L. al oon] allon B. now] *om.* B.
14665   in] on B.
14666   Iewis...þou3te] Þes Iewis þoght þis B. Iewis] I wys L.
14667   þo] ny L.
14669   skornefully mysseyden] loþfully þey scornid B.
14671   his] þe B.
14676   þe] *om.* B. 3e] þe L.
14679   Is hit] Hit is L. stone] slone B.
14681   We wole] Will we B.
14682   oure] þe B.
14685   3us] Þus L; Þo B. is hit] yt is L.
14687   partid] departid L. in] on B. in twynne] atwynne L.
14688   sawes] bokis B.
14690   3e...hit] may 3e B.
14691   3ou] your LB.

ȝe leueþ not þat I ȝow telle
Þus prouen ȝe ȝou for feloun
And I goddis sone wiþ resoun   14695
He forsoþe is goddes sone
Þat doþ his fadir werk in wone
Into þis world was I sende
Þe malesse þerof to amende
Of his sonde am I comen iwis   14700
Þat me holdeþ al for his
Holy writt lyeþ nouȝt
Whoso coude vndirstonde hit ouȝt
Þe werke þat I worche in his name
No man may bi resoun blame   14705
He þat wol trewely in me leue   fol. 86v col. 1
Miche shal hit be to his biheue
Whoso wol not trowe þat I telle
His dwellyng stide shal laste in helle
My fadir soþely is in me   14710
And I in him euer shal be
Wiþ þese wordis were þei nomen
Bi skil concludid & ouercomen
Þourȝe þe holy writtes lore
Was seide a þousande ȝeer bifore   14715
Aȝeyn him founde þei resoun noon
As caitifs fonde he hem vchone
What to say had þei no more
Away þei went wiþ sorwe & sore
Þei went awey wiþ menged mode   14720
And ihesus to þe temple he ȝode
Þere he mony chapmen fond

14694   ȝou for] ar alle as L.
14697   werk] werkis B.
14703   vndirstonde hit] hit vndirstonde TLB.
14704   werke] werkis B.
14706   in] *om*. B.
14707   hit] *om*. B. his biheue] hym leue L.
14708   Whoso] Who B. trowe] leue B.
14709   laste] end L; be B.
14711   euer] & euer B.
14712   were...nomen] ouyrcomyn L.
14713   ouercomen] nomyn L.
14715   þousande] m¹ L. bifore] and mor L.
14716   Aȝeyn] Aȝens B. founde] felt B.
14717   caitifs] caitif L. fonde] felde TLB. he] þay B.
14718-9   *om*. Add.
14719   sorwe] sore B.
14721   And] *om*. L. he] *om*. B.

Dyuerse marchaundise chepond   14723
Oxen kyn & sheep þei solde   14726
And þere þei her penyes tolde
And ihesus at hem was tene
And kest hem out al bydene
Boþe biere he cast out & beest   14730
Lafte he noon meest nor leest
Þe chaungeours for þat gilt
Her bordis ouerkest her penyes spilt
Her seges þat þei inne sete
He cast hem doun vndir her fete   14735
Wolde he neuer of hem blyn
Til alle were oute þat was þerin
Among þo men þat I of tolde
Were somme þat doufis bouȝt & solde
Aȝeyn hem was he kene & crous   14740
And seide goþ out of my fadir hous
My hous shulde be bi riȝt resoun
Hous of preyer & orisoun
And ȝe hit make & þat me greues
A den to recett inne þeofis   14745

Wͪⁿhen þei had þis sene þe iewis
To blake þo bigon her brewis
Meister þei seid wondir þinke vs   fol. 86v col. 2
Why þat we þe suffere þus
What maner signe do con þow   14750

14723 Dyuerse marchaundise] Dise marchauntis B.
14724-5 *om.* CAddGHTLB.
14726-7 *reversed in* Add.
14726 &] *om.* B. þei] he B.
14727 þere þei] they ther L. penyes] pens B.
14728 And] As L. at...was] þa þe as was in B.
14731 nor] ne B.
14732 for þat] had for her L.
14733 Her] Þe l. ouerkest her] ovirlyft þe L. penyes] mony B.
14735 her] *om.* B.
14737 were] was L.
14738 þo] the L; þes B.
14740 kene] kynd L.
14741 out] *om.* L.
14742 bi] *om.* B.
14744-5 *reversed in* Add.
14745 recett] restyn B.
14746 þis] *om.* B. iewis] Iewis þis B.
14749 þus] vs L.

Wherfore we shulde þe þus bow
Oure lord hem ȝaf þis vnsware
But þei wist not what hit bare
ȝif ȝe þis temple felle to grounde
I shal hit reise in litil stounde   14755
Al hol wiþinne þe þridde day
I shal hit reyse þe soþe to say
Þe iewis vnswered him wiþ yre
Now art þou a selcouþe syre
Hit is but foly þi talkyng   14760
Also impossible þing
Whenne kyng salomon in blis
Had al þat he wolde haue iwis
In al his wele he was to wirche
Fourty ȝeer aboute þis chirche   14765
Til hit was made as hit is now
And now greet wondir seistow
To felle hit doun wiþouten fere
And in þre dayes vp to rere
But firste wolde fourty ȝeer be past   14770
Ar þi myȝte wolde hit doun cast
But þei wist not ihesus entent
By his owne body he hit ment
And late hem struye hit as þei did
And he to ryse on day þe þrid   14775
Whenne ihesus had seid þis & more
Þei laft him riȝt þore
Þei laft him þere & went her way
Miche on him gon þei myssay
Þei him helde her fulle foo   14780

14751   shulde] shulle LB. þe þus] to þe B.
14753   bare] were B.
14755   hit reise] vprays it B. litil] a B.
14756   þridde] iijᵉ L.
14758   him] hem L.
14759   selcouþe] wondir B.
14761   Also] And also TLB.
14765   Fourty] xl L.
14767   now] how B. seistow] hastow B.
14769   vp] it vp L. to] it B.
14770   fourty] xl L.
14771   wolde] shuld L.
14772   But] Alle L.
14773   hit] *om.* B.
14774   struye] sle B. hit] hym L.
14775   to] *om.* B. on] þe B. þe] *om.* B.
14779   Miche…þei] And faste þey gan hym B.

And seide who herd eu*er* mon say so
So*m*me seide ou*þ*er is he p*r*ophete
Or c*r*ist hi*m*self to mon ful sete
But of o þing in were be we
We woot þat Ioseps sone is he 14785
Þei are of a kynde of galile
Þere by þat ilke cuntre
Of a castel be þei certeynely fol. 87r col. 1
Werfor was born kyng dauy
Þe toun of bedleem þat is 14790
Þe book þerof bereþ witnys
So*m*me seide to o*þ*ere þon
Þe*n*ne is good þis ilke mon
Þa*t* of bedleem kynde is nou3t
Betake & to deþe brou3t 14795
He is knowen in his kiþ
His fadir & his modir wiþ
Of galile is he born & geten
And so þis may not be for3eten
Openly biforne vs alle 14800
He doþ hi*m* goddes sone to calle
Oure folke ben foolis & þat is sene
Þat ryse þus wiþ hym bidene
Whe*n*ne men of hi*m* herde & sawe
Of hym stood þei mychel awe 14805
And [seide] faste is he þryuen
And myche g*r*ace is hi*m* 3yuen
Kyng salomon in his blis
Had neuer siche hap as he þis
For to hi*m* was þe lawe bitau3t 14810
Þa*t* he himself bi lernyng lau3t

14781 say] do B.
14782-14960 *Not in L. A leaf is missing.*
14782 p*r*ophete] a prophet B.
14783 mon] som B.
14784 But] *om.* B. in] *om.* B.
14786 a] þe B.
14789 Werfor] Wherof TB.
14793 is] is he B.
14800 Openly] And oponly B.
14801 to] *om.* B.
14802 Oure] Þes B. &] *om.* T.
14803 þus] *om.* B. bidene] þus bedene B.
14806 seide] *om.* H.
14807 myche] muchel TB.
14808 in] in al TB.

Nor þe prophetis wyse þat wore
ȝit þei of sum mon hadden lore
But þis mon siþ he coom in werd
Of suche anoþer neuer we herd   14815
Þat neuer of mon lered he lawe
And to him is þer no ȝeynsawe
In his hert is al purueide
What he wol saye hit is seide
ȝerne haþ he vs ouercomen   14820
Longe ar he for vs be nomen
For þouȝe þe riche be not his frendis
Þe pore wiþ wille wiþ him wendis
Þenne coom þei to þe phariseus
Of alle were þei moost sh[r]ewis   14825
And þo þei asked hem on hy
What is he þat goddes enemy
Haue ȝe him take þei seide nay   fol. 87r col. 2
Wherfore sende we ȝow quad þay
But to take him if ȝe mouȝt   14830
Aȝeyn him may we do nouȝt
He haþ vs wonne wiþ maystry
We wole shewe ȝow skile why
Suche a mon wiþouten wene
Was neuer in erþe herde nor sene   14835
Aȝeyn his word may noon stryue
Be he of resoun neuer so ryue
Allas þei seide haþ he ȝow shent
Wher any of ȝouris be to him went
Wher he haue giled wiþ his art   14840
Any lordyng of oure part
We sory men what may we say
Know we not þe writen lay
Þis ilke mon wol vs shende
Þenne seide oon was his frende   14845

14812 Nor] Ne B.
14813 þei] þey had B. mon hadden] men B.
14814 in] in þis B.
14816 lered] lerned T. he] *om.* B.
14817 no ȝeynsawe] non aȝensawe B.
14825 shrewis] shewis H.
14830 to] forto B.
14831 Aȝeyn] Bote aȝens B.
14833 shewe ȝow] ȝow schew B.
14835 nor] ne B.
14836 Aȝeyn] Aȝens B. noon] no man B.
14837 resoun] wisdom B. *After this line there are two extra lines in* Add.
14845 was] þat was B.

Nichodeme bi name hiȝte
He spake & seide for ihesu riȝte
Me þinkeþ lordis bi þe lawe
Þat I for me to warant drawe
Wiþouten dome shal noon dede be   14850
And but in synne take were he
If þat ȝe redily wole loke
Ȝe shul hit fynde writen in boke
If any man were take for ouȝt
He shulde bifore iustise be brouȝt   14855
And if hit were suche a wyte
Þat he myȝte not him of quyte
Þenne shulde men his dome ȝyue
For to dyȝe or for to lyue
Wiþ him holdestou þei seide we se   14860
For ȝe are boþe of galile
But we may fynde hit nowhere
Þat oure crist shulde be born þere
But of bedleem of dauid kynde
Þis is sooþ as ȝe shul fynde   14865
Þei went hoom at þat siþe
In wraþþe & woo ful vnbliþe

Strongly was þis folk feloun   fol. 87v col. 1
Of litil witt wiþouten resoun
Bitauȝte to þe fend grym   14870
Noon edder more ful of venym
Of wicked wille & euel mood
Aȝeyn her owne flesshe & blood

14848   lordis] lordyngges B.
14850   shal...dede] none dede schuld B.
14851   And but] Bote ȝeff B.
14853   ȝe] We T.
14854   take for] so take B.
14856   hit] he B. suche] of swich B.
14857   not...of] hym noght B.
        After l. 14859 there are two extra lines in Add.
14860   þei seide] *om.* B.
14863   Þat oure] How B.
14865   as] *om.* B.
14866   at] all at B.
14868   Strongly was] Strong were B. feloun] of felon B.
14869   Of] With B.
14870-1   *om.* B.
14872   Of] With B.
14873   Aȝeyn] Aȝens B. & blood] þay stode B.

Þei wolde not leue for his good dede
Til þei had made his sides blede
Leuer had þei se þe fend of helle 14880
Þen him amongis hem to dwelle
Miche auȝt þei þat lord to loue
Þat so wolde come for her bihoue
He folweþ hem & þei him fle
Wolde þei neuer on him se 14885
Fayn wolde he drawe hem to
And þei aboute hym to fordo
But had sele on hem be sene
Glad of him had þei bene
And serued him wiþ hond & fote 14890
Þat wolde be born to her bote
He loued hem longe in his hert
Þei quyt him euer wiþ vnquert
Þei him hated to þe dede
In euel tyme toke þei þat rede 14895
Fro þat tyme for wele ny wo
Wolde not ihesus fle hem fro
But stabely wol wiþ hem lende
Til prophecyes han her ende
Þat he were nayled on þat tre 14900
Þat vche day we saumple se
Þat brouȝte vs out of peyne bondis
Fro oure enemyes hondis
And to his passioun þat was hard
As ȝe may here aftirward 14905

14874-7 *om.* HTLB.
14880-1 *om.* B.
14882 Miche] Muchel T.
14884 folweþ] folowed B.
14886 hem] hem hym B.
14887 fordo] vndo B.
14888 had sele] and hap had had B.
14890 wiþ] to B.
14891 Þat] He B. to] for B.
14892-3 *om.* B.
14894-5 *om.* CfAdd.
14896 ny] nor T.
14898 wol] wolde B.
14899 prophecyes...her] þe prophetis were broght to B.
14901 saumple] ensample B.
14902-3 *om.* CFAdd.
14902 vs] vs all B. peyne] peynes T; *om.* B.
14903 Fro] And toke vs fro B.
14905 here] se B.

He wolde hi*m* bowe þo þ*er*tille
Frely of his owne wille
He say þe tyme comyng ny3e
Þat he for monkynde wolde dy3e
To bye hem out of her care　　　　　　　　　14910
Þat wiþ þe fend dwellynge ware
He wolde hem vnbynde in dede　　　　　　fol. 87v col. 2
For him þou3te hit was nede
For to suffere peynes grym
Mo*n*nes soule to haue to hym　　　　　　　14915

 ff þe passioun spe
ke we here ·　　　　　　14934
How he vs bou3t
Ihesu dere
Secundum eu*an*-
Gelistam ·

Ihesus went toward Iherusalem ⸗
Goynge vpon his fete .
And he coom to a litil hil ⸗
men clepeþ olyuete .　　　　　　　　　　14940
Six dayes bifore paske ⸗
wiþ his he wente þat strete .
To his disciplis þat he ledde ⸗
þese wordis spake he swete .

// Wite 3e breþer why he seide ⸗　　　　　14945
I wende a3eyn so snelle .
Hereþ now & vndirstond ⸗
þe soþe I wol 3ow telle .
Þese iewes ben 3e hit knowen ⸗
a folke wondir felle .　　　　　　　　　14950
Thei wol me neu*er* loue iwis ⸗
for nou3t þat I hem spelle .

14906-7　*om.* B.
14910-1　*om.* CFAdd.
MS B *omits*11.14916-17288, *and replaces them with a translation of part of the Meditationes
　　　　Vitae Christi. See below, Appendix C.* MS Add *also breaks off here.*
14916-33　*om.* HTLB.
14918-21　*om.* CF.
14924-5　*om.* CG.
14928-9　*om.* CF.
14932-3　*om.* C.
14936　eu*an*gelistam] Euangeliu*m* T.
14937　toward] towardes T.
14940　olyuete] hit Olyuete T.
14950　a] And T.
14951　loue] leue T.

//   For loue nor awe ny for no signe ⸲
þat I for hem haue wrou3t .
Wiþ mony sig*n*nes 3e haue seen ⸲   14955
þ*a*t I haue on hem sou3t .
But al my t*r*auaile now I se ⸲
stondeþ me for nou3t .
Now tyme is mo*n*nes son to dy3e ⸲
& monnes kynde to be bou3t   14960

//   To þ*a*t castel he seide 3e go ⸲
3e seen a3eyn 3ow stonde
Þ*er*e shal 3e fynde an asse beest ⸲
wiþ hir fole done in bonde .
Gooþ & feccheþ hir me if any mon ⸲   14965
leye vpon 3ow honde .
To lette 3ow seye þat 3e haue ⸲   fol. 88r
Þe lord to 3oure waronde .

//   Þe meke asse þat 3e þere fynde ⸲
soone þat 3e hir vndo .   14970
Out of hir bonde & if any ⸲
aske 3ow whor to .
Seye þat 3oure lord haþ ⸲
wiþ hem for to do .
And shal no man 3ow saye but good ⸲   14975
þe place is 3ondir lo .

//   Soone þ*er* wente disciplis two ⸲
to þat same castel .
Þis asse þei sou3te & fonde hir bounde ⸲
bi a post ful snel .   14980
Brou3te þei nouþ*er* on hir bak ⸲
sadel nor panel .
To her lord þat þo was clad ⸲
nouþ*er* in silke ny sendel .

14965 &] *om.* L.
14966 ayen you wythstond L.
14967 To…3ow] Loke ye L.
14970 þat] *om.* L.
14971 &] *om.* T.
14974 for] *om.* L.
14975 And] There L. 3ow saye] sey you L.
14977-82 *copied in the following order in* L:
      14979-82, 14977-8.
14977 two] ij° L.
14982 nor] nouþer T; ne L.
14984 nouþer] nor L. ny] nor L.

// My frendis he seide wite ȝe why ⸜   14985
I wende now to þis toun .
Þe soþe now shul ȝe knowe ⸜
al my pryue resoun .
Þe tyme is comen þat I shal now ⸜
suffer my passioun .   14990
Þe feest is comen demaye ȝow not ⸜
but makeþ my rydyng boun .

// Now he seide shal wommannes sone ⸜
in monnes hondis be cauȝt .
Þei shul him take & deme to dyȝe ⸜   14995
wiþouten any sauȝt .
And wiþ tresoun him done on tre ⸜
as hit bifore was tauȝt .
He shal be dede and ryse also ⸜
wiþinne þe þridde nauȝt .   15000

// Þei caste her cloþis on þis asse ⸜
and made on hir his sete .
Soone aroos þe word þen ⸜
He was comynge bi strete .
Þe folk þat coomen to þat feest ⸜   15005
mony for ioye dide grete .
Þe sympel folke of þat toun ⸜
þei wente him for to mete .

// Wiþ alle þo myrþes þat þei myȝt ⸜
derworpely þei him mette .   15010
Wiþ harpe & pipe horne & trumpe ⸜
þe weye þei him bisette .
Olde & ȝonge lasse & more ⸜
wiþ o word þei him grette .
Welcome saueour longe hastou be ⸜   15015
bi þe shal al be bette .

14988   al] of alle L.
14992   my rydyng] you redy L.
14994   hondis] honde T.
15001   Þei] Þe T. þis] the L.
15007   sympel] synfull L.
15009   þo] the L.
15010   derworþely] devoutely L.
15012   þe] Þei H.
15013-20   *copied in the following order in* L:
            15017-20, 15013-6. *Marginal signs indicate the correct order.*
15016   shal al] yt shal L.

// Þe lordyngis & þe ryche men ⸲
  þat while on bak þei drouʒe .
  And tempred resouns wondir faste ⸲
  to take ihesu wiþ wouʒe .   15020
  Þei mourned whil þe pore men ⸲
  & þo children louʒe .
  Biforn her kyng childer cast ⸲
  braunchis broken of bowʒe .

// Somme cast her cloþis doun ⸲   15025
  amydwarde þat þrong .
  Þe strete to sprede wiþ clooþ & floure ⸲
  his asse on to gonge .
  Þe folke bifore & bihynde ⸲
  worshiped him wiþ songe .   15030
  Osanna lord welcome þou be ⸲
  where hastou ben so longe .

// But þo childre þat were weyke ⸲
  among þat prees to go .
  Ouer walles and wyndowes ⸲   15035
  leyde her hedis þo .
  Bihelde her lord þere he coom ⸲
  away was al her wo .
  Alle songe þei wiþ o mouþ ⸲
  of myrþe solas also .   15040

// Gloria laus þat is worshepe ⸲
  lord haue þou now & ay .
  Kyng & cryst & raunsonere ⸲
  of folk þat ben in fay .
  To þyne owne welcome þou be ⸲   15045
  þere þou art comen today
  Þou take to þonke þat we þe do ⸲ fol. 88v
  Siche worshepe as we may .

// Osanna kyng to þe we crye ⸲
  a song of swete steuene   15050

15020   wouʒe] vow L.
15022   þo] the L.
15023   her] this L.
15024   broken] brode L.
15030   worshiped] worship L.
15036   hedis] hondes L.
15043   *first* &] *om.* L.

No lasse be þou loued in erþe ⸲
þenne þou art in heuene
Of israel þou art kyng ⸲
þat ouȝte men knowe euene
And comen also of dauid kyn ⸲   15055
hiȝer noon con neuene

// Come now forþ blessed kyng ⸲
oure lord bi þi name
Þe welcomeþ þyne owne folk ⸲
wiþ greet Ioye & game   15060
Of þi worþi werkis lord ⸲
fer is spred þe fame
Welcome lord þat helest alle ⸲
& bote ȝyuest to lame

// Come now forþ oure saueour ⸲   15065
we han desired þe
Þou art kyn[g] of israel ⸲
whoso þe soþe con se
By prophecye bifore was seid ⸲
þat þou born shuldest be   15070
Of good kyng dauid kyn ⸲
& of þe rote of Iesse .

// Osanna sir kyng com forþ ⸲
þei cryed lasse & more
To þyn owne for we ben þyne ⸲   15075
to lerne on þi lore
Blessed be þou & þe tyme ⸲
þou born were þerfore
For kyn[g] so hyȝe comen to toun ⸲
herde we neuer of ore   15080

// Welcome be þou lord þei seide ⸲
dwelle not vs wiþoute

15056   hiȝer...con] no hier can we L.
15057   blessed] our blessid L.
15067   kyng] kyn H.
15069   was] vs L.
15071   kyn] *om.* L.
15073   sir] *om.* T. com forþ] confort L.
15076   lerne] lyf L.
15079   kyng] kyn H.
15082   dwelle not] duellyng L.

To þis greet solempnite ⸱
welcome wiþouten doute
Þei ledde him into þe tou*n* ⸱   15085
greet was þat route
To þe temple wiþ myche song ⸱
on eu*er*y side aboute

// Þis is oure saueour þei seide ⸱
þ*at* comeþ to vs now   15090
Ihesus [is] his name ⸱
He comeþ al for oure prow
Þe dede may him not wiþstonde ⸱
but to his biddyng bowe
Mony seke haþ he heled ⸱   15095
men owe hi*m* to alowe

// Longe haþ he ben awey ⸱
longe aftir him vs þou3t
Twelue or mo barfot men ⸱
haþ he wiþ hi*m* brou3t   15100
And on her feet were þei sore ⸱
þerfore of hem vs rou3t
Oure manteles vndir hem we spredde ⸱
oþ*er*e hadde we nou3t

// Now is he comen þ*at* is oure kyng ⸱   15105
to synge lat vs go
We wende to haue forgoon him al ⸱
þ*er*fore was vs ful wo
Welcome is he fro now ⸱
he shal nomore go so   15110
For wo is hi*m* þat may hi*m* holde ⸱
And leteþ hi*m* parte hem fro

// Whe*n*ne þo p*r*inces & riche men wist ⸱
of al þis bere

15087   myche] muchel T.
15088   on eu*er*y] eu*er* L.
15091   is] *om.* H.
15092   he...al] alle is L.
15093   may him] can L.
15099   Twelue] xij L.
15102   of hem] on hym L.
15107   forgoon] forgotyn L.
15109   fro] for L.
15112   hem] hi*m* T.
15113   þo] the L. riche] right L.

Þei bicoom soryere ⸳   15115
Þen eu*er* er þei were .
Bitwene hem þo cursede men ⸳
mened her matere
To cayphas In soone þei went ⸳
& gedered hem in fere   15120

// Lordyngis seide cayphas ⸳
myn hert is wondir sore
For þis ihe*sus* þat is so wys ⸳
& so fer in lore
Hit is sene þei folewen hi*m* alle ⸳   15125
boþe lasse & more
Siche anoþ*er* neuer was ⸳   fol. 89r
siþ any worldis wore

// Greet wondir is to telle ⸳
his werkis mony one   15130
We se þe folke falle him to ⸳
þ*ere* as he haþ gone
Alle oure lawes he wol fordo ⸳
& al oure folk anone
Wole he do vpon vs rise ⸳   15135
breke vs euery bone

// Al þis world is to him turned ⸳
as ȝe now may se
Þ*er*fore my reed I wole ȝyue ⸳
hereþ now to me   15140
Bi þis mon þis is soþ ⸳
þis world shal lost be
And he be deed hit shal be brouȝte ⸳
al to sauete

// Better hit is þat o mon diȝe ⸳   15145
þen al þe folk be lorn

15116 þen] they then L. er...were] they were ere L.
15118 mened] mevid L.
15123 is] was T.
15125 sene] sone L.
15133 lawes] lawe TL. wol] hath L.
15134 al] *om.* TL.
15136 breke vs] brek*es* L.
15144 sauete] vanyte L.
15146 folk] world L.

And þat þis ilke ihe*sus* ⸲
be take erly to morn
Hit may not be done bifore þis folk ⸲
þouȝe we had sworn   15150
But lenger þen þis feest be don ⸲
beþ he not forborn

// Ihe*sus* *pre*chynge vche day ⸲
stably in temple stoode
Vche nyȝte to olyuete ⸲   15155
to þat mou*n*te he ȝoode
Þere he wiþ his disciplis lay ⸲
so hi*m* þouȝte gode
Euery day to folke he ȝaf ⸲
of goddis worde þe fode   15160

// Whe*n*ne þat swete myȝty kyng ⸲
was comen to þat tyde
Þat in his swete wille was set ⸲
þat he for mo*n*nes pride
Wolde suffere peyne & passiou*n* ⸲   15165
He nolde no lenger abyde
But buxomly hymself he bed ⸲
to al þat wolde bityde

// Ful mony sory sikyng ⸲
þo sonk into his hert   15170
His flesshe was doutynge for deþ ⸲
þat kyndely wolde haue querte
Hit was ful shy*n*nyng for þe soor ⸲
& no wondir for smerte
Þat his mychel charite ⸲   15175
for vs to suffere him gert

// Þe þre dayes were al goon ⸲
& þeþe ferþe on honde
His disciplis no wondir was ⸲

_____

15152   forborn] forlorn L.
15153   Ihe*sus*] Thus L.
15158   so] as þer L.
15166   abyde] byde TL.
15168   bityde] abide L.
15169   sory] sore L.
15173   Hit] He L.
15177   þre dayes] third day L.
15178   &] *om.* L. ferþe] iiij^th L.

bigonne to be doutonde 15180
Sir þei seide telle vs now ⸲
& we shul vndirstonde
Shul we any paske ʒow diʒte ⸲
owhere in þis londe

// The lord loked hem vpon ⸲ 15185
and vnswered hem ful swete
Goþ towarde þe toun he seide ⸲
a mon shul ʒe þere mete
A watir vessel in his hond ⸲
aʒeynes ʒow in þe strete 15190
Gooþ wiþ him he shal ʒow brynge ⸲
to an In ful mete

// Folweþ forþ þat ilke mon ⸲
mekely þat ʒe hye
To þe lord of þat hous ⸲ 15195
seiþ on my partye
Þat he lene vs sum celere ⸲
to make my maungerye
And he ʒow shal delyuer oon ⸲
& þat ful priuely 15200

// Þei wente forþ into þe toun ⸲
wiþ þis mon þei mette
Wiþ a vessel in his hond ⸲
watir for to fette
He ladde hem into his lordis hous ⸲ 15205
& þei him feire grette
And he hem lent a selere ⸲ fol. 89v
at mete in to be sette

// Whenne þis hous was comely diʒt ⸲
Þer was no lengir abyde 15210
Ihesus coom wiþ his felawis ⸲
þat litil loued pryde

15186 hem] *om.* L.
15188 shul ʒe] ye shulle L.
15195 To] *om.* L.
15197 lene vs] leve you L.
15198 my] in T; your L.
15199 ʒow...delyuer] wille delyuer you L.
15204 for] wiþ T; *om.* L.
15209 Whenne] *om.* L. comely diʒt] right comely L.
15210 was] is L.

Hit was a swete company ⸉
wa[s] gedered at þat tyde
Þe Lord was to sopere set ⸉   15215
his felowis him bisyde ⸉

// Iudas of þe twelue ⸉
was oon þat Scarioth hiȝt
Ihe*sus* Aumenere he was ⸉
but he was malediȝt   15220
Wiþ þe Iewis had he spoken ⸉
bifore on þat nyȝt
His owne lord for to selle ⸉
as fully as he myȝt

// Þe lord was to þe sopere set ⸉   15225
þe mete alredy bou*n*
Vp he toke his holy hond ⸉
& ȝaf þe benisou*n*
Þe*n*ne he toke þe breed & brake ⸉
as hit is red in tou*n*   15230
To his disciplis he hit toke ⸉
& seide þis sermou*n*

// Takeþ & eteþ of þis breed ⸉
for flesshe is hit myne
Þat shal þis same nyȝt be lad ⸉   15235
for ȝow to myche pyne
Siþen þe chalis vp he toke ⸉
and blessed þat wyne
And ȝaf hem alle þerof to drynke ⸉
ful dere to devyne   15240

// Drynkeþ alle of þis he seide ⸉
for whi hit is my blode
Þat for ȝow shal be shed ⸉
& for monkynde on rode
Whe*n*ne seynt Ion his good cosyne ⸉   15245

15214   was] wa H.
15215   Þe] This L.
15217   þe] þo T. twelue] xij^th L.
15234   is hit] yt is L.
15236   for] from L. myche] mychel T.
15237   chalis] vessell L.
15241   of þis] hereof L.
15242   for this is blode myne L.

þes wordis vndirstode
He fel on slepe to cristis brest ⸱
for mengyng of his mode

// Vndirstondeþ what I ȝow sey ⸱
my breþer seide he now .   15250
Gladly take ȝe þat ȝifte ⸱
þat I ȝyue for ȝoure prow
I shal not of siche drynk ⸱
drynke forsoþe wiþ ȝow
Til we be samen in my kingdam ⸱   15255
ȝyuen I haue a vow

// To my fadir þat is þeryn ⸱
þidir I shal ȝow lede
And of my mete þat þere shal be ⸱
þerwiþ shal I ȝow fede   15260
And of my drynke þere shal ȝe drynke ⸱
to ȝou for ȝoure mede
For þat I saye ȝou here wiþ word ⸱
þere shal ȝe fynde in dede

// Dismaye ȝou not breþer dere ⸱   15265
what so ȝe here or se
Þe traitour þat me traye shal ⸱
among ȝou here is he
Vchone on oþere þo bihelde ⸱
whiche of vs may hit be   15270
He þat eteþ of my disshe ⸱
he shal bitraye me

// Leue breþer and frendis ⸱
beþ not ferde he seide
Wol I woot whiche of ȝow ⸱   15275
þe tresoun haþ purueide
Þat I haue loued shal me bitray ⸱

15249   ȝow] wille L.
15251   take] toke T.
15260   shal I] I shalle L.
15261   þere] the L.
15263   For] And L.
15264   þere…ȝe] ye shalle L.
15265   ȝou not] not you L.
15266   so ȝe] you so euer L.
15269   on] *om.* L.
15275   Wol] Wel TL.

þe weye is redy greiþe
He may sey weileway his birþe ⸱
for wo to him is leide   15280

// Whenne his sopere was al done ⸱
Ihe*sus* roos of his sete
But his disciplis seten stille ⸱
noon vpryse he lete
Wiþ a twaile he gurde him ⸱   15285
sittynge to hi*m* ful mete
And in a basyn watir brou3t ⸱   fol. 90r
for to wasshe her fete

// Siche mekenes as þis lord had ⸱
herde men neu*er* er ne shalle   15290
Þat bowed so his lordhede ⸱
to buxomnesse of þralle
Biforn his disciplis fete ⸱
frely dud he falle
Of his seruyse þei hadde selouþ ⸱   15295
& wondride þ*er* on alle

// Cryst wiþ watir he þen wesshe ⸱
alle her feet bidene
And wiþ his clooþ aftirwarde ⸱
wipeþ hem ful clene   15300
Whe*n*ne þ*at* he to petur coom ⸱
þ*ere* he sat hem bitwene
His feet soone to him ·he drou3e ⸱
hi*m* shamed þ*at* was sene

// Lord he seide what is þi wille ⸱   15305
do fro my feet þi honde
Shaltou neu*ere* wasshe hem ⸱
whil I am man lyuonde
Petre but I hem wasshe he seide ⸱
I wole þou vndirstonde   15310

15278 wherfor he is paid L.
15279 sey] *om.* L. weileway] wayle the tyme L.
15281 his] the L.
15287 basyn] vessell L.
15290 herde...er] neu*er* ere men telle L.
15297 þen] them L.
15300 wipeþ] wypid TL.
15303 soone...him] to hym sone L.

Shaltou haue no part wiþ me ⸗
in my blisse beonde

// Þat seide petur to bityde ⸗
Lord þou hit forbede
Not feet allone but heed & hond ⸗   15315
wasshe to gete mede
He þat haþ his body clene ⸗
seide ihe*sus* is no nede
To wasshe noþing but his feet ⸗
for ensau*m*ple in dede   15320

// Herkeneþ me my frendis ⸗
of þing I telle ʒow shalle
Me ʒoure maistir ʒe clepe ⸗
& ʒoure lord ʒe calle
Soþ hit is & shal be sene ⸗   15325
suche day shal bifalle
For ensau*m*ple now ʒoure fete ⸗
þus haue I wasshen alle

// Siþ I þat lord & maistir is ⸗
haue þus Iserued ʒow   15330
Loke vchone of ʒow to oþere ⸗
þat ʒe as breþeren bowe
Þe seruyse þat I haue ʒow done ⸗
alle haue ʒe sene hit howe
Doþ wel for I wol not longe ⸗   15335
dwelle wiþ ʒow fro nowe

// My leue breþer I ʒow forbede ⸗
þat pryde be ʒow among
ʒe haue me folwed hidirto ⸗
ʒe twelue in miche þrong   15340
Oon of ʒow þis ilke nyʒt ⸗
shal do me myche wrong
Tomorwe shal I demed be ⸗
on rode tre to hong
I shal dyʒe and aftir ryse ⸗   15345
þerto shal be not long

15318   no] non L.
15322   of] oo L.
15340   twelue in] xij and L. miche] muchel T.
15342   myche] muchel T.

// Whenne þei herde þat he shulde deȝe ⸜
  þourȝe oon of her tresoun
  And þat his body shulde be take ⸜
  wiþ his foos feloun   15350
  And als he shulde on þe rode ⸜
  suffere harde passioun   15352
  To sorwe sadly in her herte ⸜   15355
  þo were þei ful boun

// Þenne spake petur firste of alle ⸜
  lord to me þou say
  Wher þou seist hit ouȝt by me ⸜
  þat I shal þe bitray   15360
  Wheþer woot I who þi traytour is ⸜
  & I haue loued þe ay
  Oure lord swetly him vnswered ⸜
  & seide petur nay
  But in þis felowshipe is he ⸜   15365
  he may saye wayleway

// Weyleway þenne may he synge ⸜
  þat cursed ful of care
  And þe same may she say ⸜   fol. 90v
  þe modir þat him bare   15370
  To more blisse hit had him bene ⸜
  vnborn if he ware
  I shal ȝou teche him to knowe ⸜
  þouȝe þat he nowe dare
  Her aftir soone shal ȝe se ⸜   15375
  ful euel shal he fare

// He þat I to take þis breed ⸜
  hit is he to bihalde
  Iudas opened þo his mouþ ⸜
  ar he þerto were calde   15380
  Soone was þat mossel boun ⸜
  he diȝt hit as he walde
  And Iudas swolewed hit a doun ⸜
  & siþen his lorde salde

15351 als] as L.
15353-4 *om.* HTL.
15367 þenne] welle L.
15378 bihalde] be had L.

//   Out of oure lordis holy hand ⸲   15385
     þat mossel cauȝt Iudas
     Wiþ þat ilke same breed ⸲
     into him crept sathanas
     Of al venym & enuye ⸲
     ful kyndeled he was   15390
     Fro þenne he ran vche fote ⸲
     ȝeode he not a pas
     Til he coom to þat in ⸲
     þere woned caiphas
     Þere he þe iewis biforne fond ⸲   15395
     in þat same plas
     He þat siche a lord forsoke ⸲
     myȝte seye mony alas

//   Whenne þat traitour to hem coom ⸲
     in counsel he hem fond   15400
     How þei myȝte oure lord take ⸲
     þei wolde him haue in hond
     Þei asked Iudas what he wolde ⸲
     he seide I brynge tiþond
     Ihesu þe prophete where to fynde   15405
     þat myche is ȝou greuond

//   Where his In is tonyȝt ⸲   .
     wel I con ȝow brynge
     If ȝe wole ouȝte of ȝouris ȝyue ⸲
     þenne woot I for what þinge   15410
     Into ȝoure hondis I shal him take ⸲
     holde hit no lesynge
     Alle þei seide to sir Iudas ⸲
     þou art to vs louynge
     A good bargayn hastou made ⸲   15415
     welcome to þis gederynge

//   Þis marchaundise lordyngis alle ⸲
     had we to myche nede
     But to hem þat þe chepyng made ⸲
     hit fel to myche vnspede   15420
     Iudas þei seide what wolt þou haue ⸲
     of vs for þi mede

15389 &] and of TL.
15395 he] *om.* L.
15418 myche] mychel T.

And he þat traitour felou*n* seide ⸲
but þritti pens in dede
Make vs þei seide siker of him ⸲   15425
þo pens here we þe [b]ede
What sikernes seide he wole ʒe more ⸲
to hi*m* I wol ʒou lede
Wheraboute abyde ʒe now ⸲
go we bett*ur* spede   15430

//   Whe*n*ne þis wrecche Iudas ⸲   15433
had his mony fonge
Comeþ forþ he seide þo ⸲   15435
why dwelle ʒe so longe
Þei armed hem soone pryuely ⸲
for to make hem stronge   15438
Whe*n*ne þei were armed in þat court ⸲   15441
Iudas hem stode amonge
Þe traytour fals seide hem to ⸲
wiþ me shul ʒe gonge
Þe mon þat I shal ʒow biteche ⸲   15445
aboute hi*m* faste ʒe þronge
Þerfore a tokene I shal ʒou ʒyue ⸲
þ*at* ʒe go not wronge

//   Knowe ʒe hi*m* þat ʒe shul take ⸲   15445
þe*n*ne seide þei nay   15450
Wherby ʒe shul hi*m* knowe ⸲
a tokene I shal ʒow say
Þat mon þat ʒe se me kisse ⸲   fol. 91r
hondis on him ʒe lay
For þat is he we goon to take ⸲   15455
hit shal be do seide þai
Him to clippe aboute þe necke ⸲
I go bifore þe way
And loke ʒe folwe me nyʒehonde ⸲
þus þei seide p*ar*fay   15460

//   Whil ʒe se me kisse hym ⸲
leye hondis on hi*m* allone

15424   þritti] xxx L.
15426   bede] pede H.
15427   seide he] he seide T.
15431-2   *om.* FGHTL.
15436   dwelle ʒe] ʒe dwelle T.
15439-40   *om.* FGHTL.
15460   Þus] ʒus T.

Mony oþere he haþ wiþ him ‹
but armed is þer none
If þei bigynne to warne ʒou him ‹   15465
loke þei be sone slone
Siche tokenes ʒaf þe traitour ‹
to ben his lordis fone

// A þat þis traitour Iudas ‹
was ful of felonye   15470
Þat þus his swete lord souʒt ‹
to do him for to dye
Bettur had him bene to haue ben dede ‹
so dere he shulde hit bye
Þen wiþ a kissyng on þis wyse ‹   15475
his lord done triccherye
His modir malisoun he had ‹
þat sene was sikurlye

// A þou traitour Iudas þeof ‹
feloun foulest in lede   15480
Of þi michel wickednes ‹
may al þis world drede
How myʒte hit shape into þyn hert ‹
to do so foule a dede
Siche a lord to do be slayn ‹   15485
& þerfore take mede   15486

// Leue we of Iudas here ‹   15491
to speke of his tresoun
To telle of ihesu þere he was ‹
herborwed in þe toun
How petur him by mened ‹   15495
& seide þis resoun
Þou shalt betrayed be Lord tonyʒt ‹
bi a fals feloun
Elleuen are we ʒitt to stonde ‹
wiþ þe al redy boun   15500

15467   þe] þat TL.
15468   fone] bone TL.
15469   A] Alle L.
15473   bene] *om.* L.
15474   shulde] shulle L.
15479   A] As TL.
15481   þi] this L.
15487-90   *om.* HTL.
15499   Elleuen] xj L.

// If any come þe to take ⸲
we wole þe kepe hem fro
We are hardy men Inowȝe ⸲
aȝeyn Iudas oure fo
What wepenes haue ȝe seide ihe*sus* ⸲   15505
sir we haue swerdes two
Þe*n*ne he bad hem alle be stille ⸲
& seide Inowȝe are þo

// I do ȝou to wite breþ*er* dere ⸲
Þ*a*t longe hit is agone   15510
Þ*a*t I haue greiþed þis ilke mete ⸲
most to ete of one
Iudas hyȝeþ hi*m* ful faste ⸲
comeþ he not allone
ȝe forsoþe shul aftir me ⸲   15515
be lafte ful wille of wone

// Whe*n*ne þei vndirstode þis word ⸲
a sorwynge þei bigon
And oure lord called petur ⸲
and seide to hi*m* þon   15520
Petur he seide sathanas ⸲
oon is of þi foon
Haþ asked now to fonde ⸲
þe þiself allon
But I haue preyed for þi feiþ ⸲   15525
þ*a*t hit stonde as stoon

// Petur cou*m*forte breþ*er* þyne ⸲
whe*n*ne I am lad ȝow fro
Lord he seide þou woost ⸲
þ*a*t I loue þe & drede also   15530
I am redy þe to folwe ⸲
boþe in wele & wo
Boþe to prisou*n* & to deþ ⸲
for þi loue wole I go

// Þe*n*ne bihelde þ*a*t lorde hende ⸲   15535
vpon þat swete meyne

15506 two] ijº L.
15516 wille] wele L.
15517 vndirstode] vndirtoke T.
15522 is] is is T.
15530 þe] *om.* L.

How myche þei mournynge made ⸗
& sorweful were to se
A my leue frendis he seide ⸗
ful wel shal ʒow be   15540
Þis nyʒt shal ben a skateryng ⸗
bitwene ʒou & me
In no man*er* mysse may ʒe nouʒt ⸗
for tyme shal come þat ʒe
Shul al þe sorwe þat ʒe haue now ⸗   15545
be turned into gle

// For þouʒe my flesshe be to hem take ⸗
as pr*o*phecie haþ set
And bi my deþ on þe rode ⸗
shal mo*n*nes synne be bet   15550
I shal ryse þe þridde day ⸗
to lyue wiþouten let
And whe*n*ne we shul in galile ⸗
efte togider be met
Alle þe cares þat ʒe haue now ⸗   15555
clene shul ʒe forʒeet

// Petur be þou not toferd ⸗
I bidde þe herfore
But wende ʒe into galile ⸗
& I shal mete ʒou þore   15560
Nay sir he seide to leue þe þus ⸗
þat shal be neu*er* more
But suffere wol we togider ⸗
boþe softe & sore
Dowey seide ihe*sus* þo ⸗   15565
Þou shalt forsake me ore

// Þou shalt se hem ʒitt tonyʒt ⸗
do me greet deray
For þei wolde on me wreke ⸗
al her owne afray   15570
Þou shalt ar þe cocke crowe ⸗
forsake me þryes [I] say

15543   mysse may] dismay L. ʒe] I ʒou T.
15546   turned] turned ʒou T.
15554   be] by L.
15568   do] to do L.
15572   þryes] iij^{is} L. I] & H.

And sey þat þou me neuer sy3e ᷿
hit beþ noon oþer way
But þou shalt couere & coumforte hem ᷿   15575
þat þou seest in delay
And þe & hem of 3oure wo ᷿
I make quyt sum day

// Alle þe apostlis þo bigon ᷿
to grounde to falle so mete   15580
Himself went as he was wont ᷿
to mount of olyuete
Þre disciplis wiþ him 3eode ᷿
folwynge at his fete
Abydeþ here & preyeþ he seide ᷿   15585
I shall come to 3ow swete
Anoon he 3eode a stones cast ᷿
bisyde þat ilke strete

// Wiþ him þre apostlis he toke ᷿
ar he made his preyere   15590
Petur · Iame · & seynt Ion ᷿
þese him derrest were
Pryuely lad hem him wiþ ᷿
for þei were him dere
And ledde hem vpon þe mount ᷿   15595
his counsel for to here
As dere fadir doþ to sone ᷿
so he dud hem lere
And his angwisshe in·his hert ᷿
to hem þus made he clere   15600

// My soule is sorweful to þe deþ ᷿
þat I shal suffere soone
I wol go make my preyere ᷿
abideþ til I haue done
A stonescast fro hem he 3eode ᷿   15605
& þere he made his bone
To his fadir dere of heuen ᷿
þat sittyng was in trone
His sorwe my3te no mon telle ᷿
þat lyueþ vndir mone   15610

15573   sey] I sey L.
15585   preyeþ] previth L.
15589   þre] iij^e L.
15597   to] *om.* T.

// Þerfore gode men I warne ȝou ‹
þenke vpon his care
And folweþ him ȝoure fadir is ‹
to lerne on his lare
Doþ away ȝoure pryde of lyf ‹ 15615
þat ȝe myche wiþ fare
And boxomnes for him ȝe bere ‹ fol. 92r
þat so myche for ȝow bare
For his wo ouȝte we to wepe ‹
He suffered for vs sare 15620
Of alle þe wois þat euer were ‹
suche herde we neuer are

// Whil he lay in orisoun ‹
he on his fadir grette
And also for drede of deþ ‹ 15625
his holy body swette
Of blood & watir þat of him ran ‹
þe erþe was al wette
Harde was þat sorwe ‹
þat in his hert was sette 15630

// Fadir he seide here þi sone ‹
þat now to þe wol crye
Wheþer shal I now þis deþ drynke ‹
or ellis passe þerbye
Fadir he seide þou woot hit wel ‹ 15635
I say hit not forþye
Al þi wille shal be done ‹
þerto I am redye

// Lordyngis now for goddis loue ‹
herken to my spelle 15640
Of siche a sorwe as was þat ‹
men herde neuer telle
Wiþ stronge drede was he smyten ‹
boþe þourȝe flesshe & felle
Whenne swoot of blood out of hym brast ‹ 15645
& ran on erþe to dwelle

// Whenne he was risen of þat stour ‹
to his felawis coom he

15617 ȝe] you L.
15642 telle] er telle TL.

Alle on slepe he hem fonde ⸜
for sorwe & greet pite   15650
Ful swetly to hem he spake ⸜
breþ*er* what do ȝe
Riseþ vp & wakeþ wel ⸜
ar þat ȝe temptide be
Petur wake wiþ me a while ⸜   15655
þus hettestou not me
Her yȝen were greued so wiþ grete ⸜
þat sorwe hit was to se

// Rise vp petur hastou forȝeet ⸜
þat þou eer me hiȝt   15660
Þou seidest for me if nede were ⸜
diȝe þou woldest in fiȝte
Now maist þou not wake wiþ me ⸜
an hour of a nyȝte
Be wakynge in orisou*n* ⸜   15665
for þe waryed wiȝte
Þouȝe þe spirit redy be ⸜
þe flesshe is seke to siȝte

// Whe*n*ne he þus had hem tauȝte ⸜
stille he lafte he*m* þere   15670
And wente efte into þe stide ⸜
þere as he was ere
Miche he dradde þe harde deþ ⸜
þat brouȝte vs out of fere
Buxomly he fel to grou*n*de ⸜   15675
& let þe erþe hi*m* bere
And on his fadir in heue*n* calde ⸜
wiþ pleynt hi*m* to arere
Wiþ þo wordis biforn seide ⸜
lasse ne more þei were .   15680

// I woot wel now I shal hit drynke ⸜
þis deþ fadir myne
Þourȝe my body mot hit passe ⸜
þe þolyng of þis pyne
I am þi sone redy bou*n* ⸜   15685
to do wille þyne

15656   me] to me L.
15658   to] so T.
15680   ne] no L.

Wiþ þat he roos out of þe place ⟨
þat he was knelyng Ine

// Whenne he had made his orisoun ⟨
vp soone he roos away   15690
And coom to his apostlis ⟨
slepyng alle þei lay
Wake hem ȝitt wolde he not ⟨
þat tened were in tray
Of hem redles he rewid sore ⟨   15695
more þen men con say
Þo he went þe þridde tyme ⟨   fol. 92v
his fadir for to pray

// Whenne he hadde þe þridde tyme ⟨
made his orisoun   15700
And menged to his fadir dere ⟨
of his passioun
Þe strong sorwe þat he hadde ⟨
may no man rede in toun
Aungels out of heuen coom ⟨   15705
to coumforte him ful boun

// Slepeþ now for wel ȝe may ⟨
breþeren dere he seide
For here he comeþ nyȝe at honde ⟨
þe tresoun haþ purueide   15710
Now forsoþe he shal me ȝyue ⟨
a ful harde breyde
But myche wo if he wiste ⟨
is bifore him leyde   15714

// He haþ wrouȝt sooþ hit is ⟨   15717
to himself myche woo
Wiþ myche folk comynge is he ⟨
þat is my moost fo   15720
Spere swerd & mace þei brynge ⟨
& wepenes oþere mo
Iudas now ȝondir comeþ ⟨
& sekeþ me to slo

15706   boun] broun H.
15713   myche] muchel T.
15715-6   *om.* FGHTL.
15718   myche] mychel T.
15719   myche] muchel T.

// Ful mad were þei in hor mode ⸝   15725
for derk was þat ny3t
On fer fro hem þei loked ⸝
& say comyng li3t
Þo disciplis wex aferde ⸝
whenne þei say þat si3t   15730
Of lanterne staf swerd & spere ⸝
& mony armes bri3t
Iudas was armed to þe foot ⸝
redy for to fi3t
Wiþ him he shulde haue fou3ten sore ⸝   15735
bi resoun & bi ri3t

// Ihesus went him forþermore ⸝
disciplis him folwonde
To a litel 3arde of cedron ⸝
ouer þat ilke stronde   15740
Iudas wel he knew· þe stide ⸝
þat Ihesus was hauntonde
Wiþ his fals felowshepe ⸝
þe traytour þere him fonde

// Whenne Iudas had auysed him ⸝   15745
whiche þat ihesus was
Soone he ran him for to kis ⸝
as traitour in þat plas
Heyl maistir he seide ⸝
whom secustou Iudas   15750
Ihesu he seide of nazareth ⸝
founden I haue his face

// I am he sone he seide ⸝
to þat pepul þon
Iudas & his felowshepe ⸝   15755
soone on bak þei ron
Þei fel doun soone to þe grounde ⸝
eueriche mon
Iudas vche lymme he quook ⸝
& aftir þei vp won   15760

15731   Of] On L.
15738   disciplis] þe dissipils L.
15747   for] forth L.
15756   on bak] abak TL.

// ȝit asked oure lord what þei souȝt ɀ
Ihe*sus* þei seide seke we
As I seide to ȝow bifore ɀ
here haue ȝe founden me
Iudas leop efte vpon him ɀ   15765
heil maistir seide he

For to cusse his swete mouþ ɀ
he bed hit hi*m* ful fre
Siþ ȝe me seke I ȝou biseche ɀ
to lete my felowis be   15770
Iudas he seide þ*at* þou shalt do ɀ
hiȝe þou nowe þe

// Whe*n*ne Iudas bed Ihe*sus* to kisse ɀ
forsoþe he grucched nouȝt
Iudas he seide su*m*tyme was ɀ   15775
myche of þe Irouȝt
Now hastou wiþ felonye ɀ
& tresou*n* me here souȝt
Wiþ a cosse mannes sone ɀ   fol. 93r
hastou to bandou*n* brouȝt   15780

// Wiþ þat word þ*at* ihe*sus* seide ɀ
þei bigon to awake
And him fast aboute biset ɀ
til þei had him take
Wiþ maces & wiþ fustes ɀ   15785
many strokes hi*m* ȝaf blake
Vche dynt went to þe boon ɀ
al was for oure sake

// Petur þat hi*m* loued so ɀ
say no bett*ur* woon   15790
His swerd out of scauberde drouȝe ɀ
& smot of þe ere of oon
Had hit ben aftir his wille ɀ
þ*ere* had he ben sloon
Ihe*sus* seide petur dowey ɀ   15795
strook ȝyue þou more noon

15769 Siþ] Syn L.
15772 hiȝe...nowe] þ*erto* now hiȝe þou TL.
15782 awake] wake L.
15785 *second* wiþ] *om.* L.

// In þi sheeþe put þi swerd ⸼
I wol not þat þou smyte
On malkes ere honde he leide ⸼
& heled hit ful tite   15800
He he seide þat smyteþ wiþ swerd ⸼
of swerd shal haue wyte
I wol þat no mon for my sake ⸼
nouþer fiȝte ny flyte

// Leue petur I seide to þe ⸼   15805
þou vndirstonde hit bet
If I my fadir wolde biseche ⸼
I myȝt wiþouten let
Haue twelue þousande legyouns ⸼
of aungels wiþ me set   15810
But how shulde þenne þe prophecies ⸼
be done þat ben det

// Petur was in honde nomen ⸼
for fiȝt þat he had done
Ihesus toke malkes eere ⸼   15815
& heled hit ful soone
Go forþ he seide my fadir haþ ⸼
wrouȝte for þe my bone
Petur scaped fro þe iewis ⸼
& laft þe kyng in trone   15820
Fewe abood þo wiþ ihesus ⸼
lord of sonne & mone

// Bi his heed & bi his heer ⸼
forþ þei ihesus drowȝe
And loggid him loþsomly ⸼   15825
ouer hilles dale & slowȝe
Wiþ her staues beten hym ⸼
& dide him myche wowȝe
How þei him ladde þulke tyme ⸼
to se was sorwe ynowȝe   15830

// Þei beet him wiþ her maces ⸼
bremely to grounde
And foule halowed him þerto ⸼

15801   *first* He] *om.* L.
15809   twelue þousande] xij m¹ L.
15825   loþsomly] lothefully L.
15832   to] to þe T.

as he had ben an hounde
His disciplis were aferd ⸝   15835
bigon to fle & founde
And as þei to & fro him pulde ⸝
his body was stounde

// Whil þei þus him handeled ⸝
wicked as þei mouȝt   15840
Men he seide what eileþ ȝow ⸝
vncely is ȝoure þouȝt
Wiþ staues me þus to bete ⸝
what haue I to ȝow wrouȝt
Wherfore haue ȝe me taken ⸝   15845
& as a þeof me souȝt
Wiþ lanterne on nyȝtirtale ⸝
& I ne fled ȝou nouȝt

// Forsoþe nouþer semeþ ȝou ⸝
ȝoure dede ny ȝoure sawe   15850
In ȝoure temple haue I tauȝt ⸝
openly to knawe
Þere al folke was wonte to come ⸝
wiþ maistris of þe lawe
Maistir was þere noon so grete ⸝   15855
þat I drede of her awe
Ny of þingis þat I seide ⸝
my word not to wiþdrawe

// Now are ȝe comen me to take ⸝   fol. 93v
in mirkenes of nyȝt   15860
And also ȝe haue taken me ⸝
wiþouten any pliȝt
For ȝe me haten to þe deeþ ⸝
haue ȝe noon oþer riȝt
Suche is ȝoure tyme he seide ⸝   15865
merkenes wiþouten liȝt
In euel tyme leued ȝe ⸝
Iudas þe waried wiȝt
Miche pyne purueyed is ȝou ⸝
but more to him is diȝt   15870

// His hondis þei bonde & lad him forþ ⸝
atrott & not apas
Riȝt to her owne bisshop ⸝
his name was þo cayphas

Mased & wery þen were þei þo ⸝   15875
þei nust wherfore hit was   15876
Laft þei not bihenden hem ⸝   15879
þe fals feloun Iudas   15880
Er he deluyered Ihe*sus* vp ⸝   15877
Ibounden harde wiþ a las   15878
Þe felouns him lowȝe to scorne ⸝   15881
on vche syde þ*at* plas .

//   Petur folwede on fer ⸝
for durst he nouȝt in siȝt
For wondir fayn wolde he wite ⸝   15885
þe ende if he myȝt
To cayphas hous he aftir coom ⸝
& þidir in he tiȝt
Now shal þe forwarde holden ben ⸝
þ*at* c*r*ist bifore hi*m* hiȝt   15890

//   Whenne he was to paleys comen ⸝   15893
spered was þe ȝate
A knowen frend he had þerin ⸝   15895
And lete hi*m* In þerate
For ful of sorwe in his herte ⸝
was he neu*er* so mate
Fayn wolde he speke & aske ⸝
of ihe*sus* astate   15900

//   What shulde of his maistir wo[r]þe ⸝
wite he wolde fayn
Awhile forwarde he ȝeode ⸝
awhile hi*m* drowȝe aȝayn
What þei wolde wiþ his maistir do ⸝   15905
gladly wolde he frayn
For sore he dredde as aftir fel ⸝
þat he shulde be slayn .

15876-81   *The lines are copied in the following order in* HTL: 15876, 15879-80, 15877-8,
        15881.
15878   harde] hard in L.
15879   Laft þei] Laftyn now L.
15881   Þe] Þo L.
15891-2   *om.* FGHTL.
15901   of] *om.* L. worþe] woþe H.
15902   he wolde] wolde he TL.
15903   forwarde] forþewarde TL.

// A fuyr was made in þat place ‹
þe nyȝte hit was ful cold
Mony drouȝe aboute þat fuyr ‹
for þingis þat were told
Petur to here þider drouȝe ‹
þouȝe he were vnbolde
A seruaunt soone was war of him ‹
& gon to him biholde

15910

15915

// Whenne he had avised him ‹
& say petur þere stonde .
Þis mon he seide is oon of his ‹
þat we here haue in bonde
Anoon petre seide nay ‹
ȝe bere me wrong on honde
Wist I neuer what he was ‹
siþ I was born in londe

15920

// Petur had but a litil ‹
vnneþe þennes goon
Whenne anoþer wiþ him mett ‹
& seide þis is oon
Of ihesus felowshipe I wis ‹
do take him now allone
And petur seide knowlechyng ‹
of him had I neuer none

15925

15930

// Anoon he drouȝe him to þe ȝate ‹
fayn wolde he be þeroute
Soone met he wiþ a womman ‹
þat made him moost to doute
Him þis I say for soþe she seide ‹
longe eer wiþ him in route
Þou seist not soþ petur seide ‹
I was neuer þeraboute

15935

15940

// I know him not for soþe he seide ‹
& swoor hem þo bifore
Bi þis tyme hit was past ‹

fol. 94r

15909 A fuyr] After L.
15916 to him] him to TL.
15922 on] in L.
15924 siþ] synne L.
15937 Him þis] This man L.

ouer mydnyȝt & more
Þenne bigon þe cocke to crowe ⸱ 15945
þe tyme was comen þore
Petur þenne him biþouȝt ⸱
þe worde was seide him ore
He went forþ out of þe court ⸱
wepynge wondir soore 15950

// Ihesus turned him aboute ⸱
on petur iȝe he kest
Þo wiste he comen his maistir word ⸱
wiþouten lengur frest
For sorwe he wronge & wepte also ⸱ 15955
as his hert shulde brest
Þat nyȝte he dud him to a roche ⸱
þervndir for to rest
He nuste whidirwarde to wende ⸱
ny what him was best 15960

// Hit is writen of þis Iudas ⸱
whenne he had don þat synne
Wiþ his penyes þat he toke ⸱
he went to his modir Inne
Modir I haue my maistir sold ⸱ 15965
bi a sotil gynne
And in my purs þe penyes I bere ⸱
now shal I sumwhat wynne

// Iudas was Ihesus aumoner ⸱ 15970
boþe þeof & traitour bolde
Al þat was bitaken him ⸱
selden aȝeyn he ȝolde
Of his þeft & felonye ⸱
his modir so he tolde
And how he to þe iewis hadde ⸱ 15975
his owne maistir solde

// Sone hastou þi maistir solde ⸱
ȝe he seide ful þro
Now she seide shaltou be shent ⸱

15944   &] or L.
15951   *om.* T.
15955   wepte] wepe L.
15969   aumoner] *om.* L.
15973   his] this L.

I woot þei wol him slo　　　　　　　　　　　　　　　15980
To deeþ shal men se him be don ⸱
but rise he shal þerfro
Fro deþ he seide nay forsoþe ⸱
modir hit beþ not so

// He shal neuer ryse aȝeyn ⸱　　　　　　　　　　　15985
trewly by no myȝt
Furst shal þis cok vpryse ⸱
was scalded ȝistir nyȝt
Vnneþe had he seide þat word ⸱
þe cok took vp his fliȝt　　　　　　　　　　　　　15990
Feþered fairer þen biforn ⸱
crewe bi *grace* on hiȝt
Þenne bigon þe traitour fals ⸱
to drede for his pliȝt

// Þis was þe same cok ⸱　　　　　　　　　　　　　15995
þat petur herde crowe
Whenne he had forsake his lord ⸱
þries on a rowe
Speke we now how ihe*sus* stood ⸱
among þe folk so lowe　　　　　　　　　　　　　16000
Hidur & þidur þei him drowȝe ⸱
vchon oþer him to showe　　　　　　　　　　　　16002

// Al þat nyȝt he was in hond ⸱　　　　　　　　　16005
among þe cursed lede
On þe morwe ron þidirwarde ⸱
folk as þei wolde wede
Þe lordis alle were aftir sent ⸱
to ben at þis dede　　　　　　　　　　　　　　16010
Petur whenne he say þe day ⸱
to his felowis he ȝede
He went for to visite hem ⸱
for þerof had þei nede
An harder nyȝt no mon myȝt haue ⸱　　　　　16015
þen he had we rede

15981　shal men] men shul TL.
15998　þries] iij^is L.
16002　to] *om*. L.
16003-4　*om*. HTL.
16007　morwe] morne L.
16014　þerof] thereto L.

// In sir cayphas hous ⸜
þei helde her gederynge
Aȝeyn her lege lord Iwis ⸜
to hede hi*m* or to hynge   16020
Mony gedered of þe tou*n* ⸜
bi certeyn warnynge
And senden aftir sir pilat ⸜   fol. 94v
þidir him for to brynge
For he was iustice ouer hem ⸜   16025
vndir Cesar þe kynge

// Pilat coom and asked hem ⸜
in scornynge as h[i]t were   16028
Þei stirten forþ sternely ⸜   16031
wiþ a lodly chere
Forsoþe pilate þou owe hi*m* holde ⸜
to vs & þe vndere
Þat kyng hi*m* calleþ wiþouten leue ⸜   16035
of cesar wiþoute*n* pere
Herdestou neu*er* siche wondris ⸜
as he haþ done vs lere

// Cayphas þat her bisshop was ⸜
was ful ryche of fee   16040
Alle gedered at his court ⸜
þat ilke sory meyne
Ihe*sus* þat in prisou*n* lay ⸜
þei brouȝte forþ þat fre
Harde bou*n*den as a þeof ⸜   16045
was wont wiþ hem to be

// Þei biþouȝte hem on what wyse ⸜
þ*at* þei myȝte hi*m* wrye
And wiþ what þing þei so*n*nest shulde ⸜
do him þe*n*ne to dye   16050
Sir pilat on hem biheld ⸜
of skil was su*m*del slye
He knew somdel her tresou*n* ⸜
þ*at* hem was leof to lye

16022   bi] by a L.
16023   senden] sentyn L.
16026   Cesar] zezar L.
16028   hit] het H.
16036   cesar] zezar L.
16037   siche] of suche L.
16040   of fee] and fre L.

// He biholde her bittur bere ⸓   16055
how þei seide her resoun
And vndirstood þat þei him had ⸓
taken wiþ tresoun
Pilate sat & him aboute ⸓
þe burgeis of þe toun   16060
He leued not to þat wicked folk ⸓
for euer þei were feloun
Byfore hem ihesus stood as lomb ⸓
his heed droumpenyng doun
On hem he cast vp his yȝe ⸓   16065
but bood her wille al boun

// Mony a lesyng had þei made ⸓
aȝeyn ihesus þat day
Pilate herkened hem þo ⸓
of al þat þei wolde say   16070
But he couþe fynde no cause why ⸓
deþ on him to lay
For in her owen sawis ⸓
ofte chaunge þay

// Vp þo stirte two pardoners ⸓   16075
þat false were ful of gyle
And seiden on hiȝe to pilate ⸓
sir here vs a while
He is mon & makeþ him god ⸓
to make men leue his wyle   16080
He is no god nor goddis sone ⸓
of him knowe we þe stile

// Gode men þei seide ȝit is þer more ⸓
here & we wol telle
In þe tempel þis he seide ⸓   16085
þere we herde him spelle
He bad þat we þe tempul shulde ⸓
al to grounde felle
He wolde hit reise þe þridde day ⸓
no lenger tyme to dwelle   16090

16056   how] and how L.
16058   wiþ] wiþouten H.
16062   euer þei] þei were T. euer...were] they were euer L.
16066   but] and L.
16074   ofte] ought L. chaunge] chaunged TL.
16075   two] ijᵒ L.
16084   &] þan L.

//   Anoon pilate vp he roos ⸱
  Ihe*sus* wiþ hi*m* he ladde
  And ȝeode into þe parlour ⸱
  þ*at* was a cou*n*sel hous badde
  Bitwene hem two he asked hi*m* ⸱   16095
  whi he was so madde
  To þ*at* folke hi*m* souȝt wiþ shame ⸱
  noon vnswere þ*at* he hadde

//   Seestou not þat þei þe hate ⸱
  þese iewis no þi*ng* more   16100
  Þei wol þe sle if þei may ⸱
  & destrye þi lore
  Herestou not on euery syde ⸱
  how þei on þe rore
  Aȝeyn her sawes þat þei say ⸱   16105 fol. 95r
  vnswerestou not wherfore
  Siþ men han seid þat þou art ⸱
  wyse of lernynge lore
  ȝyue vnswere of þis ihe*sus* ⸱
  or ellis þou smartist soore   16110

//   At þese wordis coom a mon ⸱
  re*n*nynge fast in hyȝe
  And seide he wolde speke anoon ⸱
  wiþ pilate pryuelye
  A messangere him tiþing brouȝt ⸱   16115
  fro his wyf þ*at* ladye
  She grette hi*m* ofte & tiþinge sende ⸱
  to drede of þ*at* folye .

//   Þi wyf he seide is ille at ese ⸱
  & þat is for a siȝt   16120
  Þat she in her slepyng say ⸱
  þis ilke last nyȝt
  Of þis ihe*su* þat now þis folk ⸱
  han take wiþoute*n* pliȝt
  Word she sendeþ þe if þ*at* þou ⸱   16125

16094 hous badde] had L.
16095 two] ij°L.
16098 hadde] bad L.
16101 if] and L.
16108 lernynge lore] yernynyng yor L.
16110 smartist] wilt smart L.
16119 ille] alle L.

on any weye my3t
Þat þou suffere him not to dy3e ⸱
for hit were greet vnri3t

// Whenne pilat had þis tiþing herd ⸱
   & wel hit vndirstode   16130
He brou3t wiþ him ihe*sus* a3eyn ⸱
   & to þe court he 3ode
Gode men he seide I con not fynde ⸱
   in þis mon but gode
He is not worþi for to dy3e ⸱   16135
   me þinkeþ in my mode
But scourgeþ him & leteþ him go ⸱
   whenne 3e se þe blode

// Do wey þei seide sir pilate ⸱
   why seistou now so   16140
We wol graunte on no wyse ⸱
   him to skape vs fro
He makeþ him [kyng] & so calleþ ⸱
   in many cuntrees ful þro
Who so calleþ him kyng wiþouten ri3t ⸱   16145
   is emperouris foo
Of galile is he born ⸱
   oure folk he doþ mysgo

// Whenne þat pilat herde hem say ⸱
   he was of galile   16150
He þou3te to haue saued him ⸱
   to drede soore gan he
For heroudis was in þat tyme ⸱
   kynge of þat cuntre
Bounden ihe*sus* as he was ⸱   16155
   also he lete him be
And wiþ seruauntis he him sende ⸱
   to heroude him to se

// For to wraþþe heroude more ⸱
   ful looþ was pilate   16160
For he and he a litil biforn ⸱
   had ben at debate

16130 *Originally* vndirstonde, *altered to* vndirstode H.
16143 kyng] *om.* H.
16146 is] is our L.
16153 heroudis] herawde L.

For to do his wraþþe to ceese ⁊
& saue his astate
To heroudis þo he him sent ⁊   16165
euen þe hiȝe gate

// Heroudis ȝerned him to se ⁊
& of his coom was fayn
Wiþ his knyȝtis vp he roos ⁊
& went him aȝayn   16170
Of him he wende signes to seen ⁊
but hit was al in vayn
Wolde he neuer on him biholde ⁊
for nouȝt þat he couþe frayn

// ȝitt þo iewis fyned not ⁊   16175
to seke ihesus wiþ wrake
Þei preyed þat he shulde ⁊
no preyere for him make
Ne helpe him not no more he dud ⁊
for þe iewis sake   16180
ȝit shul þei alle biforne him ⁊
ful grisly quake ⁊

// Whil þat heroude wiþ him spak ⁊
He vnswe[r]de nouȝt
And he had ȝerned him to se ⁊   16185 fol. 95v
þerfore him forþouȝte
For had he any maner signe ⁊
bifore heroude wrouȝte
Þe iewis had not him slayn ⁊
for no þing þat þei mouȝte   16190

// He asked him priuely ⁊   16195
whi þei had him bounde
Speke to me & telle me why ⁊
as hit shal be founde
And ihesus helde him stille ⁊
in þat ilke stounde   16200

16165   heroudis] herowde L.
16167   Heroudis] Herowde L.
16171   wende] went L.
16173   he] hym L.
16176   ihesus] Iewis L.
16184   he] he ne l.
16191-4   *om.* CGHTL.
16199-200   *om.* F.

A purpur clooþ þei on him cast ⸲
þerynne þei han him wounde
In tokne of fol forþ him ladde ⸲
to pilate on þat grounde

// Sir heroude þe gret wel ⸲   16205
we sey pilate to þe
And now be ȝe frendis made ⸲
þe soþe þerof woot we
He haþ þe send þis mon aȝeyn ⸲
riȝt into þi se   16210
A worde wiþ him nolde he speke ⸲
for nouȝt þat myȝte be

// He is þe selcouþest mon ⸲
þat euer ȝit we syȝe
For he chaungid no chere ⸲   16215
for lowe ny for hyȝe
Nouþer vnswere wolde he ȝyue ⸲
ny liften vp his yȝe
But heroude þonked þe þi sonde ⸲
soþely wiþouten liȝe   16220

// Certis seide pilate þo ⸲
þat þinkeþ me ful good
But hereþ now my counseil ⸲
for mengid is my mood
Þis good mon is of greet witt ⸲   16225
whoso hit vndirstood
But for he haþ ȝow wraþþed ⸲
wiþ him ȝe are so woode
I rede ȝe chastise him þus ⸲
& bete him to þe blode   16230

// Gode men what is ȝoure doom ⸲
seiþ me certeynly
Alle seide þat he be done ⸲
on cros & þat in hy
To turne þat counsel bettur hit is ⸲   16235

16203   fol] a fole L.
16205   þe] þer H.
16210   into] vnto L.
16218   liften] listen T.
16224   mengid] mendid L.
16227-18512   *om.* F; *12 leaves missing.*

þen done a more foly
Bett*ur* mot ȝe seye þen so ⸿
quod pilate so rede I

// Pilate was ful wrooþ Iwis ⸿   16240
wiþ hem þ*at* ilke day
Mon he seide why dostou þus ⸿
þ*at* þo wolt noþi*n*g say
Aȝeynes hem þ*at* sewe on þe ⸿
nouþ*er* ȝe nor nay
For þi state þou owest to speke ⸿   16245
to brynge þiself away   16246

// Whi is þe so looþ to speke ⸿   16249
vnswere hem I rede   16250
Sestou not how þat þei ⸿
þe haten to þe dede
O frend hastou not of hem ⸿
alle wole þe þe quede
If þou wolt not helpe þiself ⸿   16255
I con no furre þe rede

// Say me now wheþ*er* þou be ⸿
Goddis sone or noone
þat I may witturly hit wite ⸿
Þo vnswered he alone   16260
I am his sone as þou hast seid ⸿
þat shul ȝe wite vchone
Hit shal be sene whe*n*ne soþfastenes ⸿
shal among ȝow gone

// Leue hit who so þat wole ⸿   16265
I telle ȝow hit riȝt
To clymbe aboue þe cloudis alle ⸿
þe sone shal haue myȝt
And for his frendis aftirward ⸿
dou*n* shal he liȝt   16270
Not in pri*u*ete I sey ⸿   fol. 96r
but in ȝoure aller siȝt

16238   rede I] redy L.
16243   þe] þou L.
16244   nor] ne L.
16247-8 *om.* GHTL.
16254   *first* þe] they L.
16256   rede] lede TL.

//   Euel at þat word was he herd ⸲
      of þat cursed lede
      Vp ros þei alle & ʒaf a cry ⸲   16275
      riʒt as þe[i] wolde wede
      What nede haue we of witenes ⸲
      Aʒeyn him vs to spede
      His owne mouþ haþ him denied ⸲
      of witnes is no nede   16280
      Doþ him on rode wiþoute ransoun ⸲
      þat no mon for him bede

//   Anoon a seriaunt sterte forþ ⸲
      þat stode among hem þore
      Wiþ his hond a buffet ⸲   16285
      he ʒaf ihesu ful sore
      He seide eftsones speke but skil ⸲
      & wordis siche no more
      For þi myssawe þat þou hast seid ⸲
      take þat to teche þe lore   16290

//   Ihesus lifted vp his face ⸲   16293
      & loked on þat feloun
      Frend he seid why smoot þou me ⸲   16295
      wiþouten any resoun
      Are þou myʒtest haue founden ⸲
      a skilful enchesoun
      Þe mon þat doþ no vnriʒt ⸲
      to smyte hit is tresoun   16300

//   Pilate vp roos & forþ he ʒede ⸲
      out of þe pretory
      Þis fals folk ihesus ladde ⸲
      folwyng him wiþ a cry
      Pilate hem defendide ⸲   16305
      to do him vileny
      For what endyng þe moot wolde take ⸲
      wiste he not witterly

//   Into a chaumber priuely ⸲
      wente pilate his one   16310

      _____

      16276   þei] þe H.
      16279   denied] demyd L.
      16291-2   *om.* GHTL.
      16300   smyte] smyte hym L.

And ihe*sus* bi his biddyng ⸝
in wiþ him was gone
Pilate soone him asked ⸝
wiþ wordis in þat wone
Gode man whi haten þei þe þus ⸝   16315
þese iewis eu*er*ychone

// Þe bisshop & alle his men ⸝
wiþ þe ben vnsauȝt
Her purpos is fully ⸝
to deþe to make þi drauȝt   16320
Art þou goddis sone he seide ⸝
þat here þus art cauȝt
Soþ he seide why askestou ⸝
hit is bifore þe tauȝt

// Seye me soþ seide pilate ⸝   16325
why þou art her foo
I woot þat þei wol not fyne ⸝
til þat þei þe slo
Wostou not wel þat powere is myn ⸝
to spille or let go   16330
Þe*n*ne seide ihe*sus* to pilate ⸝
me þinkeþ hit is not so

// For þouȝe þou pouste haue a while ⸝
þou shalt not haue hit ay
I haue hit of god & am his sone ⸝   16335
If I sooþ shal say
Pilate sawe þat wiþ no word ⸝
ou*er*come hi*m* he may
He vncled hi*m* of his cloþis ⸝
& dud on oþ*er*e þat day   16340

// So he sende hi*m* clad aȝeyn ⸝
to his foos in plas
A croune on his heed þei sett ⸝
in scornynge alas
Ihe*sus* þouȝte myche shame ⸝   16345
þo he scorned was

16329   wel] *om.* TL.
16330   let] lete þe T.
16333   þouȝe] they L.
16343   þei] he L.
16346   he] he so L.

For couþe he neuer do þe dede ᚛
to come in siche a caas

// Ihesus was sore agreued ᚛
& louted doun his chere 16350
Þis þei seide is ȝoure kyng ᚛
lo him bifore ȝou here
Loude bigonne þei to crye ᚛ fol. 96v
þat alle herde þat þere were
Gooþ & takeþ him blyue ᚛ 16355
we wolde on rode he were

// Alle þei cryed wiþ a mouþ ᚛
naile him on rode tre
Seiþ not so quod pilate ᚛
þat is not reede of me 16360
Him oweþ not dyȝe for no cause ᚛
þat in him ȝitt I se
Alle þei seide but if þis mon ᚛
bi þe dampned be
Þe frenshipe shaltou lese ᚛ 16365
bytwene cesar and þe

// Pilate seide lo here ȝoure kyng ᚛
but here what I wol say
Tomorwe is ȝoure myche fest ᚛
þat ȝe holde in ȝoure lay 16370
A prisoun are ȝe wont delyuere ᚛
for reuerense of þe day
Askeþ whiche þat ȝe wole ᚛
ȝe shulde hit haue parfay
And I rede ȝe aske ȝoure kyng ᚛ 16375
& I shal not say nay
Wherfore seide þei seistou so ᚛
leue sire þat doway

// Of þis ihesus speke þou nomore ᚛
but of anoþer man 16380

16354 þere were] þere þat bere T; þat ber L.
16355 &] now & TL.
16358 rode] þe L.
16365 Þe] Thy L.
16366 cesar] zezar L.
16367 lo] lor H.
16374 shulde] shul TL.

Whiche we han chosen to vs ⸜
his name is baraban
Of ʒoure kyng in honde he seide ⸜
what þenke ʒe to do þan
To naile on þe tre he is not worþi ⸜   16385
as fer as I se kan
But efte þis word more & more ⸜
to cryʒe þei bigan

//   Wondir vs þinkeþ of þe pilate ⸜
þat mouest þus þis skille   16390
We haue chosen baraban ⸜
algate him haue we wille
Pilate þouʒte her desire ⸜
soone aftir to fulfille
Whenne he say his assoyne ⸜   16395
þei toke into greet ille
Ihesus þat al todrawen was ⸜
to scourgynge he took hem tille

//   Whenne pilate sey no bote ⸜
aʒeyn hem longe to stryue   16400
Of ihesus deeþ he þouʒte þe synne ⸜
al fro him to dryue
Vp he roos his hondis wesshe ⸜
among þat folk ful blyue
Alle ʒe se [he] seide þat I ⸜   16405
am gilteles of his lyue

//   Alle þei cryed on hiʒe pilate ⸜
þar þe no þing drede
On vs mot his blood falle ⸜
& on ouris þat we brede   16410
And so hit dude god hit woot ⸜
sene is on her sede
For nowe be þei þralles made ⸜
vndir alle oþere lede

16382   baraban] Abraham L.
16384   to] *om.* TL.
16385   þe] *om.* TL.
16387   efte] *om.* L.
16395   assoyne] tyne L.
16397   was] *om.* L.
16398   scourgynge he] scorge they L. hem] hym L.
16405   he] þei H.
16410   ouris] oure T.

// Pilate stood vpon his feet ‹   16415
   among þat gederynge
Pees he seide lo here now is ‹
   delyuered vp ȝoure kynge
I here ȝow sey ȝe wole him [do] ‹
   on rode tre to hynge   16420
Do wey pilate vs þei seide ‹
   falleþ not to do siche þinge

// We haue oure lawe seide þei ‹
   þat we in lyue in londe
Aftir þe lawe shal he diȝe ‹   16425
   þis shal þou vndirstonde
Pilate loþed hem to wraþþe ‹
   he wolde hem holde in honde
To þo willeful wode he toke ‹
   þe lord þenne al weldonde   16430

// Þenne was þat swete sackeles flesshe ‹
   done to myche wronge
To a piler þei him bonde ‹   fol. 97r
   & wiþ scourgis him swonge
Fro þe hede to þe foot ‹   16435
   ouer al þe blood out spronge
Þei crouned him þo wiþ sharp þorn ‹
   þat þourȝe his heed þronge
And bitoke him at her wille ‹
   to her seriauntis to honge   16440

// Þe monsleer þat barabas ‹
   was take out of prisoun
And oure lord lad to sle ‹
   wiþouten any chesoun
Out of prisoun so þei toke ‹   16445
   þe þeof þat feloun
And goon so þenne to honge on tre ‹
   þe kyng of heuen croun
Þerfore þei & her sede ‹
   han his malisoun   16450

16419   do] *om.* H.
16424   lyue] leve L.
16430   weldonde] wendond L.
16446   þe] that L. þat] the L.
16449   Þerfore] Wherefor L.

// An euel chau*n*ge made þei ⸲
þ*at* fals felou*n* quede
Whe*n*ne þei fyn gold forsoke ⸲
& toke hem to þe lede
Þei chees hemself dampnaciou*n* ⸲   16455
þour3e her owne rede
Þat was to vs sauaciou*n* ⸲
& to hemelf dede

// Iudas stood among þe folk ⸲
& bihelde & sy3e   16460
How foulely þei wiþ hi*m* dalt ⸲
& what shame he gon dry3e
Whe*n*ne he say þ*er* was no bote ⸲
but his lord shulde dy3e
Þo hi*m* rewed of his rees ⸲   16465
& went himself to wry3e

// Whe*n*ne he say his maistir þen ⸲
suffere al þis care
Wiþ his pens forþ he lept ⸲
þat he had resceyued þare   16470
Þe*n*ne him rewed his marchau*n*dise ⸲
alas caitif so bare
He seide 3e are felou*n* folk ⸲
for 3e con neu*er* spare
Here I 3elde 3ou 3oure mone ⸲   16475
3yueþ me a3eyn my ware

// Wroþ*er*hele to my bihoue ⸲
haue I take þis mone
For þe sacles blood of him ⸲
bitrayed is by me   16480
Allas þat eu*er* was I made ⸲
to him so pryue
But wiþ þe erþe at my birþe ⸲
þat I nadde swolewed be
Takeþ he seide 3oure pens here ⸲   16485
a cursed folk be 3e

16459   þe] þo T.
16461   foulely] fondly L.
16469   lept] lep TL.
16471   him] he T.
16477   my] me L.

What is þat to vs þei seide ﹤
þiseluen þou maist se

//   Al for nouȝte þei seide Iudas ﹤
þe bargeyn made hit is   16490
He lafte þe pens on þe flore ﹤
& stale away wiþ þis
Þei wole he seide þe riȝtwis sle ﹤
wiþouten gilt Iwis
Al þe worlde shal of me speke ﹤   16495
my tresoun is so mys

//   I shal myseluen on me wreke ﹤
alas þat me is wo
For þis riȝtwis þat shal dyȝe ﹤
bi my tresoun so   16500
A stronge roop gat he priuely ﹤
& dude him faste to go
He knytte hit faste aboute his necke ﹤
& heng himself riȝt þo
He brast in two : his boweles alle ﹤   16505
fellen doun him fro
Þe sory soule þat weye he sent ﹤
wiþ weylyng al in wo

//   Out at his wombe þe soule brast ﹤
at mouþ had hit no way   16510
For he kiste cristis mouþ ﹤
as ȝe herde me say
Whenne he coom as traitour fals ﹤   fol. 97v
his lord to bitray
So fals a dede was neuer herd ﹤   16515
bifore þat ilke day

16490-16500 *partly missing in L; part of the leaf is torn off.*
16490   hit is] *missing* L.
16492   away wiþ þis] *missing* L.
16494   *missing* L.
16495   þe] þis TL. speke] *missing* L.
16496   *missing* L.
16497   myseluen] *missing* L.
16498   *missing* L.
16499-16500   þis...so] *missing* L.
16505   two] ii° L.
16506   doun] adoun TL.

//   Deed was caitif Iudas þo ⸗
þat traitour had to name
Of his cursed marchaundise ⸗
sprong al þe world þe fame   16520
His kny3tis men may calle þo ⸗
þat doþ her lord siche shame
Dye shulde þei for her seruyse ⸗
& haue in helle her blame

//   Þenne was Iudas deed wiþ shome ⸗   16525
as 3e herde me telle
And to þe fend soone bitau3te ⸗
þat hurleþ him in helle
But whenne he hadde þe money cast ⸗
among her feet so snelle   16530
Alle in wraþþe þe iewis were ⸗
þritty pens þer felle

//   But 3itt þe couetouse iewis ⸗
þat tresour forsoke nou3t
Wiþ þat same money þenne ⸗   16535
a potters place þei bou3t
To be done in tresorye ⸗
þei seide hit not mou3t
Acheldemach þei called þe feld ⸗
for hit wiþ blood was brou3t   16540
For to burye Inne vncouþe men ⸗
þat to þat cite sou3t

//   Þus ihesu oure saueour ⸗
was dampned to do of dawe
To be hongid on a tre ⸗   16545
as þo was þeofis lawe
But suche a tre hem wantid ⸗
as writen is in sawe
Þe kyngis tre þerto þei seide ⸗
þei wolde of temple drawe   16550

16527   fend soone] fendis sonne L.
16528   in] to L.
16532   þritty] xxx L.
16536   bou3t] brought L.
16537   tresorye] tresour L.
16550   wolde] wolle L.
16551-2 *om.* HTL.

// To þe tempul soone þei coom ‹ 16553
   & cut þis tre in two
As mychel as hem nedede ‹ 16555
þei toke wiþ hem þo
Þei foond hit good & esy ‹
to dele wiþ also
What þei wolde þerof shape ‹
þerto hit was ful þro 16560

// Wiþouten rotyng or any euel ‹
hit sauered wondir swete
For to make þis werk þerof ‹
wiþouten let hit lete
Biforn to bere hit out of chirche ‹ 16565
þei fond hit ful vnmete
For þei myȝte for no þing ‹
hit stire afote of strete

// Two hundride men sende cayphas ‹
to fet away þat tre 16570
Þei mosten ouerhewe hit þere ‹
or ellis lete hit be
Þe rode þei shope as hem lust ‹
as we þe tokene se
Of cydre cypres & palme ‹ 16575
as writen is of þo þre

// On þe heede of þat rode ‹
to set abrede was bede
And þervpon lettris writen ‹
of mony men to rede 16580
Whenne hit was done þei alle ne myȝte ‹
stire þe cros of þat stide

16554 two] ijᵒ L.
16567-82 *partly missing in* L; *part of the leaf has been torn off.*
16567 For] *missing* L.
16568 afote of] oon fote in L.
16569 Two] *missing* L.
16571 Þei] *missing* L.
16573 Þe...shope] *missing* L.
16575-6 Of...þo] *missing* L.
16576 þre] iijᶜ L.
16577-8 On...to] *missing* L.
16578 bede] *missing* L.
16579-82 And...þat] *missing* L.

Bitwene and oure lord *c*rist ⸔
was þidir himself lede

// Whe*n*ne he coom to þat swete tre ⸔   16585
þe iewis to him seide
Take hit vp þou seest wel ⸔
hit is to þe purueide
He loutid dou*n* & kust hit soone ⸔
& at þe firste breyde   16590
Wiþouten any helpe of mon ⸔
on his bak he hit leide

// Þour3e þe tou*n* he hit bare ⸔
bifore þat cursed lede
Þei met a bysen mon þo ⸔   16595 fol. 98r
& him þei diden nede
To take þat oon ende of þat tre ⸔
to go þe bett*ur* spede
Foure ellen & an half þe leng þe ⸔
& oþ*er* half ellen þe brede   16600
To þe mou*n*t of caluory ⸔
þ*er*wiþ so þei 3ede

// Vpon þat mou*n*t soone anoon ⸔
þei sett þis rode tre
Mony folwede of þat tou*n* ⸔   16605
& mony of þat cuntre
So*m*me for gode & su*m*me for euel ⸔
coomen him to se
Mony wept & mony lowen ⸔
of þat greet semble   16610

// Riche men scorned him ⸔
in al þat þei mou3t
How þei my3t do moost despit ⸔
on vche side þei sou3t
A crou*n* on his hed þei sette ⸔   16615
on sharp tre Iwrou3t

16583   and] hem L.
16588   to] for L.
16597   þat oon] the tone L.
16599   Foure] iiij L.
16609   wept] wepe L.

Þat in a hundride stides Iwis ⸄
blood out hit brouȝt

// Þei clad him in a mantel reed ⸄
toke of his owne wede   16620
And sithen in his hond þei sett ⸄
a mychel greet rede
And to him pleyden a bobet ⸄
& bad him seye in dede
Whiche of hem ȝaf þe stroke ⸄   16625
sore auȝte him drede

// Soore þei auȝte him drede ⸄
þe folke þat were so snelle
Þe disese þat þei him dide ⸄
strong hit were to telle   16630
Þei made him sitte as her kyng ⸄
on knees tofore him felle
Al heyl oure kyng in skorne þei seide ⸄
dide þei noþing welle
Þei sputten on his louely face ⸄   16635
þo houndis alle of helle
Mony buffet of hem he bare ⸄
mo þen I con telle .

// Greet was þat folk to se ⸄
þat gedered to þat þronge   16640
ȝonge & olde mon & wyf ⸄
wept & hondis wronge
ȝe foule mysleuynge folke þei seide ⸄
wole ȝe algate honge
Þe mon þat neuer synne dide ⸄   16645
al is on ȝow longe

16617   a hundride] an CL.
16618   blood] þe blood TL.
16626   auȝte] might L.
16629   disese] dissecase L.
16630   strong] sore l.
16632   tofore] byfore L.
16634   dide þei] thei did L.
16635   on] in L.
16637   Mony] Many a L.
16640   to] on L.
16642   wept] wepe L.
16646   longe] along L.

//   As þei rewed ihe*sus* þus ⸱
wy*m*men of þat cite
Ihe*sus* turned him aboute ⸱
& þus to hem seide he   16650
Wy*m*men do wey þe*n*ne he seide ⸱
wepe ȝe not for me
But on ȝoure children & ȝoureself ⸱
for ȝit þe day shal be
Þe bareyn blessed shal men calle ⸱   16655
forsoþe þis shal men se

//   Blessed shal men holde þe wombe ⸱
þ*at* neu*er* childe bare
Þe pappis þ*at* neuer were soken ⸱
for in þ*at* tyme of care   16660
þe hilles shal þei bidde ou*er*falle vs ⸱
hud fayn þ*at* þei ware
Whe*n*ne þis in grene tre is done ⸱
in driȝe shal myche mare

//   Þo knyȝtis þ*at* bi hi*m* sat ⸱   16665
þei ihe*su* soone vncledde
And leyde hi*m* on þe rode tre ⸱
þ*er*on þei him spredde
Þere he ȝaf his blessed body ⸱
for oure rau*n*sou*m* in wedde   16670
Ihe*su* haue mercy on vs ⸱
þat so sore for vs bledde

//   To þat tre þei nayled him þo ⸱
on mou*n*t caluory
Wiþ a þeof on eiþ*er* syde ⸱   16675 fol. 98v
þen þei honge hi*m* by
Þat alle shulde vndirstonde ⸱
þat ȝede þ*at* wey ny
Of þese two þeofis as who seiþ ⸱
þe maistir þeof am I   16680
Þe cause of his deeþ þei wroot ⸱
aboue*n* his heed on hy ⸱

//   Abouen his heed as I ȝow telle ⸱
a borde was made fast

16659   neuer] ther L.
16679   two] ijᵒ L. who] whoso T.

Þeron was þe titil writen ⸝ 16685
bi rede of pilatis cast
Ihesus nazarene iewis kyng ⸝
þis was hit firste & last
By ebrew · Gru · & latyn ⸝
þese wordis þo þei past . 16690

// Whil þese curside houndis ⸝
Him nayled to þe tre
For hem þat diden him shome ⸝
his preyere made he
Fadir he seide forȝyue hem ⸝ 16695
þat þei done to me
For what þei do þei ben so blynde ⸝
hemself con not se .

// Aboute his curtel drouȝe þei cut ⸝
who shulde hit bere away 16700
To him mychel skorne þei made ⸝
& also greet affray
Heil þou tempel caster doun ⸝
to him gon þei say
And reiser vp as þou seidest ⸝ 16705
wiþinne þe þridde day
Oþere hastou heled ofte ⸝
hele þiself if þou may

// Somme seide if þou be crist ⸝
as þou hast seide ar now 16710
Come doun þiself of þe rode ⸝
& alle wole we þe bow
Miche scorne þei him bed ⸝
þat was for oure prow
Þe tenþe part may no man telle ⸝ 16715
soþely to seye to ȝow

// Of þo þeues þat by hym honge ⸝
þe ton him ȝaf vmbreyde
Saue now þiself & vs ⸝
if þou be crist he seide 16720
Þe toþer þeof gon him blame ⸝
wiþ þis vnswere þus purueide

16712 we] *om.* T.
16719 now] þou L.

He seide þou dredist litil god ⸗
þat þis pyne is on leide

// Litil dredes þou god ⸗   16725
or his mychel myȝt
Þe doom þat is ȝyuen to vs ⸗
we haue hit wiþ riȝt
Wiþouten cause is þis mon ⸗
to þe deeþ now diȝt   16730
Haue mercy lord he seide on me ⸗
whenne þou comest to þi liȝt

// Ihesu ȝaf to þat þeof ⸗
þis vnswere of pris
Today þou shalt be wiþ me ⸗   16735
He seide in paradys
þis þeof þat on his riȝt syde heng ⸗
Dismas he het þe wis
Gesmas het þe toþer ⸗
þe fend him made nys   16740

// Bi þis was vndren of þe day ⸗
þe liȝt bigon to hyde
His apostlis were flowen him fro ⸗
durst noon wiþ him abyde
But his modir & seynt Ion ⸗   16745
þo dwelled bi his syde
Þei sewed him in wele & wo ⸗
& say þat sorweful tyde
Fro þenne hit derked til þe noon ⸗
ouer al þe world wyde   16750

// His modir & þe maudeleyn ⸗
& mary cleophe
And Ion his dere cosyn stood ⸗
bi þe rode tre
Ihesus say his modir wepe ⸗   16755 fol. 99r
of hir he hadde pite
Modir Ion shal be þi sone ⸗
fro now in stide of me

16739   toþer] oþere T.
16749-16802   *replaced in C with ll.1505ff of* South. Pass. *See C. Brown,*
              "CM *and* South Pass."
16749   noon] mone T.
16752   mary] þe Mary L.

And she þi modir my cosyn ‹
loke hir wel seide he   16760
Fro þenne he oure lady laft ‹
in his kepyng to be

// Bi þis was þe day so goon ‹
þat comen was to none
Ihe*sus* wolde þe p*r*ophecye ‹   16765
to ende wele were done
Þenne he seide me þirstis soore ‹
a swayn sterte forþ soone
And bed him galle & eysel to drynke ‹
wary hi*m* son*n*e & mone   16770

// To þat bitt*ur* drynke him boden ‹
He bed his mouþ þe*r*tille
He tasted hit but not he dronke ‹
hit was so wondir ylle
Al for bled as he my3t ‹   16775
He spak þese wordis stille
To þe fadir I 3elde my goost ‹
now haue I done þi wille

// Aftir him was boden þis bittur drynke ‹
of eysel & of galle   16780
His blessed soule he 3alde for vs ‹
þe heed dou*n* lete he falle
Þe day wex derker þen þe ny3t ‹
þe erþe quook wiþ alle
Þe stoones brast þe temple cleef ‹   16785
in two boþe roof & walle   16786

// So grisly þe erþe quook ‹   16795
þat g*ra*ues hit vndid
Dyu*er*se bodyes roos to lyf ‹
in erþe bifore were hid
And coomen to towne among men ‹
& þ*er*e were knowen & kid   16800
Mony iewis bigo*n*ne to drede ‹
for wondris þo bityd

16762   in] *om.* T.
16781   3alde] yaf L.
16783   wex] was L.
16786   two] ij° L.
16787-94   *om.* HTL.

//   Þe word coom to sir pilat ⸱
    þere as he was stad .
    Of þo þingis þat þen bifel ⸱   16805
    wherfore he was vnglad
    Wiþouten mete or drynke ⸱
    þat day in sorwe he was bilad
    Aftir þe maistir iewis he sent ⸱
    þei coomen as he hem bad   16810

//   Haue ȝe þes wondris seen he seide ⸱
    þat now today is done
    Ofte haue we seen þe clipse he seide ⸱
    boþe of sonne & mone   16814
    Forþ coom Ioseph of aramathie ⸱   16817
    & asked of pilate a boone
    Ihesu body to birye þo ⸱
    he him grauntid soone   16820

//   Myche wondride pilate his ⸱
    deþ so soone to se
    Þe iewis for þe myche feest ⸱
    þat on þe morwe shulde be
    Seiden no body shulde be laft ⸱   16825
    hongynge on no tre
    Doþ hem doun as ȝow þinkeþ best ⸱
    Pilate seide paied be we
    Þe two þei fond sumdel in lyf ⸱
    of eiþer þei brake þe þee   16830

//   Whenne þat þei to ihesu coom ⸱
    þei fond him dede as a stoone
    For þei wiste him fully deed ⸱
    of hym brake þei no bone
    But blynde longeus wiþ a spere ⸱   16835
    þat a knyȝt was one
    Þe iewis made him þourȝe his syde ⸱

16812   is] are T.
16813   he seide] seide þei TL.
16815-48   *replaced in* C *with ll.1629ff of* South. Pass.
16815-6   *om.* HTL.
16823   þe] their L.
16827   hem] hym L.
16829   two] ijᵒ L.
16832   a] *om.* TL.
16837   made] made Iewis made L.

to put hit soone anone
Aȝeyn his wille he hit dude ⸱
þerfore he made moone   16840

// Blood & watir out of his syde ⸱
myche þo þere ran
Of þat blood ran to his hond ⸱
his siȝte soone he wan
Seynt Ion hit say & þus seide ⸱   16845 fol. 99v
his witnes is þat man
He was of cristis frenshepe greet ⸱
& was nyȝe him þan

// Ioseph þo his trewe frend ⸱
was of aramathye   16850
He grauntide neuer of wille nor werke ⸱
to her felonye
he & nichodeme also ⸱
as telleþ þis storye
Wiþ leue of pilate to þe rode ⸱   16855
wente hem priuelye
Þere þei fond þe sorwefulest ⸱
boþe Ion & marye   16858

// Out þei drouȝe þo nailes þre ⸱   16869
& toke his bodi doun   16870
Wiþ wyndyng clooþ of sendel riche ⸱
made his beringe boun
Wiþ oynement þe body enbaumed ⸱
riche of greet renoun
In a toumbe to himself wrouȝt ⸱   16875
Ioseph þat riche baroun
Þe[r]inne þei leide him derworþely ⸱
in a ȝard bisyde þe toun

16839-40 *om.* G.
16843   þat] than L.
16844   his...soone] sone his sight L.
16849   þo] þo to H. *with* to *cancelled.*
16851   of] in TL. nor] ne L.
16855   leue...Pilate] Pylatis leve L.
16859-68 *om.* HTL.
16869   þre] iijᶜ L.
16873-4 *om.* CG.
16873   oynement] oynementis TL.
16877   þerinne] þei Inne H.

// Þe mournynge þat his modir made ⸝
    myȝt no man telle ny rede   16880
    Soone was his biryinge couþ ⸝
    to þat false lede
    Þei coom to pilate & þus seide ⸝
    as þei wolde wede
    Sir of tresoun now ⸝   16885
    owe we moost to drede

// Sir þei seide of þis traytour ⸝
    letter of oure lay
    Vs menes whil he was in his lyf ⸝
    summe we herde say   16890
    Þat he shulde haue myȝt & strengþe ⸝
    to ryse þe þridde day
    And for þat skil let wacche him ⸝
    þre dayes we ȝou pray

// If his disciplis come bi nyȝt ⸝   16895
    to stele him vs fro
    And seiden to oþere he is risen ⸝
    hit kyndeled myche wo
    Al oure lawe in short while ⸝
    myȝte be fordone so   16900
    Pilate seide on ȝoure best wyse ⸝
    to kepe him soone ȝe go

// Þe princes of prestis of þe lawe ⸝
    went to þat monument
    And made hi[t] siker as hem þouȝt ⸝   16905
    whil þei were present
    Þei set her seelis þervpon ⸝
    ar þei þennes went
    Armed knyȝtis þere þei laft ⸝
    to þat toumbe to tent   16910
    But whenne he roos to lyue ⸝
    þo caitifs were but shent

16889   whil] whan L. in his lyf] in lif T; alyfe L.
16892   þridde] iijᶜ L.
16894   þre] iijᶜ L.
16898   kyndeled] wold kyndill L. myche] muchel T.
16905   hit] hir H.
16908   þennes] then L.
16912   were] ar L.

// Ioseph wolde haue had þe rode ⸗
þe iewis hit him forbed
Þat selue nyȝt þei hit dude ⸗ 16915
awey for to be led
Wiþ þo þeoues croyses two ⸗
whenne men were in bed
Þei buryed hem fro cristen men ⸗
in a priue sted 16920
Þerfore þei hadde þe malisoun ⸗
of him þat þeronne bled

// Now is þe crosse vndir erþe ⸗
& ihesus vndir stone
And al þe feiþ of holy chirche ⸗ 16925
laft in marye allone
Ihesus had fouȝten wiþ sathan ⸗
fro hele was comen & gone
And woryed him on his owne wile ⸗
as hound is on a bone 16930

// As fisshe wiþ bait was he taken ⸗
& on þe hooke brouȝt
For he say hym lyke to mon ⸗
his godhede say he nouȝt
Whil his flesshe lay vndir stoon ⸗ 16935 fol. 100r
his goost to helle souȝt
And wiþ þe myȝt of his godhede ⸗
he roos þat vs had bouȝt

// Þourȝe a tre as ȝe haue herde ⸗
was mankynde made þralle 16940
And þourȝe þe holy rode tre ⸗
fredome coom vs alle
Aȝeyn þe appul þat adam eet ⸗
was ȝyue ihesu þe galle
Alle þe peynes of þis world ⸗ 16945
to his nere þei but smalle 16946

16915 Þat] The L.
16916 for] *om.* L.
16925 of] in L.
16929 woryed] worþed TL. wile] vile L.
16943 þat] *om.* L.
16946 þei] *om.* L.
16947-8 *om.* HTL.

//	He þat neuer synne did ⸗	16949
	oure synne[s] alle he bare	16950
	Dispitously for vs was lad ⸗	
	buffeted & beten sare	
	For oure sake he sufferide þus ⸗	
	myche sorwe & care	
	Lymme on his licam ny lyf ⸗	16955
	[f]or vs wolde he not let spare	16956

//	He þat neuer synne dide ⸗	16959
	ne so myche as hit þouȝt	16960
	So wel he loued vs þat no þing ⸗	16963
	of himself he rouȝt	
	Al þe wrake on him he toke ⸗	16965
	þat oþere men had wrouȝt	16966
	Oure synnes and oure wrecchednesses ⸗	16961
	ful dere he hem bouȝt	16962

//	Monnes soule þourȝe kynde ⸗	17009
	þe body hit loueþ so	17010
	Þat hit wolde neuer if hit myȝt ⸗	
	þe body departe fro	
	Do mon hit neuer so myche pyne ⸗	
	ny ȝit so myche wo	
	Til body haue lost þe wittes fyue ⸗	17015
	þe soule wol not go	

//	Heryng speche · siȝt · smellyng ⸗
	& fele are wittis fyue
	Alle þese wol go ar þe soule ⸗

16950   synnes] synnea H.
16951   was] wo L.
16955   on...lyf] nor lyf of his L.
16956   for] hor H. not let] *om.* L.
16957-8 *om.* HTL.
16960   þouȝt] th L.
16961-2 H *copies these lines after* l.16966.
16961   wrecchednesses] wrecchednes TL.
16962   ful] *om.* TL.
16967-17008 *om.* HTL.
17009   Monnes] Many L.
17010   loueþ] louyd L.
17011   if] of T.
17012   departe] to parte L.
17013   hit] yet L.
17015   þe] *om.* L.
17018   fele] felyng L. fyue] v L.

whenne þe hert shal ryue   17020
Kynde no soule suffereþ eer ɀ
to parte fro man alyue
But ihesus þat so myȝty was ɀ
suffered harder stryue
Þen any man þat euer was born ɀ   17025
or ȝit shal be of wyue

// For þis ilke swete ihesu ɀ
had so myche myȝte & mayn
Þat hit semeþ wel to be ɀ
& sooþ is hit certeyn   17030
Þat he himself an hundride siþe ɀ
doubled þis peyn
Þer is no mon þat resoun con ɀ
may seye here aȝeyn

// Whil he hong on þat tre ɀ   17035
as hit bifore is tolde
His holy soule to his fadir ɀ
wiþ his voys he ȝold
Þere he shewed him myȝty god ɀ
þat al þing haþ in wold   17040
Þus to make oure raunsoun ɀ
for vs himself he sold .

// A þou blessed mayde of alle ɀ
of þe what shal I say
Of þi sorwe marye mylde ɀ   17045
þou haddest in hert þat day
Þat day was also þi passioun ɀ
may no man saye nay
Whenne þou þi sone say so bi led ɀ
wiþ tene & eke wiþ tray   17050

// But comen was þo þe swerd ɀ
þat þourȝe þyn hert strong
Þat Symeon wiþ prophecye ɀ
had het biforn long

17020   þe hert] he hens L.
17021   eer] may L.
17027   swete] *om.* L.
17029   semeþ] semyd L.
17052   strong] stong L.
17054   het] yt L.

But ʒitt of ioye an hundride fold ⸗   17055
He doubled þe þi song
Whenne he roos from deeþ to lyue ⸗
Wiþ his godhede strong

// Boþe burþe & passioun ⸗   17060
of ihe*sus* þat vs bouʒt   fol. 100v
But he had risen from deþ ⸗
had ben al for nouʒt
Þus may we seen openly ⸗
how hit to ende was brouʒt
Þe world socoured þe fend falde ⸗   17065
þat al þe sorwe souʒt

// In þe mary þo heng al ⸗
oure trouþe & eke oure fay
Alle men were in doute ⸗
but þou þat ilke day   17070
Til þi swete sone vp ros ⸗
þou keptest al oure lay
How we shulde kepe oure bileue ⸗
þere tauʒtest þou vs þe way
Mary welle of mercy ⸗   17075
wellyng eu*ere* pite
Flour of maydenhede ⸗
þat eu*er* was or shal be
May no man telle þe tenþe part ⸗
þe blessednesse of þe   17080
Preye for vs to þi blessed sone ⸗
in his blis þat we mot be .   17082

17060   ihe*sus*] the L.
17062   had...al] alle had be L.
17065   falde] fals T.
17082   þat] *om.* TL.
17083-17288   *om.* HTL.
17111-17186   *copied in* Add.

EXPLANATORY NOTES

The following notes variously attempt to demonstrate sources, establish the currency of apocryphal materials, and outline the broad exegetical tradition(s) within which *CM* was produced. Since the focus of this edition is the *Cursor*-text as set forth in MS H, an exhaustive comparison with CFGAdd has not been undertaken; some points of significant interest, however, are accorded consideration.

When the *Cursor*-poet's dependence upon another work has been determined previously, this is duly noted. Moreover, when a critic has published parallel extracts to facilitate comparison, this information is supplied as well.

Frequently, *CM*'s account of a biblical incident clearly reflects the direct influence of an "intermediary source" (e.g., HERMAN's *Bible*). In such instances, the appropriate scriptural citation is given first (as the ultimate or "common" source), followed by the intermediary reference.

Although the textual divisions of the *Cursor* adopted by critics sometimes differ slightly, "overlapping" line references in the notes to the present edition have been avoided wherever possible.

LIST OF ABBREVIATIONS

The abbreviations of biblical books are the standard ones listed in *Biblia Sacra*, Denuo ediderunt complures Scripturae Sacrae Professores Facultatis theologicae Parisiensis et Seminarii Sancti Sulpitii (Rome, 1956), xli.

Linguistic abbreviations are also standard: ME Middle English, OE Old English, OF Old French, ON Old Norse, etc.

In the following list, the abbreviation used is followed, if necessary, by the full title of the work, and the first word or words of the entry in the Bibliography, where full information can be found.

ANT — *The Apocryphal New Testament*. JAMES, M.R., ed.
A-NF — *The Ante-Nicene Fathers*. ROBERTS, Alexander, ed.
Borland, *CM* — *The* CM *and Herman's* Bible. Borland, Lois.
Cd'A — *Le Chateau d'Amour*.
Chester — *Chester Plays*. LUMIANSKY, R.M., ed.
CM — *Cursor Mundi*. MORRIS, Richard, ed.
CT — *Canterbury Tales*.

ESEL — The Early South English Legendary. HORSTMANN, C., ed.
Fest. — Mirk's Festial.
Glossa — Glossa Ordinaria.
GN — The Gospel of Nicodemus. KIM, H.C., ed.
HHRT — The History of the Holy Rood Tree. NAPIER, A.S., ed.
Hist. Schol. Evang. — Historia Scholastica Evangelica. PETRUS COMESTOR.
Leg. Aur. — Legenda Aurea. JACOBUS A VORAGINE.
Legende — Vita Prothoplausti Ade. LAZAR, Moshé.
LHR — Legends of the Holy Rood. MORRIS, R., ed.
Lud. Cov. — Ludus Coventriae. BLOCK, K.S., ed.
MED — Middle English Dictionary. KURATH, Hans and Sherman M. KUHN, eds. Ann Arbor: University of Michigan Press, 1956-.
NF — The Nicene Fathers.
North. Pass. — The Northern Passion. FOSTER, F., ed.
NTA I *— New Testament Apocrypha: Gospels and Related Writings.* HENNECKE, E. and W. SCHNEEMELCHER, eds.
NTA II *— New Testament Apocrypha: Writings Relating to the Apostles, Apocalypses, and Related Subjects.* HENNECKE, E. and W. SCHNEEMELCHER, eds.
OED — A New English Dictionary on Historical Principles. MURRAY, James A.H., ed. Oxford: Clarendon Press, 1888-1928.
OTSCM — An Edition of the Old Testament Section of the Cursor Mundi from MS College of Arms Arundel LVII. HORRALL, S.M., ed.
PG — Patrologia Graeca.
PL — Patrologia Latina.
PO — Patrologia Orientalis.
P-NF — The Post-Nicene Fathers.
SEL — The South English Legendary. D'EVELYN, C., ed.
South. Pass. — The Southern Passion. Brown, B.D., ed.
Trad. anon. — MS BN fr. 763, fols. 267-273.
Travels — Mandeville's Travels. HAMELIUS, P., ed.

NOTES

12713ff   The section of *CM* treated in this edition incorporates the material set forth in ll.167-98 of the versified table of contents.

12715   Significant discussions of the *aetates mundi* approach to medieval historiography are found in AUGUSTINE's *De Civitate Dei* XXII:30, *PL* XLI 804 and *In Psalmum XCII, PL* XXXVII 1182, as well as BEDE's *Chronicon Breve, PL* XCIV 1173-76; *De Temporibus Liber* XVI, *PL* XC 288-292; *De Temporum Ratione* LXVI, *PL* XC 520-21; 522-73; and *In Sancti Joannis Evangelium Expositio* II, *PL* XCII 658-60. The inauguration of the "sexte elde" with John's baptismal ministry is explained thus by PETRUS COMESTOR in *Hist. Schol. Evang.* XXX, *PL* CXCVIII 1552:

Anno vero Tiberii decimo sexto fuit annus jubilaeus octogesimus primus. Eodem anno dicunt quidam sextam chiliadem incoepisse. Quorum ratio haec est, quia sicut in hoc anno terminata est circumcisio, et inchoavit baptismus, ita sexta aetas incipit, et quinta terminata est....

For a recent assessment, consult David C. FOWLER's *The Bible in Early English Literature*, pp. 165-193.

12716 *Ioan.* 1:16-17. As HONORIUS observes in *Elucidarium* I:20: "...gratia venit in mundum" when Christ commenced his public career.

12717 F alone reads "tholing" (i.e., "those suffering/enduring": OE "þolian"), for which CGHTLB have "chosen trewe."

12719-20 *Matt.* 40:11.

12721-24 Whereas John has been introduced at 12719 by the conventional title "messengere," he is now described in terms of feudal ceremony as "banerere of honour." That the designation is admirably appropriate becomes apparent from the definition supplied by *MED:* "Banerer. One who bears a banner or standard; a standard-bearer in the van of battle; *the standard-bearer of a lord.*" Clearly, the poet's intention is to reinforce the notion of Christ's divine kingship. Cf. Blickling Homily XIV, in Richard MORRIS, ed., *The Blickling Homilies of the Tenth Century*, p. 163: "He waes..seȝnbora þaes ufancundan Kyninges." The Precursor's depiction carrying a cross- or lamb-emblazoned pennant, a cross-surmounted staff, or a banderole bearing the words "Ecce Agnus Dei" is common in religious iconography. Alexandre MASSERON's *Saint Jean-Baptiste dans l'art* contains several illustrations of the motif. See also 1.12913.

12725-32 The poet summarizes the Baptist's teachings as described in *Luc.* 3:3-18. Cf. *Matt.* 3:2 and *Marc.* 1:4.

12733-51 MSS C and G provide a more detailed account of Joseph's antecedents than do FHTLB. Except for the insertion of the apocryphal "leui, pater pantra, filius parpantra" at 12741 and the re-introduction of "Achim" between Eleazar and Matthan at 12742, G corresponds generally to *Matt.* 1:12-16; C supplies its information in schematic format. Joseph's descent through Matthan and Jacob receives canonical substantiation in *Matt.* 1:15-16; reference to Levi as a forebear of Christ, however, is found only in *Luc* 3:24. According to this latter source, Levi was actually the offspring of Melchi, and not the reverse. To avoid what must otherwise be considered a composite ancestral table, G identifies Levi with Matthew's Eleazar, thereby remaining within the context of the first evangelical narrative.

For representative medieval discussions of the Matthaean and Lucan genealogies, see AILERANUS' *Interpretatio Mystica Progenitorum Christi Moralisque Explanatio Nominum Eorumdem, PL* LXXX 327-41 and ALCUIN's *Interpretationes Nominum Hebraicorum Progenitorum Domini Nostri Jesu Christi, PL* C 725-34.

Concerning the Virgin's ancestry, HAENISCH, *CM*, p. 34*, remarks with tantalizing vagueness that "the poet must have found somewhere the genealogy of Mary." In its earliest written form, however, the belief that Joachim and Anna were Mary's parents can be traced to the influential second-century *Protoevangelium Jacobi*, whence it acquired universal currency via such recensions as the *Evangelium Pseudo-Matthaei* and *Evangelium de Nativitate Mariae*; see *ANT*, pp. 38-48, 73, 79 and *NTA* I, pp. 363-368, 370-388. Chapter V of A. F. FINDLAY's *Byways in Early Christian Literature*, pp. 148-178, supplies a useful introduction to the circumstances surrounding the original composition of the Marian infancy gospels. According to Findlay, pp. 158-160, such documents reflect popular interest in the Virgin concomitant with the great Christological heresies which plagued the Church in its formative centuries, as well as a need to combat the calumnious stories circulated regarding the Saviour's lineage in anti-Christian polemical works; examples of such propaganda would include the tracts of Celsus and the Gnostic

Genna Maris (see *NTA* I, pp. 344-345). This explains why even such exotic sources as the Sahidic fragments of *The Life of the Virgin*, trans. Forbes ROBINSON, *Coptic Apocryphal Gospels*, p. 5, clearly note that Mary is "of the root of Jesse" not only through Joachim, but also through Anna.

The problem, of course, is that the list of Marian forebears given in *CM* is more extensive than that furnished by the *Protoevangelium Jacobi* and derivative texts. This delineation of the Virgin's ancestry, however, also appears in *Leg. Aur.* cxxxi, p. 585, where it inaugurates the lection "De Nativitate Beatae Mariae Virginis" for 8 September. Jacobus a Voragine, disavowing any originality, acknowledges his indebtedness to John Damascenus, although he does not specify in which of the Byzantine theologian's works the information is found. This notwithstanding, *De Fide Orthodoxa* IV:xiv constitutes the source. For a discussion of the reasons underlying the omission of Mary's "kynne" in the New Testament and related matters, consult the Eusebian *Historia Ecclesiastica* I:vii, *PG* XX 90-99, upon which most subsequent writers base their treatments of the subject.

Undoubtedly the evolution of apocryphal Marian genealogies from patristic times through the Middle Ages merits extended investigation. An interesting example of the medieval fascination with such non-canonical lineages is afforded by MS BL Cotton Vesp. D. VIII of the *Ludus Coventriae*, ed. K.S. BLOCK, p. 62, wherein the scribe has appended an ancestral table to the *ordo prophetarum* sequence indicating the names of Joachim's mother (Asmonia) and the parents of St. Anne (Ysakar and Nasaphat).

12752ff   The *Cursor*-poet is indebted to Herman for his account of Christ's baptism, John's confrontation with the Pharasaic deputation, and the temptation. As the instances of direct borrowing cited below will indicate, he has, however, exercised considerable latitude in re-arranging and expanding individual passages from HERMAN's *Bible*. It should be noted, moreover, that Herman is more faithful to the Vulgate in specifying that John begins his ministry "en chel desert" ("in deserto Iudaeae"), whereas the author of *CM* places the Baptist directly "bi þe flum."

12752-827   *Matt.* 3:1-11; *Marc.* 1:4-8; *Luc.* 3:3, 15-6; *Ioan.* 1:20-7.

12752-9   HERMAN's *Bible*, 3877-86.

12761-827   HERMAN's *Bible*, 3875-931.

12761-5   These lines refer to the Precursor's rigorous self-abnegation as described in *Matt.* 3:4 and *Marc.* 1:6.

12816-7   These lines may have been inspired by *Ps.* 24:7-10.

12828-33   HERMAN's *Bible*, 3828-30.

12829-31   *Luc.* 3:23.

12832-77   *Matt.* 3:13-17; *Marc.* 1:9-11; *Luc.* 3:21-22; *Ioan.* 1:29-36.

12844-59   HERMAN's *Bible*, 3831-44.

12862-87   HERMAN's *Bible*, 3845-57.

12871   Cf. HERMAN's *Bible*, 3851: "Li .VII. chiel sont overt..." The phrase "ad tertium coelum" in II *Cor.* 12:2 is the closest that scripture comes to mentioning the number of actual "heavens." HONORIUS, *Elucidarium* I:3, explains the Pauline text thus:

Tres coeli dicuntur: unum corporale, quod a nobis videtur; aliud spirituale, eo quod spirituales substantiae scilicet angeli, in eo habitare creduntur; tertium intellectuale, in quo Trinitas sancta a beatis facie ad faciem contemplatur.

In *De Natura Rerum* xiii, *PL* LXXXIII 985-7 and *De Ordine Creaturarum* iii-vi, *PL* LXXXIII 920-6, Isidore also advocates the notion of three heavens. Other authorities, however, remain divided on this issue. AUGUSTINE, *De Genesi Ad Litteram* xii:29, *PL* XXXIV 478-9, e.g., is of the opinion that:

Sic autem sic accipimus tertium coelum quo Apostolus raptus est, ut quartum etiam, et aliquot ultra superius coelos esse credamus, infra quo est hoc tertium coelum, sicut eos alii septem, alii octo, alii novem vel etiam decem perhibent, et in ipso uno quod dicitur firmamentum, multos gradatim esse confirmant.

Similarly, HILARY, *Tractatus in CXXXV Psalmum*, *PL* IX 773, states: "De numero coelorum non constat...De numero vero coelorum nihil sibi humanae doctrinae temeritas praesumat." Although COMESTOR, *Hist. Schol. Evang.* iv, *PL* CXCVIII 1058, cites four heavens, both BEDE, *In Pent.*, *PL* XCI 192 and John DAMASCENUS, *De Fide Orthodoxa*, mention seven. For DANTE, *Paradiso* xxi-xxii, the "settimo splendore" is the traditional Ptolemaic sphere of Saturn. The specific association of the "seventh heaven" with the seat of divine glory, nevertheless, occurs within a Christian context as early as the second century, in such non-canonical sources as *The Ascension of Isaiah* and *The Apocalypse of Paul* (see *NTA* II, pp. 649, 652-658, 662ff., and 778). Also consult the eleventh-century "Apocalypse of the Holy Mother of God Concerning the Chastisements," (Ed. M.R. JAMES, *A-NF* X, p. 169).

According to Morton W. Bloomfield, the concept of seven heavens has its origins in Judaic and related oriental traditions. See *The Seven Deadly Sins*, pp. 18, 20, 22, 23, 25, 47, and 316.

12878-81 The miracle recounted in these lines recalls the theophanic occurrences which accompany the Ark's passage through the Jordan in *Ios.* 3:13-17 and 4:23. Since Christ personally embodies the new convenant, it is typologically appropriate that the waters stop as He enters the river; John's reluctance to lay hands upon the Saviour (reminiscent of the Levitical proscriptions regarding physical contact with either the Ark or the Mosaic tablets themselves) further reinforces the connection between the old and new dispensations. Moreover, such associations doubtless underlie the ancient Marian title "Arca Testamenti"; see, e.g., AMBROSE, Sermo XLII, *PL* XVII 712. In medieval sacramental theology, the "transitus Iordanis" was widely interpreted as a prefiguration of baptism; relevant commentaries are supplied by AUGUSTINE, Sermo XXXIV, *PL* XXXIX 1812; BRUNO, *Expositio in Psalmum* XLI, *PL* CLII 815-6: and CHROMATIUS, *Tractatus II in Evangelium Sancti Matthaei*, *PL* XX 530.

12882-5 This brief passage reflects the strong Trinitarian orientation introduced into the *Cursor* as early as ll.105-79.

12885 An examination of the texts listed in MIGNE's "Index de Spiritu Sancto: De Variis Nominibus Spiritus Sancti et Figuris Quibus Apparuit," *PL* CCXIX 490, has failed to disclose an exact source for the phrase "doufe of vertu."

Referring to *Matt.* 10:16, such commentators as GREGORY, *Expositio in Librum B. Job* I:2, *PL* LXXV 529-30 and *Homiliae in Evangelia* XXX, *PL* LXXVI 1223-24: HILDEFONSUS, *Liber de Cognitione Baptismi* lxvii, *PL* XCVI 137; and BEDE, *Expositio in Evangelium S. Matthaei* I:3, *PL* XCII 18, interpret the dove-form in which the Holy Spirit descended as symbolic of "simplicitas" and "innocentia." Elsewhere, in *Expositio in Evangelium S. Lucae* I:3, *PL* XCII 359, BEDE regards the "columba" as emblematic of "ecclesia." According to RUPERTUS, *De Trinitate et Operibus Ejus* IV:23, *PL* CLXVII 347, it is to be identified with "Spiritus sancti gratia."

For AUGUSTINE, *In Epistolam Joannis ad Parthos* VII, *PL* XXXV 2035, the dove betokens "caritas," as it does for CYPRIAN, *De Unitate Ecclesiae* IX,

PL IV 522, with the added notion of "dilèctio fraternitatis." It should be noted that the most extensive interpretation of the symbol is found in the Augustinian *In Joannis Evangelium* VI, *PL* XXXV 1425-37, wherein the furthur concept of "unitas" is cited. As the foregoing catalogue of opinions reveals, the dove is sometimes equated with individual virtues, but not with the comprehensive "vertu" of *CM* 12885.

Nevertheless, RABANUS MAURUS' statement in *Commentaria in Matthaeum* I:30, *PL* CVII 777-8, that "Haec de natura columbae septem virtutum exempla commemorasse sufficiat...quia Spiritus sancti, qui in columba descendit, septiformis est gratia" may constitute at least an indirect source for the phrase under discussion. Cf. *Glossa Ordinaria*, *PL* CXIV 83: "Similiter omnes baptismo renati septem virtutibus in columba significatis debent repleri." Within the context of bestiary tradition, HUGH OF ST. VICTOR's comment that the dove is "declarata in virtutibus per famam bonae opinionis" (*De Bestiis Aliis et Rebus* I:3, *PL* CLXXVII 16) also has relevance.

12896-99   HERMAN's *Bible*, 3858-9 provides the rhetorical exemplar for these lines:

Ci baptiza li sers bonement son seignour,
Li chevaliers le roi, Jehens son creatour.

12905-7   *Matt.* 11:11.

12910-11   John is frequently referred to as a "lantern" in medieval hagiographical sources. ISIDORE, *De Ortu et Obitu Patrum*, *PL* LXXXIII 147, e.g., describes the Precursor as "lucerna luminis," a phrase which JACOBUS A VORAGINE, *Leg. Aur.* lxxxvi, p. 356, explains as betokening his "ardenti praerogativa sanctitatis." *Fest.* xliv (p. 183) notes that the second of the three fires traditionally kindled on the vigil of the Baptist's feast is a reminder that "Saynt Ion was a lavntyrne brennyng and lytyng."

12916-999   *Matt.* 4:1-11; HERMAN's *Bible*, 4133-83.

12921   The phrase "lenten tide" was originally seasonal in its application (OE "len3ten," "lencten" / "spring"). Although the concept of the quadragesimal fast has numerous Old Testament antecedents in *Ex.* 34:18 and 28, *Deut.* 9:9, etc., Christ's sojourn in the wilderness constitutes the proto-Lent of the "sexte elde."

12940-41   Authoritative sources including AMBROSE, *De Elia et Jejunio* I:1, *PL* XIV 732 and Sermo XXVII: *De Jejunio Domini in Deserto*, *PL* XVII 682: PETRUS CHRYSOLOGUS, Sermo XII: *De Jejunio et Tentationibus Christi*, *PL* LII 225; and TERTULLIAN, *Liber de Jejunis* III, *PL* II 1008-9 all affirm that "gula" precipitated the expulsion from Eden. Consequently, it was theologically necessary for Christ, "the new Adam," to surmount the same temptation(s) responsible for mankind's downfall; usually, however, the "tentatio"-sequence in medieval religious commentaries is tripartite. To quote PETRUS COMESTOR, *Hist. Schol. Evang.* xxxv, *PL* CXCVIII 1556:

Tentavit autem eum in eisdem tribus, quibus Adam dejecerat, sed...non ordine eodem: Primo in gula, ut esuriens, panem videns, immoderatio cibi appetitu accenderetur; secundo de avaritia, ubi super montem ostendit ei omnia regna mundi, id est exposuit ei gloriam mundi; tertio de superbia, ut jactanter se ostenderet Filium Dei.

Similarly, CHRISTIANUS DRUTHMARUS, *Expositio in Evangelium Matthaei* vi, *PL* CVI 1297, states that

...Matthaeus ordinem tentationis Adae secutus est...Eodem ordine diabolus Dominum tentavit. Primo de gula, secundo de avaritia, quando omnia regna mundi ei ostendit; tertio de vana gloria.

Also cf. BEDE's *In Matthaei Evangelium Expositio* I:4, *PL* XCII 20. Representative ME treatments of the multiple-temptation motif are found in MS. Bodley 343 Homily X, ed. A.O. BALFOUR, in *Twelfth-Century Homilies*, pp. 98-100; *The Stanzaic Life of Christ*, ll.5261-332, 6241-44, the temptation-plays in *Ludus Coventriae*, ll.144-50 and the Chester Cycle, XII:33-37, *Fest.* xix, p. 83; and *Þe Passioun of Oure Lord*, ed. Mother M. du B.A. HAMELIN, p. 22. Interestingly, the *Cursor*-poet refers to neither "avaritia" nor "superbia" in his account of the "tentatio."

13000-193   *Matt.* 11:2-5, 7-9; *Matt.* 14:3-11; *Marc.* 6:17-28.

13002-13   HERMAN's *Bible*, 3945-65; BORLAND, *CM*, pp. 65-66. Herod Antipas, who also figures prominently in the Passion, was responsible for John the Baptist's martyrdom; his father, Herod the Great, initiated the slaughter of the Holy Innocents.

13014-31   HERMAN's *Bible*, 3966-73; BORLAND, *CM*, p. 67.

13032-69   HERMAN's *Bible*, 3974-4000; BORLAND, *CM*, pp. 68-69.

13070-81   HERMAN's *Bible*, 4001-11; BORLAND, *CM*, pp. 69-70.

13082-97   HERMAN's *Bible*, 4012-19: BORLAND, *CM*, p. 70.

13098-129   HERMAN's *Bible*, 4020-44; BORLAND, *CM*, p. 71.

13130-43   HERMAN's *Bible*, 4045-56; BORLAND, *CM*, pp. 73-74.

13140   In its description of the entertainment provided by the daughter of Herodias, the Bible uses the verb-forms "saltauit" (*Matt.* 14:6) and "saltasset" (*Marc.* 6:22). According to Lewis and Short, "salto" can mean "dance" in a highly general sense; however, it is understood "mostly with a contemptuous signif." The various MSS of the *Cursor* acknowledge the "acrobatic" nature of her performance. Interestingly, HLT note that she accompanied herself with castanets (see *MED* "cymbalen"). CG read that the evil daughter "bale(i)d ('balen': OF 'baler' – to dance) & tumbel(id)"; F adds that she also "sange."

13144-67   HERMAN's *Bible*, 4057-76; BORLAND, *CM*, pp. 75-76.

13168-241   HERMAN's *Bible*, 4077-127; BORLAND, *CM*, pp. 77-80.

13174-5   JOSEPHUS, *Jewish Antiquities* XVIII.v.2 mentions "Macherus" as the site of John's decollation.

13195   Cf. n. to l.13140.

13198-209   Ultimately, the apocryphal "proto-harrowing" of hell by John the Baptist has its basis in *Evangelium Nicodemi* II (XVIII):2, *NTA* I, pp. 471-472 and *ANT*, pp. 125-127. In some editions, e.g., that of H.C. Kim, the incident is recounted in section XVIII:3. Cf. HERMAN's *Bible*, 4084a-92, *ME Gospel of Nicodemus*, ll.1225-48, and the *ME Harrowing of Hell*, ll.213-24, ed. William H. HULME. According to MS. Harley of the last work, the event occurred "Twelf moneþ" before Christ's Passion. As the tenth-century Latin text of the *Evangelium* relates, John declared upon his arrival in the underworld (*GN*, p. 37):

"Et nunc preiui ante faciem eius et descendi adnuntiare uobis in proximo est visitare nos ipse oriens Filius Dei ab ex alto, ueniens sedentibus nobis in tenebris et in umbra mortis.

In medieval hagiographical tradition, the Precursor's descent into "helle," where "...in limbo positis Christum venturum praenuntiat," was regarded as the ninth of his "unique privileges." See *Leg. Aur.* lxxxvi, p. 358.

13217-18   *Luc.* 7:28.

13227   HERMAN's *Bible*, 4113: "En pasquerez, seignor, fu saint Jehans ochis." PETRUS COMESTOR, *Hist. Schol. Evang.* xxxiii, *PL* CXCVIII 1554, explains the date of the Baptist's decollation as follows: "...id est in Pascha tricesimi primi anni [Christi] incarceratus est Joannes, et in Pascha sequenti... decollatus est."

13228-41   Medieval traditions surrounding the fate of the Baptist's remains differ considerably. According to *Hist. Schol. Evang.* lxxiii, *PL* CXCVIII 1574, John's bones were exhumed and burned by Julian the Apostate. Cf. also *Leg. Aur.* lxxxvi, p. 364 and cxxv, p. 569, as well as *Travels* xiii, p. 72. The *Cursor*-poet, however, attributes the de-ossification to Herodias.

Regarding the eventual disposition of John's head, COMESTOR, *ibid.*, 1575, maintains that "caput...Constantinopolim translatum est, et inde ad Gallias." In *Travels, ibid.*, it is asserted that

...the Emperor Theodosie...leet it be born to CONSTANTYNOBLE, And þat at Constantynoble is the hynder partye of the heed. And the forpartie of the heed til vnder the chyn is at Rome in the chirche of seynt SILVESTRE...

Somewhat later, Mandeville acknowledges that not all authorities agree on the ultimate destination of the Precursor's skull: "...summen sen þat the heed of seynt Ion is at AMYAS in Picardye. And oþer men seyn þat it is the heed of Iohn the byschop."

The interesting detail in *CM* 13230 to the effect that the relic was "salted in a wal" corresponds to HERMAN's *Bible*, 4115: "El mur l'a de Sebaste enseelé et mis."

In oriental Christian lore, it was held that St. John's head had been rescued from desecration by a certain "Acholios, l'un des convives d'Hérode,...[qui était] disciple de saint Jean, d'ailleurs...cher à la mère d'Hérodiade." Acholios supposedly entrusted the "caput" to six of the Baptist's other followers who "trouvèrent une caverne et y déposèrent l'aiguière dans laquelle était la tête de saint Jean, puis ses six disciples demeurèrent là jusqu'à leur mort." See the fourteenth-century *Histoire de Saint Jean-Baptiste, PO* IV. Fasc. 5:iii, pp. 539-540.

According to W.S. MCBIRNIE, *The Search for the Twelve Apostles*, pp. 263-264, the Baptist's skull and one arm are currently housed in golden reliquaries at Istanbul's Topkapi Palace Museum. A portion of the Precursor's head is claimed by the Greek Orthodox Monastery of St. John the Baptist in Jerusalem, while another arm-relic is reputedly in the possession of the Jerusalem Armenian Patriarchate (*ibid.*, pp. 264-266).

13242-65   HERMAN's *Bible*, 4310-48; BORLAND, *CM*, pp. 82-83.

13246-47   *Matt.* 4:13. The *Cursor*-poet has reversed the Zebulon-Neptalim order of Christ's itinerary supplied by the evangelist, as does Herman. Moreover, his reference is ambiguous as to whether the names designate cities or larger territorial divisions; Matthew clearly specifies the latter. Cf. HERMAN's *Bible*, 4317: "En *terre* Neptalim et *terre* Zebulon."

13249-50; 13258-9   HAENISCH, *CM*, p. 35* simply labels this date "curious." See, however, HERMAN's *Bible*, 4318-9 and 4326:

De chel jour commencha sa predication.
Au secont jour d'avril, si com lisant trovon.

* * * * * * * * * * * *

Ens. es .II. jours premiers, quant d'avril fu l'entree

13266-303   In his account of the summoning of the apostles, the poet has incorporated various elements from *Matt.* 4:16-22, 10:2-5; *Marc.* 3:16-19; and *Luc.* 5:8-11,

27-28, 6:14-16. He omits, however, the name of Philip (mentioned in the evangelary sources) from his apostolic catalogue.

13266-73 HERMAN's *Bible*, 4349-54; BORLAND, *CM*, pp. 84-85.

13274-87 HERMAN's *Bible*, 4355-63; BORLAND, *CM*, p. 85.

13304-15 HERMAN's *Bible*, 4373-77; BORLAND, *CM*, p. 87.

13312-37 This extended Petrine reference combines elements from *Matt.* 4:19, 16:18, 26:35; *Marc.* 1:17, 14:31; and *Ioan.* 15:14-15, 21:15-17. In the Bible, Christ's invitation to become a "piscator hominum" is not restricted to Peter; it is extended to Andrew, as well.

13316-37 HERMAN's *Bible*, 4378-90; BORLAND, *CM*, pp. 87-88.

13338-43 HERMAN's *Bible*, 4391-95; BORLAND, *CM*, p. 89.

13339 *Ioan.* 15:14-15.

13344-57 Cf. *Matt.* 4:24-25.

13358-429 *Ioan.* 2:1-11. Cf. HERMAN's *Bible*, 4260-309. As Borland notes, *CM*, pp. 90-91, the account of the marriage at Cana here constitutes one of the rare "breaks...as to succession of incident" between *CM* and HERMAN's *Bible*. In recounting Christ's first public miracle, both the *Cursor*-poet and Herman have rendered the Vulgate term "architriclinus" ("chief servant" or "dining steward") as a proper name.

13383 HTLB correctly translate the biblical vocative "mulier" (*Ioan.* 2:4); CFG simply have the pronoun "þe".

13424-30; 13438-39 Concerning this legend, *Hist. Schol. Evang.* xxxviii, *PL* CXCVIII 1559 states: "Quidam autumant has nuptias fuisse Joannis evangelistae...Et dicunt, quod Dominus eum volantem nubere, ex his nuptiis vocaverit, quod certum non est." *Fest.* xlix, p. 203, records the following tradition, linking John with Mary Magdalen:

Then as mony bokys tellyth, when Ion þe Ewangelyst schuld haue weddyd her, Cryst bade Ion sewe hym, and lyf yn maydynhode; and so he dyd. Herfore Mary was wrath, and ȝaf her al to synne and namely to lechery...and was callyd þe synfull woman.

Cf. *Fest.* viii, p. 31. Perhaps the best analogue regarding the "destitutio sponsae(i) pro amore Christi in die (nocte) nuptiarum" hagiographical motif is supplied by the story of Alexius, which survives in OF, ML, and ME versions. See *La Vie de Saint Alexis*, ed. Gaston PARIS, 11.46-75; *De Sancto Alexio* in *Leg. Aur.* xciv, p. 403; and *The Life of Saint Alexius*, ed. F.J. FURNIVALL, in *Adam Davy's Five Dreams about Edward II*, pp. 26-31.

13430-51 HERMAN's *Bible*, 4407-17; BORLAND, *CM*, p. 91.

13432 *Hist. Schol. Evang.* xxxviii, *PL* CXCVIII 1559, describes John as Christ's "consobrinus," the technical term for "first cousin." *ESEL* 1x 11.1-6, furnishes a detailed explanation of this familial relationship, as does *SEL* II lxxxvi, ll. 1-6.

13441-49 Cf. *ESEL* lx ll.150-68, *SEL* II lxxxvi, ll.151-66, and HERMAN's *Bible*, 4407, 4411-15. The symbols of the four evangelists have their origin in *Ez.* 1:10. Concerning the "ern's" identification with John, HUGH OF ST. VICTOR, *De Bestiis* lvi, *PL* CLXXVII 54, writes:

...id est Joannem per aquilam significavit, qui volando terram deseruit, quia per subtilem intellegentiam interna mysteria Verbi videndo penetravit. Similiter, qui haec terrena mente deserunt, velut aquila cum Joanne per contemplationem coelestia quaerunt.

For further discussions of the eagle's traditional attributes, see HILDEGARDIS, *Physica* VI:8, *PL* CXCVII 1202; HILDEBERTUS, *Physiologus*, *PL* CLXXI 1217-18; and ISIDORE *Etymologiarum* XII: vii:10.

13452-519   *Ioan.* 6:1-13. Cf. *Matt.* 14:15-21 and *Marc.* 6:33-44. HERMAN's *Bible* 4418-64; BORLAND, *CM*, p. 92. The poet mentions "penies þre hundreþe"; the Vulgate, however, reads "Ducentorum denariorum." F has "penis an hundreþ."

13520-685   HERMAN's *Bible*, 4466-573; BORLAND, *CM*, p. 94.

13619   HTL alter the "drighten" of C and G to "apolyne." Although the name can signify the classical deity Apollo, it can also, according to *MED*, refer to "a god worshipped by the Saracens" and, by extension, his image. The contemptuous nature of the allusion is entirely consonant with *CM*'s religious bias. Cf. *La Chanson de Roland* I:7-9. The French text reads:

Li reis Marsilie la tient, ki Deu nen aimet,
Mahumet sert e Apollin recleimet:
Nes poet guarder que mals ne l'i ateignet.

The Oxford Text, edited by BRAULT (Vol. II, p. 253), contains a helpful note (with bibliographical references) explaining the significance of "apolyne" for the medieval reader.

13686(90)-759   *Ioan.* 8:1-11. Cf. HERMAN's *Bible*, 4574-622. In this section, Borland notes a departure from the "consistent line by line parallelism" which otherwise reflects the direct influence of HERMAN's *Bible* upon *CM*. Nevertheless, she maintains that several parallel interpolations (*CM* 13704/*Bible* 4593; *CM* 13716-17/*Bible* 4601; *CM* 13730-33/*Bible* 4604-7; and *CM* 13750/*Bible* 4619) are quite enough to establish the relationship between the poems. See BORLAND, *CM*, pp. 94-96.

13760-871   *Ioan.* 5:1-15. HERMAN's *Bible*, 4623-88; BORLAND, *CM*, pp. 96-98.

13872-903   *Ioan.* 5:17-31, 45.

13904-61   *Matt.* 12:10, 14; *Ioan.* 12:44-50. The poet does not describe the miraculous healing of the "homo manum habens aridam," an episode with which this passage is associated in the Matthaean account.

13872-961   HERMAN's *Bible*, 4689-750; BORLAND, *CM*, p. 98.

13962-84   HERMAN's *Bible*, 4762-81; BORLAND, *CM*, p. 99.

13965-79   Although lacking canonical substantiation, the view that Mary Magdalen was the sister of Lazarus enjoyed universal currency during the Middle Ages. See, e.g., *Glossa* xxvi:7, *PL* XCIV 167; *Leg. Aur.* xcvi, p. 408; *ESEL* lxvi, p. 462; and *SEL* I, p. 302. *The Play of Mary Magdalen*, ed. Donald C. BAKER, in *The Digby Plays*, ll.66-100, pp. 26-27; *De Suscitacione Lazari*, in *Lud. Cov.*, pp. 210 *et passim*, and "Christ's Visit to Simon the Leper," in *Chester* XIV:11.25-56 provide instances of the notion within the context of dramatic tradition.

13976-7   *Luc.* 8:2.

13985-14075   *Luc.* 7:36-50. HERMAN's *Bible*, 4781-842. In demonstrating the *Cursor*-poet's dependence upon Herman for this section, BORLAND, *CM*, pp. 99-100, notes an unbroken incidental continuity (*CM* 13985-7/*Bible* 4781-3), "peculiar interpolation(s)" (*CM* 14012-13/*Bible* 4796), and corresponding lines "which have no biblical parallels" (*CM* 13995-14001/*Bible* 4785-89).

The assertion that this incident occurred at the home of "symond leprous" is an interpolation from *Marc.* 14:3. Luke simply identifies Christ's host as "quidam de Pharisaeis... Simon." Such sources as *Hist. Schol. Evang.* cxvi, *PL* CXCVIII 1597 and *Glossa* xxvi, *PL* XCIV 167, however, supplied authority for the leprotic identification of the Lucan Simon.

14066 HTLB have altered the original reading to "out of biku(e)r." According to *MED*, "biker" 2b, the phrase means "beyond cavil" and is, therefore, contextually appropriate.

14076-127 *Luc.* 10:38-42. Herman's *Bible*, 4866-907. Citing *CM* 14076-81; 14084-85/*Bible* 4866-71 as an example, Borland opines, "There can be little doubt that *CM* is following Herman." She also assigns the source for *CM* 14110-27, which Haenisch, *CM*, p. 36*, labels "original," to *Bible* 4897-907 (Borland, *CM*, pp. 100-102).

14128-361 *Ioan.* 11:1-45. Herman's *Bible*, 4919-5099; Borland, *CM*, pp. 102-105.

14362-83 Herman's *Bible*, 5100-10; Borland, *CM*, p. 105.

14384-545 *Ioan.* 11:47-54.

14384-488 Herman's *Bible*, 5111-173; Borland, *CM*, p. 105.

14398-451 Herman's *Bible*, 5120-59; Borland, *CM*, pp. 106-107. Biblical sources for this recapitulatory section are as follows: 14403-11, *Ex.* 14; 14412-14, *Ex.* 16 and 17; 14417, *Ex.* 20-23; 14421-22, *Num.* 17:8; 14424-27, *Is.* 7:14, 11:1-6, etc.; 14428-29, I *Reg.* 10:1; 14430-31, I *Reg.* 17; 14439-40, *Luc.* 2:25-35; 14444-45, *Ioan.* 2:1-11; 14446-7, *Luc.* 17:12-19; 14448-49, *Matt.* 9:18-25 / *Marc.* 5:35-42 / *Luc.* 7:12-15 / *Luc.* 8:49-56 / *Ioan.* 11:1-45; 14450-51, *Ioan.* 5:5-9. The Vulgate Bible describes the "vnfere mon" as "triginta et octo annos habens in infirmitate sua"; F alone preserves the correct reading: "viij & xxx. ӡere." Borland fails to note the parallel here between *CM* 14450-51 and Herman's *Bible*, 5156-7. Similarity of phrasing (e.g., Herman's "pris de .XXX. ans et plus") supports this assertion.

14489-545 Herman's *Bible*, 5174-202; Borland, *CM*, pp. 108-109.

14546-55 *Ioan.* 13:21. Herman's *Bible*, 5203-8; Borland, *CM*, pp. 109-110.

14551 The basis for this identification is found in *Luc.* 22:3 and *Ioan.* 13:27. Significantly, Judas is always listed as "þe twelfþe" apostle in the various evangelary sources.

14556-611 *Ioan.* 7:1-11. Herman's *Bible*, 5209-45; Borland, *CM*, p. 110.

14563 "Cenophe" is the ME rendering of the biblical "Scenopegia" (Heb. "Sukkot"), the Feast of Tabernacles.

14612-711 *Ioan.* 10:12-19, 31, 32-38. Herman's *Bible*, 5247-303; Borland, *CM*, pp. 110-114.

14612-13 That Jesus entered Jerusalem "at þe port salomoun" is without scriptural basis. Although *OED* ("Port" sb.[3] 1) notes that the term usually designates the gateway of a city or walled town from the fourteenth century onward, it is likely that the word, in this instance, is merely a convenient adaptation of the Vulgate's "porticus." *Ioan.* 10:23 ("in porticu Solomonis") inspired this detail; also cf. *Act.* 3:11 and 5:12.

14712-21 Herman's *Bible*, 5304-9; Borland, *CM*, pp. 114-115.

14722-45 *Matt.* 21:12-13. Herman's *Bible*, 5310-28; Borland, *CM*, p. 115.

14746-75 *Ioan.* 2:18-21. Herman's *Bible*, 5329-51; Borland, *CM*, pp. 115-116. Borland acknowledges "a slight break in parallelism" at this point, accounted for in Herman by a "repetition and expansion [intended] to emphasize the glory of the temple" — a passage not found in *CM*.

The various MSS of *CM* note that construction of the temple required 40 years; however, the Vulgate reads "Quadraginta et sex annis."

14776-867 *Ioan.* 7:40-42, 15, 47-53. Herman's *Bible*, 5352-403; Borland, *CM*, pp. 116-117.

14868-73   HERMAN's *Bible*, 5404-8; Borland, *CM*, p. 117.

14874ff   This transitional passage, emphasizing Christ's love for the Jews and their recalcitrance, is characteristic of the poet's technique. Moving from the biblical past, he then personally applies the significance of the Lord's sacrifice to his audience, as evident from the collective first-person plural pronouns in ll.14901-3. In preparation for the Passion-narrative, he subsequently outlines the events to be recounted from 14937 onward.

14937-15112   *Matt.* 21:1-11. HERMAN's *Bible*, 5529-640. Specific parallels between *CM* and Herman in their respective accounts of Christ's entry into Jerusalem are noted by Borland as follows (BORLAND, *CM*, pp. 121-126): *CM* 14943-54/HERMAN 5530-34; *CM* 14979-84/HERMAN 5547-52; *CM* 14985-90/HERMAN 5557-60; *CM* 15007-11/HERMAN 5570-71; *CM* 15033-37/HERMAN 5581-86. The triumphant canticle which greets the Messiah in *CM* 15041-110 and HERMAN 5589-640 constitutes a free rendering of Theodulf's "Hymnus Dominica in Ramis Palmorum." See BORLAND, *CM*, pp. 123-125. *CM* 15011 and HERMAN 5571 reflect the influence of *Ps*. 97:5-6: "Psallite Domino in cithara, in cithara et voce psalmi:/ In turbis ductilibus, et voce tubae corneae."

15113-52   *Ioan.* 11:47-51. HERMAN's *Bible*, 5641-85; BORLAND, *CM*, p. 126.

15153-60   *Luc.* 21:37.

15161-76   HERMAN's *Bible*, 5764-8; BORLAND, *CM*, p. 127.

15177-216   *Luc.* 22:8-14. HERMAN's *Bible*, 5769-804; BORLAND, *CM*, p. 127.

15217-44   Cf. HERMAN's *Bible*, 5805-29. While acknowledging that ll.5808-14 of Herman "are not paralleled in *CM*," Borland nevertheless maintains that a definite similarity exists between the two texts in the similar selection and omission of details with reference to the Vulgate source. See BORLAND, *CM*, pp. 128-129.

15219   The scriptural basis for referring to Judas as the Lord's "Aumenere" is furnished by *Ioan.* 12:6 and 13:29.

15230   C and G have the preferable alliterative phrasing "redd in run(e)"; F reads "wiþ wordis noȝt to roun." The formulaic locative phrases "in toun" and "in londe" are rhetorical commonplaces in medieval verse. Cf. *Sir Gawain and the Green Knight*, 1.30: "I schal telle hit as-tit, as I in toun herde," as well as *CT* VII 886-7 (B² *2076-7): "Ful softely and rounde/In londe." See also *CM* 15704, 15924, and 16424.

15245-8   *Ioan.* 13:23. HERMAN's *Bible*, 5830-31; BORLAND, *CM*, p. 128.

15249-64   *Matt.* 26:29; *Marc.* 14:25; HERMAN's *Bible*, 5832-38; BORLAND, *CM*, pp. 128-129.

15265-80   *Matt.* 26:21-3. HERMAN's *Bible*, 5839-55; BORLAND, *CM*, p. 129.

15281-388   *Ioan.* 13:4-27. HERMAN's *Bible*, 5856-913; BORLAND, *CM*, p. 129.

15389-432   Matt. 26:14-5. Cf. HERMAN's *Bible*, 5914-40. Borland cites the following excerpts as instances of "similar diction" to establish the relationship extant between the corresponding sections of both poems:

De venin et d'envie estoit trestous enflés
Il n'i volt demorer, mes molt tost est levez
                    (5914-5; cf. *CM* 15389-90)

De tel mercheandise, seignour, fu granz mestiers
A icels qui la sont fu molt granz encombriers
                    (5934-5; cf. *CM* 15417-20)

She admits, however, that such close parallels are only "intermittent throughout the passage" (pp. 129-130).

15433-68 *Matt.* 25:47-8. HERMAN's *Bible*, 5941-58; BORLAND *CM*, pp. 130-131.

15469-90 HERMAN's *Bible*, 5959-70; BORLAND, *CM*, pp. 131-132.

15491-516 *Matt.* 26:35; *Luc.* 22:38. HERMAN's *Bible*, 5971-88; BORLAND, *CM*, pp. 132-133.

15535-78 *Matt.* 16:31-34. HERMAN's *Bible*, 5996-6028. According to BORLAND, pp. 134-135, "The similarity throughout...is sufficiently marked to support the claim of Herman as the source"; the *Cursor*-poet has, however, avoided "certain rhetorical repetitions."

15579-82 *Matt.* 26:30, 36; *Marc.* 14:26, 32; *Luc.* 22:39-40. Borland assigns *CM* 15579-638 to Herman 6029-56 (*CM*, p. 135).

15583 Cf. n. to ll.15589-98.

15585-6 *Matt.* 26:36.

15587-88 The detail that Christ retired "a stone's cast" from his followers is furnished by *Luc.* 22:41 ("quantum jactus est lapidis"). Cf. 1.15605.

15589-98 *Marc.* 14:33. Cf. *Matt.* 26:37. BORLAND, *CM*, p. 135, notes that Herman also emphasizes the special status enjoyed by the three apostles chosen to accompany Christ:

> Les deus fil Zebedee li bons sire apela
> Saint Jaque et saint Jehan; car forment les ama
> Et Pierron son anni, tous les autres laissa.
> Ichels ensamble o lui priveement mena
> Seur le mont d'Olivete, son conseil lor moustra
> Com bons pere a ses fiz et bel les doctrina.
>
> (6034-39)

15599-610 *Matt.* 26:38; *Marc.* 14:34.

15611-22 The poet introduces yet another hortatory reflection. His admonition to eschew "pryde of lyf" (15615) is ultimately based upon I *Ioan.* 2:16. As a concept, "superbia vitae" enjoyed considerable currency during the Middle Ages. It is discussed, e.g., by WYCLIFFE in his *Trialogus: De Virtutibus Peccatisque et de Salvatore*; see Morton W. BLOOMFIELD, *The Seven Deadly Sins*, p. 188. It is better known, however, from the early morality play which it inspired.

15623-30 *Luc.* 22:44 alone mentions the haematodrosis experienced by Christ during his preliminary agony. HTL specify that the Lord sweat "blood & watir"; CFG, however, preserve the correct canonical reading "blod(e)." It is, of course, possible that the phrase "blood & watir" represents a deliberate interpolation (or perhaps merely an echo) of the Johannine "sanguinis et aqua" (19:34). The "watir" may also literally denote beads of perspiration, in which case H and T provide a perhaps unintentionally accurate description of the medical phenomenon.

15631-38 *Matt.* 26:39; *Marc.* 14:36; *Luc.* 22:42.

15639-46 HERMAN's *Bible*, 6057-62; BORLAND, *CM*, p. 136:

> Seignour, pour amour dieu bonement m'escoltés!
> Chertes de tel dolour jamais parler n'orrés.

At this point, the poet repeats the haematodrotic occurrence found in *Luc.* 22:44.

15647-870 HERMAN's *Bible*, 6063-204; BORLAND, *CM*, pp. 136-138. Borland maintains that "similarity in wording indicates that HERMAN's *Bible* is the ultimate source of *CM*." Several passages highlighting details of special significance are quoted below.

15647-68 *Matt.* 26:40-41; *Marc.* 14:37-38. The explanation that the disciples slept "for sorwe & greet pite" (15650) is furnished by *Luc.* 22:45 ("...invenit eos dormientes prae tristifia").

15669-86   *Matt*. 26:42; *Marc*. 14:39.

15687-96   *Matt*. 26:43; *Marc*. 14:40.

15697-704   *Matt*. 26:44.

15705-6   *Luc*. 22:43. The Vulgate has the singular form "angelus."

15707-14   *Matt*. 26:45-46; *Marc*. 14:41-42.

15717-36   *Matt*. 26:47; *Marc*. 14:43; *Ioan*. 18:3. The inventory of accoutrements mentioned in 15721-22 and 15731 represents a free rendering of the "gladiis," "fustibus," "lignis," "lanternis," "facibus," and "armis" noted by the various evangelists.

15737-44   *Ioan*. 19:1-2.

15745-49   *Matt*. 26:48-49; *Marc*. 14:44-45.

15750-70   *Ioan*. 18:4-8. This initial question is not addressed directly to Judas in the Vulgate; instead, the dative plural pronoun "eis" is used. Cf., however, *Matt*. 26:50.

15771-72   These lines are an interpolation from *Ioan*. 13:27 ("Quod facis, fac citius").

15773-80   *Luc*. 22:47-48. The use of the vocative "Amice" in *Matt*. 26:50 may supply the basis for 15775-6.

15781-88   The violence which accompanies Christ's apprehension is implicit in the biblical accounts: "tenentes Iesum" (*Matt*. 26:57); "illi manus iniecerunt in eum" (*Marc*. 14:46); "comprehendentes autem eum" (*Luc*. 22:54); "comprehenderunt Iesum, et ligauerunt eum...et adduxerunt eum" (*Ioan*. 18:12). Ll.15785-6 anticipate the corporal punishments to be inflicted subsequently by Caiphas, Herod, and Pilate.

15789-816   These lines, recounting the injury sustained by the "servum principis sacerdotum," demonstrate the medieval genius for scriptural synthesis. Thus, the attribution of the deed to Peter and the detail of the servant's name, "Malchas," are derived from *Ioan*. 18:10-11. *Matt*. 26:52-53 contributes three elements: the famous quotation "...qui acceperint gladium...," Christ's affirmation that "plus quam duodecim legiones angelorum" are potentially at His disposal, and His insistence that "implebuntur scripturae." *Luc*. 22:51 provides the sole evangelical account of the attendant's miraculous healing.

15813-14   HERMAN's *Bible*, 6180-81:

> Donques fu Pierres illuecques retenus,
> Pour le furfet ne volt demorer plus.

15822   The formula "sonne & mone" is employed elsewhere to reinforce the concept of Christ's universal dominion; cf., e.g., 13472. The phrase, although found in CFG, appears more frequently in HTLB.

15823-24   HERMAN's *Bible*, 6184: "Par les chevex le tirent, par les dras est tenuz."

15835-6   *Marc*. 14:50.

15839-66   *Luc*. 22:52-53. Cf. *Matt*. 26:55 and *Marc*. 14:48-49.

15871-82   *Matt*. 26:57. Cf. *Luc*. 22:54 and *Ioan*. 18:12-13. HERMAN's *Bible*, 6205-12; BORLAND, *CM*, pp. 138-139.

15883-960   HERMAN's *Bible*, 6213-75 and 6269-87; BORLAND, *CM*, p. 139.

Concomitant with *CM*'s indebtedness to the tradition of evangelary harmonies, the extended account of Peter's denial exhibits a careful synthesis of materials drawn from all four gospels. The detail that Peter followed Christ "on fer" (15883-4), e.g., is supplied by *Matt*. 26:58, *Marc*. 14:54, and *Luc*. 22:54 ("a longe"); his admission to the "atrium pontificis" (15893-6) through the good offices of an "ostiaria" known to a fellow-disciple is, however, recorded only in *Ioan.* 18:15-16. Again, John alone (18:18, "quia frigus erat") notes that "hit was ful cold" (15909-10). The three-fold denunciation of Peter by the servants of Caiphas (15915-42) incorporates various elements from *Matt.* 26:69-75, *Marc.* 14:66-72, *Luc.* 22:56-60, and *Ioan.* 18:17, 25-27. That the forlorn apostle "swoor" (15942) in renouncing the Lord is affirmed by *Matt.* 26:74 and *Marc.* 14:71 ("Tunc coepit detestari/anathematizare et jurare"), while the poignant encounter between Christ and Peter (15151-55) is related only in *Luc.* 22:61-62.

HERMAN's *Bible*, 6272-3, furnishes the proximate apocryphal basis for asserting that Peter "dud him to a roche: þervndir for to rest" (15957-8):

La nuit li fu mont pesme et molt oscure,
Il s'est mucez suz une roche dure.

COMESTOR recounts the incident thus in *Hist. Schol. Evang.* clix, *PL* CXCVIII 1624:

Et recordatus Petrus verbi, quod Dominus dixerat, egrussus foras flevit amare, fugiens in caveam, quae modo Gallicantus appelatur, in quo loco aedificata est ecclesia.

Travels xii, p. 61, locates the site more precisely "toward the est at .vij. paas" from the former residence of Caiphas.

15961-98 Neither HAENISCH, *CM*, p. 37*, nor MARDON, *Narrative Unity*, p. 122, advances a source for the legend of Judas and the "scalded cock." Nevertheless, this fascinating addition to the Passion account appears in an Anglo-Latin version by the late twelfth century in MS. Jesus Coll. Oxf. 4; NAPIER reprints this text in *HHRT*, pp. 68-70, while noting the existence of at least two fourteenth-century redactions. As a reference to an earlier "editio Graecorum" in the aforementioned source indicates, the legend is ultimately of oriental Christian origin.

In the Greek B-recension of *Acta Pilati, ANT*, p. 116, the tale occurs with one significant variation: it is Judas' wife "Akrosia," and not his mother, who witnesses the event. Albeit of fifteenth-century provenience, the MS upon which James bases his translation very likely reflects the story in its most ancient form. OF versions are encountered in the prose *Andrius* xix and the *Trad. anon.* which, in view of its demonstrated relation to *CM*, should doubtless be regarded as the source for the lines under discussion. See NAPIER, *HHRT*, pp. xxiii-xxv; HORRALL, "An Old French Source."

Scripturally, the testificatory role of the cock lying at the heart of the tale has its bases in *Matt.* 26:34, 74-75; *Marc.* 14:30, 68, 72; *Luc.* 22:34, 60-61; and *Ioan.* 14:38, 18:27. Of even greater consequence for the development of such legends, however, is *Iob* 38:36 ("Quis dedit gallo intellegentiam?") and pertinent exegetical commentary. As RABANUS MAURUS, e.g., avers in *De Universo*, *PL* CXI 248, the "gallus/gallina" can variously signify "virum sanctum," "doctorem evangelicam," "sapientiam," "sanctam ecclesiam," "animal justum," and "bene vigilantes." See also HUGH OF ST. VICTOR, *De Bestiis* I:xxxvi, *PL* CLXXVII 33-35 and WERNERUS, *Deflorationes SS. Patrum* II, *PL* CLVII 1150-51.

Analogues to the "gallus"-narrative are widespread; see *Les Apocryphes Coptes, PO* II. Fasc. 2, pp. 157-158. Both NAPIER, *HHRT*, p. xlvii and JAMES, *ANT*, p. 150, cite additional examples. According to the latter, a cock-legend has even been incorporated in the synaxarial cycle for Holy Week by the Ethiopian monophysite church. Kenneth M. SETTON's *The Age of Chivalry*, p. 188, recounts another interesting legend (still current in the vicinity of Santo Domingo de la Calzada along the ancient Santiago pilgrimage route) to the effect that "unjustly hanged, a youth survived, and two cooked fowl flew to life'' in witness of the occurrence. For a Nativity-oriented variation on this motif, consult ''The Ballad of St. Steven and Herod,'' CHILD, No. 22, ll.33-40.

15969   Cf. n. to 15219.

15999-16016   HERMAN's *Bible*, 6269-87; BORLAND, *CM*, p. 139.

16017-46   *Marc.* 15:1-4. HERMAN's *Bible*, 6288-312; BORLAND, *CM*, pp. 139-140.

16022   CFG read ''bath freman and dring'' (OE ''dreng'' from ON: ''retainer, vassal, nobleman''); see *MED* 1b. HTL alter this phrase to ''bi certeyn warnynge.''

16023   CFG preserve Pilate's administrative title ''procurator,'' whereas HTL simply refer to ''sir pilat.''

16028   CFG read ''hething'' (ON ''hethen''), which HTL have changed to ''scornynge.'' The meaning remains unaltered.

16032   CFG read ''fulbald/bald(e)li'' (OE ''b[e]aldlice'') which, according to *MED* (''boldeli'', 3b), means ''arrogantly, insolently...blasphemously.'' HTL, however, change the adverb to ''lodly'' (OE ''laþlice'' → ON): ''fiercely, angrily, harshly...loathsomely, disgustingly, wickedly.'' C alone has the noun ''bere''; the other MSS read ''chere.''

16047-66   HERMAN's *Bible*, 6313-22; BORLAND, *CM*, pp. 140-141.

16065   In CFG, Christ averts his gaze from his captors (''he loked nought/noȝt''); however, in HTL it is noted that ''On hem he cast vp his yȝe/eȝe.''

16067-90   *Matt.* 26:60-61; *Marc.* 14:55-59; *Luc.* 23:4. HERMAN's *Bible*, 6323-37; BORLAND, *CM*, p. 141. The description of the false witnesses as ''pardoners'' (16075) reflects the derision in which these ecclesiastical functionaries were held by their contemporaries. Accounts of their activities are well known from Chaucer, Langland, and Wycliffe.

16091-110   *Matt.* 27:11-14; *Marc.* 15:2-5. HERMAN's *Bible*, 6338-48; BORLAND, *CM*, pp. 141-142.

16111-28   *Matt.* 27:19. HERMAN's *Bible*, 6349-66; BORLAND, *CM*, p. 142.

16129-48   *Luc.* 23:2, 4-5; *Ioan.* 18:38-39. HERMAN's *Bible*, 6367-78; BORLAND, *CM*, p. 142. In HAENISCH's table of NT sources, *CM*, p. 37*, the Lucan reference is mistakenly printed as chapter ''xxii.''

16149-220   *Luc.* 23:6-12. HERMAN's *Bible*, 6379-437; BORLAND, *CM*, pp. 142-143.

16221-30   *Luc.* 23:14-16. HERMAN's *Bible*, 6438-44; BORLAND, *CM*, p. 143.

16231-38   *Luc.* 23:21-22. HERMAN's *Bible*, 6445-8; BORLAND, *CM*, p. 143.

16239-82   This section combines elements from *Matt.* 26:62-65, 27:11-14; *Marc.* 15:2-5; and *Luc.* 23:3. Cf. *Ioan.* 18:33-37. HERMAN's *Bible*, 6449-68; BORLAND, *CM*, p. 143.

16283-300   *Ioan.* 18:22-23.

16301-36   *Ioan.* 19:9-11. HERMAN's *Bible*, 6484-505; BORLAND, *CM*, p. 144. The second ''private interview'' between Christ and Pilate recounted in 16309-12 is non-canonical; cf. the corresponding phrasing in 16091-97. In the Vulgate, it is simply noted that the procurator ''ingressus est in praetorium...et dicit ad Iesum'' (*Ioan.* 19:9). The praetorium was a public judgment hall, and the Bible does not specifically acknowledge the intimate nature of the conversation; all other encounters between Christ and Pilate occur in the presence of onlookers.

16337-56   *Matt.* 27:27-31; *Marc.* 15:16-20. Cf. *Ioan.* 19:1-3. HERMAN's *Bible*, 6506-17; BORLAND, *CM*, pp. 144-145.

16357-66   *Ioan.* 19:12. HERMAN's *Bible*, 6518-23; BORLAND, *CM*, p. 145.

16367-427   *Matt.* 27:15-17, 21-26. HERMAN's *Bible*, 6524-67; BORLAND, *CM*, pp. 145-146.

16382 F reads "Abraham" for the "baraban" of the other MSS.

16428-58 HERMAN's *Bible*, 6568-81; BORLAND, *CM*, pp. 146-147.

16459-542 Cf. HERMAN's *Bible*, 6582-661; BORLAND, *CM*, p. 147.

16459-504 *Matt.* 27:3-5.

16505-6 *Act.* 1:18.

16507-16 Cf. *Hist. Schol. Evang.* clxii, *PL* CXCVIII 1625 and *Leg. Aur.* xlv, p. 186. Also cf. *North. Pass.* 861-862f and *South. Pass.* 1399-40:

His wambe clef þan euyn in twa,
And his entrailes so fell him fra,
And þare his gast so ʒolden was,
ffor at his mowth it might noght pas.
Þis was þe caus, als clerkes wist,
ffor þi þat his mowth had crist kist,
Þarfore it was with outen dout
Þat his saul at his wambe went out.
* * * *
Þer fforþ wente his luþer soule ¿ and at his mouþe nouʒt,
ffor he þer-wiþ oure lord custe ¿ myd tresoun an vuel þouʒt.

Citing Louise DUDLEY's *Egyptian Elements in the Legend of the Body and the Soul* (Bryn Mawr College Monograph Series, No. 8, 1911, Appendix D), Beatrice Daw Brown notes a conceptual relationship between this apocryphal detail and the ancient Coptic notion that the soul might exit by any of the bodily orifices, but most frequently by the mouth. If, however, a specific opening had been responsible for a singularly good deed, the soul might refuse to depart from it, as is the case with Judas. For, although the "caitif's" kiss was traitorous, the lips which conferred it had been permanently sanctified by their intimate contact with Christ. See intro. to *South. Pass.*, p. lxvi, n. 22.

16533-42 *Matt.* 27:6-7; *Act.* 1:19.

16537 CG employ "corbanan," the ML adaptation of the Heb./Aram. "quorban," for the "tresorye" of FHTL; see *OED* ("corban" 2) and *MED*. The meaning, however, is unchanged.

16543ff. From this point onward, BORLAND, *CM*, pp. 147-148, notes a "considerable divergence" in the respective accounts of the crucifixion and burial furnished by *CM* and Herman. She avers that "Herman relates the details of the crucifixion in a more restrained fashion than does the author of *CM*."

NAPIER, *HHRT*, p. xxiii *et passim* attributes this section, relating the cross-legend, to the OF *Rood Poem*, i.e., the *Trad. Anon.* It should be noted, of course, that traditions surrounding the cross itself evolved with almost bewildering complexity throughout the Middle Ages. For an authoritative study, consult Esther C. QUINN's *The Quest of Seth for the Oil of Life*; also see the same author's earlier *The Legend of Seth and the Holy Cross*. Moreover, much helpful background information is furnished in the introductions to *HHRT* and *LHR*. Edward CAVENDISH (*Legends of the World*, pp. 212-213) furnishes a succinct account of basic Cross-related material. Moreover, Chapter 22 ("Christian Western Europe") contains convenient reference summaries of several legends that figure prominently in this edition of the *Cursor*.

16549 The description of the rood-arbor as "þe kyngis tre" reflects its customary association with David and Solomon in fully developed versions of the legend; for instances of identical ME phrasing, see *North. Pass.*, 1.2529 and Harleian MS. 4196 (*LHR*, p. 84, 1.781). For the *Cursor*-poet, the expression also serves conceptually to reinforce the notion of Christ's divine kingship; cf. n. to 12721-24 above.

16561-2   That the cross-wood emitted a sweet smell is not mentioned in *Trad. anon.*, although this addition does appear in the Latin *Legende* (49/74): "Que secate a David mira fragrancia comitatum ejus repleverunt, ita ut cito crederent se esse edificatos." This interesting detail acquired considerable popularity among medieval writers; see, e.g., *LHR*, pp. 42-43, 76, 103, and *North. Pass.*, 1.2248.

16565-68   The difficulty encountered by the Jews in attempting to move the arbor is a standard feature in the cross legend; see, e.g., *HHRT,* pp. xxix, xxxviii, 31, and 53.

16569-70   The various MSS of *CM* agree that Caiphas sent two hundred men to remove the cross-wood from the temple. Other treatments of the legend, however, assert that the number was actually three hundred. See, e.g., the twelfth-century MS. Bodley 314, which Napier uses as the basis for *HHRT* ("caiphas...ceas of heom allon ðreo hund monnae," p. 30); cf. the Cambridge and Harleian Latin versions ("Caiphas trecentos misit Iudeos," *HHRT*, p. 53), as well as the OF *Andrius*-text ("Et lors i enouia Cayaphas... .ccc. Iuis au temple," *ibid.*).

16575   The *Legende* affirms that the three woods used in fashioning the cross were "cedrus," "cipressus," and "pinus" (47/43). Moreover, according to this source, the various components enjoy the following Trinitarian interpretation (quoted from HORSTMANN, "Nachtrage zu den Legenden," 467/18-22):

In cedro intellegimus patrem, quia ceteris arboribus alcius crescere consueuit. In cipresso filium, quia ceteris arboribus fragrancior dulcedinem nobis insinuat. In pinu spiritum sanctum, quia multos generans nucleos dona sancti spiritus predicat.

In the *Trad. anon.*, 1.159, the cedar-cypress-pine combination is also noted.

Interestingly, CG conform to the original text(s), while HTL have altered the "pine" tree to "palme." Elsewhere (1.1205), F maintains the standard pine-designation. Citing RABY's *History of Christian Latin Poetry*, p. 366, HORRALL, *SVCM* I, p. 364, mentions *Eccli* 24:17-18, "Quasi cedrus exaltata sum in Libano, et quasi cypressus in monte Sion; quasi palma exaltata sum in Cades" as the basis for an "oblique" Marian association. Some medieval writers, such as COMESTOR, *Hist. Schol. Evang.* clxxii, *PL* CXCVIII 1630, however, speak of "quattuor ligna" ("palmae et cupressi, et ut quidam tradunt, oliviae et cedri"). Considering *CM*'s indebtedness to Comestor in other instances, it is quite possible that *Hist. Schol. Evang.* influenced the southern redactor's decision to change the third element in the rood's composition from pine to palm. BRODERICK, *The Catholic Encyclopedia*, p. 144, simply states that the cross was "of pine." For a general yet carefully documented discussion of this subject, consult Sabine BARING-GOULD's *Curious Myths of the Middle Ages* (Chapter XV, "The Legend of the Cross," pp. 341-385). In *The True Cross*, Brian WILDSMITH provides a popular account of the topic, although his work is intended for an adolescent audience.

16577-80   See n. to 16681-90.

16585-92   The adjective "swete" applied to the cross at 16585 may reflect the influence of the Good Friday liturgy (Feria VI in Passione et Morte Domini), especially the antiphonal sequence "Dulce lignum, dulces clavos, dulce pondus sustinet."

CM implies that Christ carried the rood directly from the temple; this is not, however, mentioned specifically in canonical sources. That He did, in fact, appear for judgement before Pilate in the "praetorium" (*Ioan*. 18:33) may account for this detail, since the Fortress Antonia (residence of the Roman procurator) formed part of the temple complex.

Of particular interest as an analogue when discussing the sweet fragrance associated with the Cross is the anonymous romance, *Perlesvaus*, most likely composed between 1190 and 1212. As Sebastian EVANS translates the pertinent passage in his edition (pp. 199 ff.):

> "...and there came to him (Perceval) a smell so sweet of the cross and of the place, such as no sweetness can be compared therewith."

16589   The "Disputacio inter Mariam et Crucem", XXXVIII, 11.488-9 (*LHR*, p. 147) provides an interesting analogue to this line:

Þe queen ȝaf . þe Cros a cos,
Þe ladi of loue . loue gan seche

In English vernacular tradition, the striking "physical affection" which Christ displays for the cross is evident as early as *The Dream of the Rood*: "Bifode ic þa me se beorn ymbclypte" (1.42). Although "ymbclypte" (OE "ymb-clyppan") can signify "clasped" in a general sense, the verb, according to BOSWORTH'S *Anglo-Saxon Dictionary*, more commonly conveys the notion of (cherished) "embrace"; it is rendered thus by most modern translators.

16592   The insertion of the pronoun "he" in HTL alters the meaning considerably. CG, referring to the cross, read "a(v)pon his bak(c) it laid," thereby adding yet another miraculous element to the Passion-narrative. In his gloss, MORRIS, *CM*, p. 947, explains that the rood evidently "leaped on to His back without help." The HTL reading is in accordance with scripture and, therefore, decidedly more satisfactory.

16595-8   *Matt*. 27:32; *Marc*. 15:21; *Luc*. 23:26. The several MSS of the *Cursor* do not mention Simon of Cyrene by name; rather, he is described as a "bysen mon."

16599-600   HTL agree concerning the rood's measurements, while CG designate the length of the cross as "Half feirth of eln" and "Half feird ellen" respectively. According to both *MED* and *OED*, the medieval English ell was equivalent to 45 inches; however, the latter source also notes that the Scotch ell was only 37.2 inches long. Considering the poem's Northumbrian provenance, this distinction should not be dismissed lightly in attempting to determine the visual impact of the rood's dimensions for the *Cursor*-poet and his audience. If the English unit is envisioned, the cross would be approximately 17 feet high; the Scotch measurement, in contrast, would result in a gibbet approximately 14 feet high.

16601-10   *Luc*. 23:27.

16611-38   The poet has recounted this episode before; see n. to 16339-56.

16639-64   *Luc*. 23:27-31.

16665-8; 16673-80   *Luc*. 23:32-33. Cf. *Matt*. 27:33, 38; *Marc*. 15: 22, 27-28; *Ioan*. 19:16-18.

16669-72   The poet implores the divine mercy through the merits of the Passion.

16681-90   *Luc*. 23:38. Cf. *Matt*. 27:37 and *Ioan*. 19:19-20.

16691-700   *Luc*. 23:34.

16701-13   *Marc*. 15:29-32. Cf. *Matt*. 27:39-42.

16717-36   *Luc*. 23:39-43.

16737-40   The names traditionally assigned the two malefactors crucified with Christ are of great antiquity, having their basis in *Acta Pilati* X:1-2. See *NTA* I, p. 459;

ANT, p. 174; and *GN*, p. 25. Although the *Cursor*-poet in CG 17287 acknowledges his awareness of a later recension of ''nichodeme's writt,'' it is equally possible, as HAENISCH notes, *CM*, p. 38*, that he derived the names ''from some other source, considering the general acquaintance with these legends in the middle ages.'' In some texts (e.g., the tenth-century Einsiedeln Stiftsbibliotek MS. 326 of *Evangelium Nicodemi*), the name of the unregenerate ''latro'' is rendered ''Gestas.'' *The Arabic Gospel of the Infancy*, however, designates the thieves as ''Titus'' (the good) and ''Dumachus''; see *NTA* I, p. 408 and *ANT*, p. 81.

16743-62   *Ioan*. 19:25-27.

16763-73   *Ioan*. 19:28; *Matt*. 27:34. The various MSS affirm that Christ was offered ''galle & eysel'' on the cross. Since, according to *MED*, ''aisel'' (OF) can signify numerous forms of vinegar, and ''galle'' (OE) generally denotes a bitter-tasting drink, the use of the near-synonyms appears somewhat redundant. In the evangelical accounts, *Matt*. 27:34 speaks of ''vinum...cum felle mixtum,'' *Marc*. 15:23 mentions ''murratum vinum,'' while both *Luc*. 23:36 and *Ioan*. 19:29 cite ''acetum/ aceto.''

16776-82   *Ioan*. 19:30.

16780   See n. to 16763-73 above.

16783-802   *Matt*. 27:51-53.

16817-20   *Matt*. 27:57-58; *Marc*. 15:43; *Luc*. 23:50-52; *Ioan*. 19:38.

16821-22   *Marc*. 15:44.

16823-28   *Ioan*. 19:31.

16829-34   *Ioan*. 19:32.

16835-44   In *Acta Pilati* XVI:7, *NTA* I, p. 469 and *ANT*, p. 113, Longinus is described simply as ''the soldier (who) pierced his side with a spear,'' whereas he is designated ''the believing centurion'' in ''The Letter of Pilate to Herod'' (*ANT*, p. 155). By the later Middle Ages, however, his blindness, miraculous recovery on Calvary, and subsequent ''canonization'' become standard apocryphal additions to the *narratio passionis*. Typical treatments of the legend are found in *Hist. Schol. Evang*. clxxix, *PL* CXCVIII 1633-34; *Leg. Aur*. xlvii, pp. 202-203; ''Þaere Halgan Rode Upahefednys,'' *LHR*, pp. 106-107; *SEL* I, xxii; *ME Gospel of Nicodemus*, ed. HULME, ll.625-630; *South. Pass.*, ll.1634-40; and the *Chester* Passion, XVIa, 372-407. Numerous additional examples could, of course, be cited. In continental medieval literature, the popularity of the Longinus legend is attested by its inclusion in the prayer of Dona Ximena from *Cantar del Cid*, ed. PIDAL, xviii, 351-357:

estando en la cruz, vertud fezist muy grant:
Longinos era ciego, que nunqua vido alguandre,
diot con la lanca en el costado, dont yxio la sangre,
corrio por el astil ayuso, las manos se ovo de untar,
alcolas arriba, llegolas a la faz,
abrio sos ojos, cato a todas partes,
en ti crovo al ora, por end es salvo de mal;

For a detailed examination of how the tale evolved, consult Rose PEEBLES, *The Legend of Longinus in Ecclesiastical Tradition*.

16845-8   *Ioan*. 19:35; 20:20, 24. The poet ambiguously implies that the evangelist witnessed the Longinus incident.

16849-56   *Ioan*. 19:38-39.

16859ff NAPIER, *HHRT*, pp. xxiii, xxix, assigns this section, narrating the burial-sequence, to *Trad. anon*. Several portions of the corresponding *Cursor*-text, however, occur only in MSS CG (e.g., the description of the cross blossoming "Fra þe middai to complin").

16869-78   *Ioan.* 19:40-41.

16869   HERMAN's *Bible*, 6755, also mentions that only three nails were employed by Christ's executioners: "A trois clous ont ses mains et ses piés eslevé." There is, nevertheless, considerable disagreement on this subject.

Although Gregory Nazianzen upholds that Christ's feet were affixed to the cross with a single nail, T.J. BUCKTON, "The Greek Cross," *N & Q*, 2nd Ser. II. 1856, 257, opines that Cyprian, "who affirms that a nail was driven through each foot, is the better authority, as he had personally witnessed crucifixions." According to J.C.J., "The Greek Cross" *N & Q*, 2nd Ser. III. 1857, 78-79, an impressive array of authorities (including Justin, Irenaeus, Augustine, Gregory of Tours, and Innocent III) maintains that the Lord was executed "quattuor clavis"; this article further expresses the interesting view that "the Albigensians were the first who discarded the ancient precedent of four nails, and adopted the three."

Elsewhere, J.C.J., "The Greek Cross," *N&Q*, 3rd Ser. II. 1862, 463, cites numerous iconographic examples to support his contention that "no artist before the fourteenth century represented the crucified Saviour with only three nails." The foregoing assertion is challenged by "Sigma Tau," "The Greek Cross," *N&Q*, 3rd Ser. III. 1863, 315, who adduces evidence to demonstrate that the representational use of only three nails appears as early as the twelfth century. John C. JACKSON, "The Greek Cross," *N&Q*, 2nd Ser. II. 1856, 257, referring to eleventh-century iconography, states that it is customary for the Saviour's feet to be nailed individually "in Greek paintings, though in Western examples, we usually find one nail piercing both feet."

F.C.H., "The Greek Cross: Number of Nails," *N&Q*, 3rd Ser. III. 1863, 392, sets forth the fifth-century Greek poet, Nonnus, as an early writer supporting the belief that the Lord's feet were fastened with "a single large nail," but adds Rufinus and Theodoret to the catalogue of ecclesiastical authorities upholding the use of four nails furnished by Buckton (see above). Testimony supplied by the thirteenth-century Bishop of Tuy regarding the Franciscan stigmata, he notes, also tends to support the "quattuor clavi" theory.

Understandably, English literary sources also evince diverse opinions. In Catholic Homily XIV (Ed. THORPE, *Homilies of the Anglo-Saxon Church* I, p. 216), Aelfric clearly avers: "hine ȝefaestnodon on rode mid feower naeȝelum." Later, *The Ancrene Riwle* (Ed. MORTON, Camden Soc. O.S. LVII, p. 390) departs from the four-nail tradition by stating:

Þis scheld þet wreih his Godhed was his leoue licome þet was ispred o rode, brod ase scheld buuen in his i-streiht earmes, and neruh bineoðen, as þe on uot, efter þet me weneð, sete upon oðer uote.

South. Pass. (1.1461) also advocates the view that only three nails were employed: "Þorw eyþer hond hi smyte a nayl ⸲ & þorw þe ffet þe þridde." Cf. *North. Pass.* (1.1632 in MS. Harleian; 1.1633 in MSS. Camb.Dd.1.1. and Gg.5.31). MS. Nat. Lib. Scotland, Adv.18.7.21 furnishes a contemporary example of the *tres clavi* opinion from lyric tradition:

To the tree with nailes three
Wol fast I hange bounde.

See C. BROWN, ed., *Religious Lyrics of the XIVth Century*, 74/5-6.

In his discussion of the sacred relics to be found in Constantinople at the time of the Fourth Crusade, Peter ARNOTT (*The Byzantines and Their World*, p. 261) observes that, according to Robert de Clari, a contemporary of Villehardouin, only two nails were employed in the Crucifixion. Subsequently (p. 282), Arnott ironically notes, "It is difficult to conjecture how de Clari imagined the crucifixion to have taken place."

Of especially interesting iconographic significance for this entire subject is *The Stavelot Triptych: Mosan Art and the Legend of the True Cross*, a study recently prepared under the direction of Professor William VOELKLE of the Pierpont Morgan Library. Most crucifixion scenes reproduced in this volume tend to reinforce the "quattuor clavi" approach in twelfth-century reliquary art. Nevertheless, there are singular exceptions, such as the one in WIBALD's *Sacramentary*, which displays a Christ-figure with nail-pierced feet (two), smiling benignly while extending apparently unfastened hands. Voelkle's work is particularly valuable in that it includes much helpful bibliographical information pertinent to the Cross Legend.

On a markedly different note, CAVENDISH (*Legends*, pp. 298-300) recounts the interesting tale of the Gypsy who forged *four* nails for the crucifixion when no other blacksmith would, and whose descendants must, therefore, continue to wander the world in search of peace.

Examination of typical pictorial collections (e.g., ABBATE's *Christian Art*, BACKE's *Art of the Dark Ages*, BECKWITH's *Early Medieval Art*, DIDRON's *Christian Iconography*, FRANCASTEL's *Medieval Painting*, GALLAGHER's *Medieval Art*, MARTINDALE's *Gothic Art from the Twelfth to the Fifteenth Century*, PIRANI's *Gothic Illuminated Manuscripts*, and SOUCHAL's *Art of the Early Middle Ages*) is inconclusive. As an unsatisfactory generalization, however, three-nail artistic depictions are apparently a later development.

For a convenient introduction to this complex subject, see *LHR*, pp. xix-xx.

16881-910   *Matt.* 27:62-66.

16913-22   That the Jews sequestered not only Christ's cross, but also those of the two malefactors, is a common motif in medieval literature. In "Hou þe Holy Cros Was Y-Founde," *LHR*, p. 35, the following statement appears:

Þat Crois seþþe . aftur vr lordes deþ . depe vndur þe eorþe heo hit caste,
Þer as heo him to deþe dude . and burieden hit swiþe faste;
And þe twey Croyses eke þer-bi . þat þe þeoues hengen on þer

Cf. MS Bodl. Ashmole 43, *LHR*, p. 34, 11. 185-7, and MS BL Harley 4196, *LHR*, p. 89, ll.75-88. Regarding motivation, BL Cotton Julius E vii ("þaere Halʒan Rode Upahefednys," *LHR*, p. 99) explains:

þa iudeiscan hi behyddon mid hetelicum ʒe ance.
noldon se maðm wurde mannum to frofre.

MS Bodl. Auct.F.iv, *LHR*, p. 13, supplies the interesting detail that the "þrio roda" were hidden "twentiʒ fota on þaere eorðan." Although NAPIER, *HHRT*, pp. xxiii, xxix attributes the *humatio crucis* to the OF *Trad. anon.*, it should be noted that this apocryphal incident is also recounted in *The Dream of the Rood*, 11.73-75, thereby demonstrating its presence in English vernacular tradition as early as the Cynewulfian period:

þa us man fyllan onȝan
ealle to eorðan; þaet waes eȝeslic wyrd!
Bedealf us man on deapan seaþe.

16925-26   See n. to 17067-74.

16927   This line alludes to the popular medieval image of the "Christ-knight"; see, e.g., *Piers Plowman* B.XIX; Friar William HEREBERT's early fourteenth-century lyric, "What is he, þis lordling þat come from þe fiȝt?" in C. BROWN, ed., *Religious Lyrics of the XIVth Century*, 25; and William DUNBAR's "Our Champion Christ." For critical introductions to the concept, consult Raymond ST-JACQUES, "Langland's Christ-Knight and the Liturgy" and Rosemary WOOLF, "The Theme of Christ the Lover Knight in Mediaeval Literature." Rodney DENNYS, *The Heraldic Imagination*, p. 81, supplies two mid-fifteenth-century iconographic examples of the motif.

16939-42   Citing GINZBERG, *Legends of the Jews*, V, 98, n. 70 and VI, 14, n. 82, Esther QUINN, *The Quest of Seth for the Oil of Life*, p. 77 and *The Legend of Seth and the Holy Cross*, p. 92, notes that "the relationship between the means through which man sinned and the means through which he is saved is a very old one and can be found in various forms in Jewish apocryphal literature." Within a Christian context, the Pauline epistles furnish both rhetorical and thematic inspiration for the passage under discussion; see I *Cor.* 15:21-22: "Quoniam quidem per hominem mors, et per hominem resurrectio mortuorum. Et sicut in Adam omnes moriuntur, ita et in Christo omnes vivificabuntur," and *Rom.* 5:14-21. To quote IRENAEUS, *Against Heresies*, Bk. V, ch. 17:3, *A-NF* I, p. 545: "By means of a tree we were made debtors to God, by means of a tree we may obtain remission of our debt." Cf. also *Acta Pilati* VIII (XXIV).1; see *ANT*, pp. 137-138 and *NTA* I, p. 475.

   The connection between the "arbor sapientiae" and "þe holy rode tre" is discussed by numerous patristic authorities, including JULIUS FIRMICUS MATERNUS, *De Errore Profanorum Religionum*, *PL* XII 1037-38 and TERTULLIAN, *An Answer to the Jews*, *A-NF* III, p. 170. Referring to Otto Zockler's research in this field, QUINN, *ibid.* affirms that the earliest identification of the "lignum crucis" with wood taken from the tree of knowledge occurs c. 650 in the *Anagogicarum Contemplationum in Hexaemeron* of ANASTASIUS SINAITICUS, *PG* LXXXIX 944-45. "Hou þe Holy Cros Was Y-Founde," *LHR*, p. 19, 11.3-8 supplies a typical ME rendering of the motif:

Þorwh a treo we weore for-lore . and furst i-brouht to grounde,
Þorwh a treo seþþe to liue i-brouȝt . I-heried beo þulke stounde!

Also cf. the corresponding lines in MS Bodl. Ashmole 43, *LHR*, p. 18.

16949-17082   HAENISCH, *CM*, p. 39* includes these lines in a lengthy section which he labels "Reflection of the poet." However, as Kari SAJAVAARA has demonstrated, "The Use of Robert Grosseteste's *Cd'A*," 184-93, this portion of the text actually evinces an unmistakable indebtedness to Robert GROSSETESTE's *Chateau d'Amour*, 11.1115-1212. Among the specific correspondences cited by Sajavaara are: *CM* 16949-62 and *Cd'A* 1115-22, 1136-37; *CM* 17009-20 and *Cd'A* 1151-60; *CM* 17051-58 and *Cd'A* 1177-82. In other instances, e.g., *CM* 16953-56 and *Cd'A* 1123-35, the relationship between the two works is admittedly less direct. That the *Cursor*-poet was familiar with Grosseteste's composition is apparent from his reference to "sent Robert bok" at 1.9516.

17035-42   *Luc.* 23:46.

17051-54   *Luc.* 2:35.
17067-74   Cf. *North. Pass.* 1840k-1840r and 1896m-1896p:

> Þe trowth þan left in hir anely
> Þat cristen saules er saued by,
> ffor þat he suld rise trowed nane
> When he was ded bot scho allane,
> Scho trowed it euer in hert & will
> Als he bifore had tald hir till;
> And had scho noght bene trew thoght,
> With dole scho had to ded bene broght.

*   *   *   *

> Þan mari his moder was ful fayne
> ffor scho hopid he suld rise ogayne,
> And in þat trowth was oþer nane
> Stedfastly bot scho allane.

The editor of the text quoted above ascribes the original notion of Mary's function as the sole repository of faith in the crucial post-crucifixion/pre-resurrection period to Vincent DE BEAUVAIS' *Speculum Historiale* VIII:23; see intro. to *North. Pass.*, p. 79. The concept appears elsewhere in two works edited by HORSTMANN in *The Minor Poems of the Vernon MS.*: "Patris Sapiencia, sive Horae de Cruce," pp. 41-42 and "Þe Lamentacioun þat Was Bytwene Vre Lady and Seynt Bernard," p. 301, ll.82-84. In the latter source, it is noted that

> Alle his frendes were from hym gon;
> Þreo dayes vre feiþ was lore
> Saue in Marie, his moder, al-on.

Cf. the discussion in GOUGAUD, *Devotional and Ascetic Practices*, pp. 66-74. The direct source, however, is GROSSETESTE's *Chateau d'Amour*, ll. 1181-86:

> Nostre creance et nostre foi
> A donc demorad en toi.
> Trestuz furent en dotance
> Mes vous en ferme creance
> Demorastes sanz doter
> Ta foi ne peut rien changer.

17075-77   According to the *New Catholic Encyclopedia*, VIII, pp. 790-791, catalogues of Marian titles existed as early as the eighth century; a litany resembling that currently authorized by the Roman Church dates from the twelfth.

Through such writers as AMEDEUS, Homilia VII: "De Beatae Virginis Obitu, Assumptione in Coelum, et Exaltatione ad Filii Dexteram," *PL* CLXXXVIII 1338: "Spirabat *florem virginitatis*, serebat novale castitatis..." and Homilia VIII: "De Mariae Virginis Plenitudine, Seu Perfectione, Gloria, et Erga Suos Clientes Patrocino," *ibid.*, 1342: "Igitur...*fontem misericordiae*...sedulo celebramus officio, et laude licet impari praedicemus," the designations "welle of mercy" and "fflour of maydenhede" attained considerable popularity. See also, e.g., BERNARDUS CLARAEVALLENSIS' Homilia II:5 "De Laudibus Virginis Matris," *PL* CLXXXIII 63; F.N. ROBINSON, *The Complete Works of Geoffrey Chaucer*, pp. 756-757 supplies a helpful bibliographical note regarding St. Bernard's important role in propagating such laudatory appellations.

Typical later ME examples are found in *CT* VII (B²) 656, *CT* VIII (G) 29; 37, and ll.24; 37 of the poetical litany "Hail, Blessed Mary!" Lambeth MS. 853, ed. F.J. FURNIVALL, in *Hymns to the Virgin and Christ*.

17081-2 Throughout his Passion-account, the *Cursor*-poet has emphasized the "dolores Virginis" in poignant terms; he concludes this important section with a prayer invoking Mary's powerful intercessory protection:

Preye for vs to þi blessed sone ⸲
in his blis þat we mot be

APPENDIX A

Errors in Morris' Texts

12716	sprad]C spred. spede]G sprede.
12782	Queþer]G Queþ*er*.
12786	þat]G þ*at*.
12801	prophete]G p*ro*phete.
12809	maistri]G maistris.
12828	ne*r*]G ner.
12854	Bapti3e]T Baptize.
12857	þ*at*]C þat.
12867	seruand]G se*r*uand.
12889	þat]T þ*at*.
12894	sac*r*iment]T sac*r*ament.
12901	of]T of þi.
12918	him]G hi*m*.
12921	fasten]C fa fasten.
13006	þat]G þ*at*.
13022	it]T hit.
13029	þat]G þ*at*.
13036	þat]G þ*at*.
13050	yaa]C þaa.
13068	prison]F p*r*isoun.
13071	p*r*isuned]G p*r*isuned.
13100	was]T wis.
13121	waynyng]T wayuyng.
13142	her]C hir.
13146	3e]T þe.
13148	had]T bad.
13201	oon]F con.
13205	lauerd]G lau*er*d.
13239	þaa]C þai.
13256	was sl*ai*ne]G w*a*s slaine.
13260	lou[li]]G lou ⟨li⟩.
13309	Þai]G Þair.
13323	hidertille]G hidirtille.
13338	ne]F me.
13383	þat]G þ*at*.
13399	architricline]C archidicline. arthit*r*icline]T archi*r*icline.
13431	bett*ur*]T bott*ur*.
13440	þat]G þ*at*.
13444	sagles]F sa gleg.
13454	3ede]T 3ode.

13481 geue]F giue.
13489 But]C Bot.
13535 sceued]C sceud.
13541 lesteþ]T lasteþ.
13626 Wherto]T Whorto.
13632 ȝe]G þe.
13668 þat]G þat.
13683 were]T wore.
13854 comme]F comme.
13864 Þat]F Þat he, he *in margin*.
13907 you]C yow.
13927 Þat]C Þat.
13987 praid]C praid.
14001 þat]T þat.
14004 þat]G þat.
14010 sinnes]C sinnes.
14027 men]C men. Þat]T Þat.
14037 þat]C þat.
14038 hundred]G hundreth.
14054 seide]T seide.
14061 blin]C blind.
14062 Vngnement]C Vnguement.
14125 þat]C þat.
14143 Þat]T Þat.
14219 þat]T þat.
14247 þat]C þat.
14248 þat]G þat.
14307 þat]C þir.
14314 waining]C wainining.
14330 dedis]F dides.
14342 here]G here.
14392 þai]C þaa.
14400 God]G Godd.
14402 was]F has.
14465 maidene]G maiden.
14483 him]G him.
14494 selcuth]G selcut.
14507 v[te]]C v⟨te⟩.
14529 sothyer]G sothyer.
14570 we]G ȝe.
14581 Baldly]G Baldli.
14610 comen]T comen.
14622 feet]T feest.
14670 mistrijf]G in strijf.
14684 a[n]d]G and.
14738 Amang]G Amang.
14749 þat]G þat.
14806 pryuen]T þryuen.
14972 þu]G ȝu.
14995 *begins leaf* 82v col.1 *in* C, *not* 1.14994.

15019   temprid]C tempird.
15069   [Wit prop]hecies]C ⟨Wit prop⟩hecies.
15070   [þa]t]C ⟨þa⟩t.
15072   *second* o]C of.
15137   All]G Alle. world]G werld.
15154   Stable]C & stable.
15161   þat]G þat.
15189   vessel]G bessel.
15190   þu ȝe]G ȝu þe.
15251   þe]C *a later hand has inserted* ȝe *after* þe. toke]T take.
15272   bitriase]G bitraase.
15297   [F]rist]G Crist.
15303   tite]C titt.
15406   grenand]G greuand. grenonde]T greuonde.
15416   chiþing]G thing altered to thiþing.
15423   fell]C sell.
15519   oure]F our.
15538   vn-to]F on to.
15602   sal i]G i sal.
15609   soruying]G soruyng.
15616   þat]G þat.
15636   sai]C i sai.
15658   so]T to.
15668   MS C *does not read* he, *as Morris states, but* be.
15741   know]F knew.
15791   drowe]T drowȝe.
15800   he led]G heled.
15833   huitid]G huttid.
15877-80   *These lines are copied in normal order in* MS G.
15906   gladlie]C gladli
15951   *This line is found in* MS T.
15958   or]F for.
15959   wijt]C wijst.
16001   Hider]T Hidur.
16041   gedrid]G gedred.
16111   man]T mon.
16115   messaugere]T messangere.
16218   listen]T liften.
16246   self]C slef.
16266   ȝe]G þe.
16321   [sun]]G sun.
16371   prison]T prisoun.
16372   reuerence]T reuerense.
16382   is]C es
16408   ȝe]G þe.
16492   he]G ha.
16620   toke]G tok.
16640   þat]C þat.
16653   childer]G childir.
16715   þer]T þe.

16762   his]T i*n* his.
Cotton Insertions (Morris, CM, pp. 956-959):
p. 958   32   þaf] þof.
         59   neghent] neghnt.
         65   These] Þese.
         72   here] her*e*.
p. 959   107   writen] w*r*iten.
16784   wide]G wid.
Cotton Insertions (Morris, CM, pp. 962-965):
p. 962   25   spere] sper*e*.
p. 965   62   none] non*e*.
16889   meues]T menes.
16912   þai]G þaa.
16995   Ya]G Þa.
17011   of]T if.
17013   So]T Do.
17052   strong]T stong.
17071   Til]G Till. vp-ras]G up-ras.
17096   ur]C vr.
17134   sto*n*gen]G stu*n*gen.
17189   O]G A.
17207   Þat]C Þ*a*t.
17260   eu*er*]C euer.
17270   smor]C smer.
Cotton Insertions (Morris, CM, pp. 985-991):
p. 988   229   said] saide.
p. 990   383   MS pr*o*phetyes *has been altered to* pr*o*phesyes.
         416   euen*e*] euen.
p. 991   436   [apostels]] ⟨apostels⟩.

APPENDIX B

Cursor Mundi from MS BL Additional 31042
(The Thornton Manuscript)

Off this no mare I will telle ȝow	12713 fol. 16v col. 2 cont'd.
Bot of Iohn Baptiste & of Ihesu	
Þe sexte elde bygynnes in place	12715
And how Ihesu spredd his grace	
Þat with his dede & his tourment	
By gane þe newe testament	
And Saynt Iohn als messangere	
Off halynes withowtten pere	12720
Come byfore with his banere	
Cristyns mannes lawe to lere	
Sayne Iohn come als banyoure	
Byfore oure haly Saueoure	
For in Sayne Iohnes tyme	12725
Was law bygonnen of baptyme	
He kenned men to flye synn	
And swa þaire Baptyme for to wynn	
Thurgh whilke we sall to heuen come	
When we sall be hethyn nome	12730
If we will lelely oure lyfe lede	
And at oure Endyng to criste vs bede	
Þis ilke tre þat I begynn	
Es alle sett for mannes kynn	
Þat ilke man may See wittirly	12735
Þe kynn of Ioseph and Marie	
For þay come bathe of a man	
Þat hadde leuy to name	12738
Here bygynnes the Sext Elde off the werlde	fol. 17r col. 1
And also off the Barnehede of Ihesu Criste	
Iohn ay bysyde the ffloum gane duelle	
Off goddes meruells gonn he spelle	
In watire Baptiste he alle thaa	
Þat come to hym Baptyme to taa	12755
To be Baptiste bothe ȝonge and alde	
Now till hym soghte many falde	
For to here his sermoun	
Many hadde grete deuocyoun	
Many man at hym hade mede	12760
Bot harde was his lyfe to lede	
Þe Iewes of hym tythandes herde	

One whatkyns wyse þat he ferde
Þay had ferly how he myghte laste
With swilke a trauell & swilke a faste   12765
And for he was of thayre kythe
Why he ne wolde noghte wonn þam wyth
Alle þe maysters of that laghe
Spake of Ihon in þaire sawe
And sayde þat his baptyzynge   12770
Was bot a mystrowuynge
Þay saide his lawes solde oures fordo
Bot we take better tente þerto
Wete we þan for whate resoun
For sauyng of oure dampnacyone   12775
Whi þat he Baptyzing mase
And if þat he be messyas
Þat þe folke habide swa
Þat sall brynge þam owte of waa
Helyas or Criste whethir es he   12780
Þe sothe fayne wolde we see
For he es prohett pat swa leris
In þis þay sent þaire messangers
With þe wyseste of that lande
For to brynge þam tythande   12785
Þe messangers þat swa were sent
To wildirnes þan are þay went
Sone when þay with Iohn mette
Full hendly thay hym grett   fol. 17r col. 2
Þe wyseste þat ymanges þam were   12790
Sayde þe Erande one this manere
Sir he saide we the praye
Þat þou to vs þe sothe Saye
What kyn man schall we calle the
Telle vs now what þou may be   12795
Off Ierusalem alle the men
ȝernes gretly the to ken
Thi Baptem and thi dedis
Þe anely lyfe þat þou ledis
Whethir þou be Elyas   12800
Þat goddes prophete halden was
Howe þou lyffes wete wolde wee
And to telle vs we praye the
Þat we gange hame and saye
Vnto þe maisters of oure laye   12805
Thane saide Iohn gladly per faye
Withowtten anykyns delaye
He sayde to þam my leue frende
ȝe schall to ȝoure maistirs wende
And saye þam one my partye   12810
I am noghte he þay calle hely
Ne no prophette sall nane me clayme

Whatt than schall we saye to þam
A voyce cryande sayse þat I hatte
In desert graythande þe gate 12815
To þe lorde þat comen es nowe 12818
Till whaym Ilke man awe to bowe
That lange was highte now commen is 12820
Off hym I preche in wildirnesse
Off whayme I ne ame noghte worthi to
To louse þe thwanges of his scho
Loke ȝe graythe hym wele þe waye
For he es lorde this sall ȝe saye 12825
Als Iohn saide swa sayde þay
Vnto þe maistirs of þaire laye
When Ihesu Criste was commen nere
To þe elde of thritty ȝere
Þan hym thoghte þe tyme was commen 12830
Þat he Baptym wolde hafe nommen
He ȝede hym than to þe fflome iourdane fol. 17v col. 1
And there he fande his Cosyn Iohn
In wildirnesse hymself alloone
Lyffande alle with goddes lane 12835
When Iohn hym sawe als sayse þe boke
For ferdnesse of hym he qwoke
And sayde þat alle men myghte here
This is þat lambe withowtten were
Goddes lambe þat clense sale 12840
This wayke werlde fra synnes dwale
If he me after comen bee
He was made byfore me
To sayne Iohn þan sayde Ihesu
My Cosyn and mi frende art þou 12845
To Baptise me the hafe I soghte
Iohn saide than that dare I noghte
It ne falles noghte vnto mee
Mi dere lorde to Baptise the
I am a man full of synn 12850
And hedire fledde fra alle my kynn
Here for synn I hafe me hidde
Iohn þou doo als I the bydde
Thou Baptise me my dere Cosyn
I ne dare noghte neghe the lorde myn 12855
Me thynke resone it were mare
Þat I of the Baptizede ware
Iohn þou sall þe lawe fulfill
Now lorde he saide at thi will 12859
Ihesus into þat watir ȝede 12862
And sayne Iohn nere hym stode
When he saughe Ihesu redy dighte
Vp his hande quakande he lifte 12865
And thare tuke oure lorde Criste

Baptyme of Sayne Iohn Baptiste
Þare þe haly gaste hym lighte
In þe schape of doufe he toke a flighte
And als he lokede vp into heuen   12870
Open he saughe þe liftes seuen
Þe ffadir voyce thurgh it braste
Als it hade bene a thonour blaste
This is my sone leue and dere
Alle the werlde hym awe to here   12875 fol. 17v col. 2
Þe whills Sayne Iohn þis dede dide   12878
Dyuerse wondirs was ther kydde
Þe haly water of þe fflome Iourdane   12880
One aythir syde stode still als stane
Thre thynges was sene thare
Þe sone mannes body bare
Þe ffader voyce men herde one rawe
Als doufe þe haly gaste gan schawe   12885
Þe alde testament nowe slakes
And þe newe bygynnynge takes
Wonder thynges þe sothe to saye
Sayn Iohn saughe þat ilke daye
Sayn Iohn it es wele sene   12890
Þat þou in lyfe es wondere clene
For þan was worthi nane bot thou
For to touche oure lorde Ihesu
And gaffe þat haly sacrament
Þat Ilke a man awe to for to tent   12895
Now was this a wondir werke
Preste to be crystende of þe clerke
Þe sone þe ffadir þe knyghte þe kynge
Þe schapp hym þat wroghte alle thynge
Þan said oure lorde oure saueoure   12900
In Iohns wirchip and honoure
Þat blysse for the es puruayede
Þat I for my seruantes graythed
And ymanges women childir alle
Þat euer was or euer be sall   12905
A Better barne was neuer nane
Ne neuer bese than was Sayne Iohn
And þat es na selcouthe
For Criste it saide with his mouthe
And made hym als his lantern   12910
Amanges his fase his lighte to beryn
And to bere wittnes of his comynge
Als Banyoure byfore þe kynge
Als Bedell gase bifore iustice
Swaa dide sayn Iohn in þat wyse   12915

Ihesu when he hade Baptem tane   fol. 18r col. 1
He lefte Iohn at the fflome iourdane

Fra thane forthe to man he will hy*m* schewe
Þat man myght hym fully knowe
Bot a stownde he will habyde
For to faste his lentyn tyde 12920
Ne wolde he nowrewhere wende appert
Bot went hy*m*selfe into dissert
Þare þe haly gaste hym ledde
Fourty dayes he was vnfedde 12925
Fourty nyghtis & ffourty days
Than hungrede hym þe story says
Thurgh þe kynde of his manhede
Off fode þe body hafes ay nede
The warlawe þan hy*m* vmbythoghte 12930
To begile hy*m* if that he moghte
It semyd wele he noghte hym knewe
When he bygane to do swilke glewe
Forthi he wolde hy*m* fande *with* synn
To hafe some parte hy*m* with Inn 12935
That Enemy that traytoure
Come to tempe his creatoure
To houe hym thoghte it was no bote
Bot stode hy*m* by oure lordes fote
He saughe hy*m* hungry & forfaste 12940
In glotonye he wolde hy*m* caste
And saide to hy*m* I wate þat þou
Hafes fasted lange & hungres nowe
If þou be goddes sone bydde sone
And garre thi co*m*mandement be done 12945
Þou garre this stane be brede at will
And þan may þou ete thi bely fill
Þan saide oure lorde to that quede
Ma*n*ne ne lyffes noghte anely *with* brede
Bot men lyffes *with* somthynge elles 12950
With þe worde þat godd spelles
Bot lefte noghte þe fende swa his were
Bot oure lorde he droughe nere
Wha herde eu*er* of beste sa balde
He toke oure lorde alle in his walde 12955
And *with* hym he toke a flighte
To Ier*usa*lem burgh full righte
And sett hym one the pyneoune
Appone the temple of the toune
If þou be goddes sone saide he 12960
Thusgates schall I proue the
Hafe done now within a stownde
And lepe downn vnto the growunde
For it es wretyn he sall the sende
Angells the for to defende 12965
Fra alkyn man*er* of waa
And spournynge owþ*er* of fote or taa

fol. 18r col. 2

Nowthir to sporne one tre ne stane
Doo now lepe one drede hafe þou nane
Þan sayd Ihesu þe aughte to wande   12970
Thi godd thi lorde thus to fande
ȝitt bygane þe fende to chide
Sayde here þou sall no lengere byde
Som other ansuere sall þou saye
Are I fra the departe away   12975
Þe fende hym in armes hent
And bare hym are euer he stynt
Vnto the hegheste felle he fande
And lete hym see Ilke a lande
Ilke a kyngryke and Ilke Cite   12980
Þat he myghte in þis werlde see
Ne seese þou noghte saide þat ffeloune
Alle þis werlde bothe toure and townn
Thir kynges alle are in my faye
And thurghe my will regne thay   12985
Alle I will þam gyffe the nowe
And þou will vnto me bowe
Reghte rede I wele withowtten dowte
Þat þou bicome myn vndirloute
Thane Ihesu saide no langere   12990
May I thi wikkede wordes forbere
Flee hethyn tite þou fende of helle
For it is wretyn in þe spelle
Godde thi lorde þou sall wirchipe alle
And hym allane serue þou salle   12995
Fra Ihesu had saide thire wordes meke
Þe fende þan durste na mare speke
Þen come þare angells criste vntill
And hym seruede alle at will   fol. 18v col. 1
Now leue we this a littill space   13000
And of Sayne Iohn telle we a pase
How heraude kyng hym broghte o lyffe
By resone of his brothir wyfe
Bot noghte þat heraude ȝe schall trowe
Þat sloghe þe childir for Ihesu   13005
Bot anoþer þat swa hatt
Ane of his sonnes hy gatt
Þat highte heraude archilaus
Als þe storye telles vs
Þat regnede after his fadir lyfe   13010
He gatt a sone one his wyfe
Þat hade to name herodias
Heraude þe thridde brother was
Þis heraude þat I of rede
Hadde of Sayn Iohn bathe lufe & drede   13015
And gladdely herkenede his sermoun
Bot anes he dide vnresoun

And vnkyndly dide in lyfe
ȝernede to wedde his brothires wyfe
Þat herodias highte   13020
Mikill scho dide agayne þe righte
When sayne Iohn herde þat was swa
Wete ȝe wele hym was full wa
And for to fordo þat schame
He come vnto heraudes hame   13025
Oute of disserte þat he was Inn
He come to saue þe kyng fra synn
Byfore his Baronage Ilkane
Hy hym forbedde that woman
And talde hym by many skille   13030
If he hir weddide he dide ille
When herodias herde of this
Departede fro þe kynge scho es
Scho wiste Iohnes wordes were to drede
& wightly fra þe kynge scho ȝede   13035
Scho wiste wele by Iohnes sawe
Þat scho was weddide agaynes þe lawe
& one anoþer syde hir was full waa
Þe kynge for to departe fraa   fol. 18v col. 2
Scho made mekill mournynge   13040
Ay when scho thoghte appon this thynge
Scho hadde a doughter with philipp getyn
Hir wikkidnes bese neuer forgetyn
Hir name es no force to telle
Knawen scho es full wele in helle   13045
For scho garte sayne Iohn
In presone fullyly be slone
To þe kyng þan saide sayne Iohn
Doo fro the that ille woman
Þou luffes hir agaynes thi lyfe   13050
And scho was thi brothir wyfe
Þou may hir hafe with no lawe
If þou be radde for goddes awe
And þou hir halde langare to make
Godde on the will take wrake   13055
Doo waye Iohn whi sais þou swa
Vnto dissert I praye the gaa
Still I rede þou halde the thare
And of þis matir speke þou na mare
For hir to leue ne will I noghte   13060
And þat þou hafe said it sall be boghte
I luffe hir maste of any thynge
Þat is agaynes þe righte ser kynge
Þi brothir wife fra hym to reue
It is gude þat þou it leue   13065
Iohn ouer mekill hafe þou spoken
And þat sall noghte be vnwroken

Þou sall in my presone ly
And full dere þou sall þi wordes aby
Herodias hym hated to þe dede   13070
And presouned was he thurghe hir rede
In presoun þay gart hym caste
And bande hym thare with rapes faste
To sla hym ne ware þay noghte in will
Bot þat wariede wyfe to still   13075
For hir to wrethe þay drede righte sare
Alle þat with þe kyng ware
His disciples come hym to see
The kyng thay in lete hafe entree   fol. 19r col. 1
When þay hym sawe in presoun depe   13080
Þay moghte noghte forbere to wepe
Iohn at thaym bygane to wete
If that Criste lorde oghte ʒitte
Bigane his werkes for to kythe
For theroffe wolde I be full blythe   13085
To thaym he sayde my dere frende
Now schall ʒe myn Erande wende
Vnto my lorde Ihesowe
And sayse hym als I say ʒowe
One manere mylde ʒoure Erande sais   13090
Bese wyse and vndirstandes always
Askes hym if he be that gome
Þat for mannes hele till erthe come
If it be he how lange es to
Are that he any vertu do   13095
Wetys if it be he þat tyde
Or we anothir schall habyde
Thay toke þaire leue þan at Iohn
And to Ihesu þay went anone
Thay saide Iohn vs to the sendis   13100
That in depe presoun lendis
And askes if þou be he þat sale
Borowe þe bownden folkes of bale
I am he he sayde parfay
Wendis agayne to hym & say   13105
Mesels are hale Crippels gase righte
Defe hafe þaire heryng blynde þe sighte
And þat man sall blyssede bee
Þat hym sclandirs noghte in me   13109
                             13112
Thies discyples toke ansuere
And to Iohn þay gane it bere
With Ihesu full mekill folke lefte þan
Till þam to talke he þan bygane   13115
And badd þam alle sitt stille
Till he to þam hadd sayde his will
Gode men he sayde whi ʒede ʒee
Into wildirnessse for to see

Wende ȝe thare the rede to fynde 13120
Þat heldis waywande with þe wynde
Or the man soghte cledde in sylke
In kynges housses ȝe may fynde swilke fol. 19r col. 2
Sais me whatt ȝe soghte thare
A prophete ȝa forsothe and mare 13125
This is he of whaym was redde
Byfore in body are he was bredde
I sall sende to puruaye
Myn angelle byfore the þe waye
Sayne Iohn euer in presoune laye 13130
Till it byfelle ane haly daye
Þat þe kyng garte forthe calle
Bifore hym his conselle alle
A grete feste þat daye he made
And mekill folke þeratte he hade 13135
And als þay satt beste at ese
Bifore þe kynge in his palesse
His broþer dogheter gent & smale
Come byfore hym in the haulle
Daunsande & tumblande faire with alle 13140
And clenly cledde in purpure palle
And for scho þat swa wele couthe
Alle men hir hade in mouthe
Þan sayde þe kynge þat mayden till
Aske me mayden what thou will 13145
I sall the gyffe withowtten swyke
Þoghe it be halfe my kyngryke
He bad hir aske what scho walde
And he hir solde connande halde
Sir scho sayde god ȝelde it the 13150
Þare one will I consaylled bee
And to þe boure scho toke þe pase
To speke with dame herodias
Modir scho sayde what thynge
Sall I aske at the kynge 13155
And haste þe kyng highte þe any bone
ȝa ȝa modir ȝa gaa þan and aske sone
Off Iohn þat in presoun es
His heuede to hafe it in a dische
When this was saide sone scho ȝode 13160
Vnto the kynge & by hym stode
Scho saide byfore thi Baronage fol. 19v col. 1
I sall the aske nane owtrage
Ne thare the nathynge be dredande
I aske nowthir lythes ne lande 13165
Ne nothyng bot þat es resoun
Iohnes heuede in thi presoun
When the kyng herde hir craue
Noghte bot Iohnes hede to haue

He wexe in hert wondir wrathe   13170
And namely for he sware ane athe
Before alle that folke so fele
& lathe hym was byhalden vnlele
He sent vnto þe presoun tyte
Iohnes hede offe to smytte   13175
And smertly was his biddyng done
In presone was he heueddide sone
And to þe mayden þay it bitaghte
And hir modir it hase laghte
Þare euer mare worthe hir waa   13180
Þat gude man dose with tresoun slaa
Bot this tresoun was boghte full dere
And vnto þe menynge of many a 3ere
With a greuefull sothe vengyance
In many stedis and some in ffraunce   13185
In þe somer at his natyuyte
Now gaase wode grete plentee   13187

Thus gates was saynd Iohn slayne   13192
And other enchesoun was þer nane
For to make enddyng of þis tale
Scho þat þis man thus broghte in bale   13195
Hirselfe to grete Barett scho broghte
His dede it was full dere boghte
When he was dede þe sothe to telle
His saule wentt vnto helle
Þe 3ates fande he sperrede faste   13200
Agaynes his come þay al tobraste
And a while þare he habadde
And of socoure Bodeworde he made
To þe folkes þat he þer Inn fande
How oure lorde þam solde bryng oute of bande   13205
In helle with prechynge he ferde   fol. 19v col. 2
Righte als he dide her in þis werlde
Forthi es he callede forcryer
And cristes awenn messangere
His discyples thare ware bownn   13210
And bare his body fra that townn
To Sabastien with mekill fare
þis corps than they beriede thare

Nowe I rede 3ow 3e lordynges alle
One blyssede Iohn þat 3e calle   13215
For wate 3e how I sayde 3ow are
A bettir barne neuer woman bare
He was cristes awenn prophete
Off alle oure bale he may vs bete
Off his ofsprynge þan es Iohn   13220
Þat heghe sittis vp in trone

And nere bytaghte to mylde Marie
He was to godde sybb forthy
And Sayne Iohn þe Euangliste
To þam vs brynge oure lorde Criste 13225
Now haue ȝe herde þe sawes
How sayne Iohn diede *with*owten lawes
Herkyns now how herodias dide
In a walle his heuede scho hidde
Scho hafes salted it in a walle 13230
Scho hir drede if swa myghte falle
Þat his heued ware to þe body done
Þat he monde qwikken also sone
Thurgh his mekill halyhede
He wolde hy*m* venge of his mysdede 13235
His body owt of sepulcre scho hent
And in powdir scho it brent 13237
Powder or bane þat þay fande thare 13240
Thay with thaym awaye it bare 13241
It was brent alle that daye
Bot a fynger þe sothe to saye

How Ih*esu* gadirde his appostells togedir
Ih*esu* knewe full wele the Stryffe fol. 20r col. 1
Whi þat Iohn tynt his lyffe
To þe Iewes þat were felouns
In wildirnesse he made sermons 13245
And Criste thurgh many place gan ga
Prechande þe folke to and fra
Fra Nazareth to Capharnan 13246
Fra Nyptalym to Zabulon
Went he prechande þe fay
One auerill þe to*þer* day
Þan bygane he to preche 13250
And alle þe folke opynly to teche
The synagoges alle soghte hee
In þe lande of Galylee
Off his prechynge spake many man
And mekill wirchip he wanne 13255
When he herde telle þat Iohn was slayne
To Nazareth he come agayne
Into his awenn contree
Off auerille in the entree
Off *p*rechechynge he bygane to speke
And helyde full many þat were seke
Seke men sergates till hy*m* soghte
And he to þam þaire hele ne warned noȝte
Thaym to hele was he bolde
And toke nowthir siluere ne golde 13265
Þan thoghte Ih*esus* it was to lange
Withowtten companye to gange

To gette hym ffelawes he will begynn
Bot nane þat was of grete kynn
Als Erle knyghte or Baroun   13270
Ne no grete lordynges of townn
Bot mene men of symple lyfe
Þat prynces helde men sythen ryfe
Twa brethir petre and andrewe
Bathe þay were of mekill thewe   13275
Had þay firste nane oþer gude
Bot with þaire Schippe fande þan fode
With thaire ffischynge þay þam fedde   fol. 20r col. 2
And mene state tharewith þay ledde
For a worde lefte þay schippes twa   13280
And with Ihesu gane þay ga
Þam ne rewede neuer sythen þaire mode
Swa þam thoghte þe chawnge gode
And at þe see Sayne Iohn he fande
Hys lynes to ffysche baytande   13285
He forsoke schippe & alle his kynn
And alle þis werlde & folowed hym
Thane come till hym Iudas thadeu
And broghte with hym Sayne Bertelmewe
And sythen als he come thurgh a by   13290
Thare he mett with leuy
Off publycanes ledare was he
A man he was of grete pouste
Ihesu Criste anes with hym ete
And for his luffe he alle forlete   13295
To wende with hym hym thoghte na schame
And sythen matheu was his name
Sythen come Symeon and Iudas
Lesse Sayne Iames and Thomas
Þan Iudas Scaryoth þe balde   13300
Þat sythen his lorde salde
Twelue þay ware to telle in tale
When þay ware togedir hale
Fra þay to this lorde chese
Þay forsoke alkyns ese   13305
Many angers men dide þam till
And þay ne dide neuer man ill
Ilkane of þam luffede othir
Als þay hade bene othirs brothir
Vnto þe Endynge of thaire lyffe   13311
Bitwene þam was neuer no stryffe   13310
Off he Petre poreste fande
Hym he made þe maste weldande
For of alle þe tothir feres
Þe maste preuelege he gaffe to pers   13315 fol. 20v col. 1
To perse said he luffes thou mee
Þou wate wele lorde þat I lufe the

Þou sall do my comandement
Lorde with all myn entent
My dede to take for the in nede 13320
My schepe he saide þan sall þou fede
Petre he saide þou hafe bene gude
Fischere hedirto on þe flode
Fra now forthe I sall the ken
Fischere for to be of men 13325
And þou sall be fra nowe forthwarde
Off heuen & erthe þe ȝatewarde
Off bandes þou sall þe kayes bere
Bathe to opyn & to spere
Whayme þat þou byndis be þou balde 13330
Bifore me bounden sall be talde
And whaym so þou louses of bande
Also forlousede sall he stande
Petre art þou and my kyrke sall
One þat stane sette þe grownd walle 13335
Na wyles of þat cursede wyghte
Sall agayne it hafe myghte
Serues me nowe and bese me nere
ȝe are my frendis leue and dere
And swa dide þay day & nyghte 13340
Þay seruede hym with alle þair myghte
Withowtten pride in symple life
And withowtten any sturt or stryffe
Men hym folowed thurgh þe lande
By hundrethe tale & thowsande 13345
Men went with hym for sere resoun
Some for to here his sermoun
To see hym & to here hym speke
And some for hele þat were seke
And some to see miracles ryfe 13350
Dede men to see raysede to lyfe
And some for þe lyffes fode
For many man þan dide he gude fol. 20v col. 2
Þare anykyns defaut was
He gart it mende or he wolde passe 13355
He dide many gude dedis
Als man of mercy & of medis
Also byfore archedyclyne
Turnede he watir into wyne

In þat ilk same contree 13360
Þat men calles Galyle
In a townn men calles kane
A grete brydale was thare ane
Þe bride gome garte thedir calle
Off þat lande his frendis alle 13365
Þar was prayed at that to be

Oure lady Marie & hir menȝe
And Ihesus also come þaretill
And his discyples als was his will
Þar þan was a gederynge full grete   13370
And many semely sett in sete
Þase gestes merily waren fedde
For many a man was thedir bedde
Þare was plenteth of mete & drynke
And alle þat men wolde after thynke   13375
Þar was na wyne spared þam ymange
& forthi ne lasted it noghte lange
When Marie wiste þaire wyne was gane
Vntill hir sone scho spake on ane
And till hym scho made hir mane   13380
And said wyne ne hafe þay nane
And till his modir þan said he
What es that to the or me
If þay of wyne hafe nede
In vs ne ligges noghte þat dede   13385
Bot I sall or I hethyn wende   13388
Schewe þam þat I ame thair frende
Scho calde þe botlere hir vntoo   13390
Do that my sone biddis the do   13391 fol. 21r col. 1
Loke his biddynge be redy grayed
Þe botelere all redy sayde
Ihesus badde sone one ane
Fill thase sex vessells of stane   13395
With watir clere and thay dide swa
Þan badde Ihesus þat þay scholde gaa
For to taste of that newe wyne
And bere it till archedyclyne
Þat of that house was housebande   13400
And costage to that brydale fande
Þay filde a coupe þan in haste
And gart archidyclyne taste
He dranke and felid gude sauoure
Ne dranke he neuer arste so gude lycoure   13405
He calde to hym the buttelere
And saide to hym one this manere
Whi he saide hafes thou
ȝemyd þe gude wyne vnto nowe
Þe gude wyne solde þou firste spende   13410
And þe werres at þe feste ende
When þat men are glade made
Þe gude wyne þou dose be hade
And hiderto forsothe me thynke
Þou hafes wasted alle oure drynke   13415
Mikill myrthe was made thare
And many man menskede þat fare
Oure lorde of water wyne þer made

Þareof many meruelle hade
Þis was þe firste dede þat he dide 13420
Till his discyples þat was kydd
And þerfore þay bigane to trowe
Mare stedfastely in Ihesow
Þan lefte þe bridgome his bride
And folowed Ihesu fra that tyde 13425
Ne laye he neuer hir besyde fol. 21r col. 2
Bot lefte hir & this werldis pride
He forsoke to be housebande
And turned hym one þe better hande
Men sais þat it was sayne Iohn 13430
Bettir with crist luffede was none
Cosyn he was to Ihesu Criste
And sythen he was euangliste
Þis was Iohn þe gospellere
Þat laye one his breste at his sopere 13435
Þare dranke he of þe witty welle
Þat sythen of he bigane to spelle
This sygne dide Criste at þat bridale
Als þat sayne Iohn telles in his tale
Off hym Ihesu walkande in erthe 13440
Off gosspellers Iohn es the ferthe
Marke matheu luke his felawes
Bot Iohn þe wyseste was in sawes
Forthi to þe Eren like es he
Þat is a foule fferreste may see 13445
And is a birde righte glegg of eghe 13448
Ne nane als he so heghe may flee 13449

Ihesu thethyn his viage made 13452
Out ouer þe see of tyberyade
Grete ware þe folke þat with hym ʒode
To here his prechynge þat was gode 13455
Þaire hele to gete þat were seke
Full ferre þay soghte þat man so meke
With this folke þat I of telle
Ihesus clambe vp to a felle
His discyples with hym he ledde 13460
This folke alle aboute hym spredde
Þay folowed hym þat mekill thrange
Hym rewed þat þay fastede so lange
Þe dales were with ffolkes ouerlayde fol. 21v col. 1
Philippe he called and to hym saide 13465
Philippe this folkes are wonder fele
How may we troweste þou with þam dele
Thay hafe myster now of mete
Whare sall we thaire fode gete
This he saide the gospelle telles 13470
To fande Philippe & for noghte ells

For he that made bot sone & mone
Wiste wele what he hadde to done
Þay folowed hym fastande dayes thre
And he of thaym hadde pite   13475
And said þam & þay toke þe waye
In middes þaire iournee faile solde þay
If þay fynde no thynge to by
For defaute dede solde þay ly
Philippe saide lorde what consaile   13480
May I the giffe þat maye availe
Me thynke to do ware it noghte ethe
Wha hade of penys thre hundrethe
Loues with to by þay are so fele
Ilkane solde hafe bot a morsele   13485
Þan spake andrewe þat man so mylde
Lorde he saide here es a childe
Þat hafes fyve loues & fisches twa
Bot þat es noghte withowtten ma
Þan said oure lorde ynoghe es that   13490
Doune I wolde þe folkes satt
And we sall do wonder wele
Hay was þare liggande a grete dele
Withowtten any more Sermoun
Sone þe folkes were sett doune   13495
Thir laues þat I of melt
Criste þam blissede are þay were delt
He blyssed alswa þase fysches twyn
And sett his fuysone þase fisches In
Þat alle þe folkes þat þare ware sett   13500
Had ynoghe thare for to ete
Þis brede þe ffische was dalte aboute   fol. 21v col. 2
Had nane defaute in alle þat rowte
Gode men it was a grete gadirynge
Þat godde fedde with so littill a thynge   13505
Twa ffisches & fyue loues of bere
Ihesus fedde with swilke ane here
Fyve thowsande it es redde
Ware þe ffolke þat he thare fedde
When þay had Etyn þan oure drightyn   13510
Badde þam noghte þe crommes tyne
Þe relef gedirde þay one hepis
And filled þerwith twelue lepis
Thus he settis his fuysoune
Thare he will gyffe his benysoune   13515
This folkes þat he gaffe þe fode
Hym thanked of alle gude
And saide forsothe this ilke es he
Thurgh whayme þe folke sall sauede be

How Ih*esu*s gaffe the borne blynde man
his syghte

Aftir that this sygne was done   13520
Noghte lange bot righte sone
Anoþ*er* he dide þ*at* ȝe schall here
Als sayse þe same gosepellere
Off a man þat borne was blynde
And soghte lange Ih*esu*s grace to fynde   13525
Als Ih*esu*s welke thare in the strete   fol. 22r col. 1
This blynde man w*ith* hym gane mete   13526
His discyples saide till hym than
Lorde þay saide what ayles this man
Or his Eldirs hym biforne   13530
Þat he es thus gates blynde borne
Þan said Ih*esu*s noþ*er* he this
Ne his ofsprynge dide þe mys
Bot that goddes werkes maye
In hym be sene fra this daye   13535
Mi ffadir dedis will I do
Whils þat I hafe tyme þ*er*to
For now moste þe sone hym spede
To fulfill the ffadir dede
Wirke hy*m* moste whils he hase lighte   13540
Off þe day þat es so brighte
In this werlde whils ȝe me see
ȝe gete no lightnes bot of me
Vnto þe erthe þan he spitte
And with erthe he menged it   13545
And þan he tuke vp of this claye
And smeride with his eghne twaye
And sythen he saide leue frende
To þe natatorye sall þou wende
Þat es to saye of Syloe   13550
Thare sall thyn eghne waschen be
Þan he wasche his eghne thare
And had his sighte in þat siquare
Now thare hym no mare be ledde
He come agayne into þat stede   13555
When þay hym saghe þ*at* knewe hy*m* are
One hy*m* full faste gane þay stare
Some saide it es noghte he
Þis othere day þat moghte noghte see
Some said nay some said þat ilke   13560
Some said ane þat semed swilke
Þe sothe ne couthe þay noghte fynde
Þan said he þat was blynde   fol. 22r col. 2
Þis es I for sothe to saye
How gates may þ*ou* see said þay   13565

Mi sighte he saide þan gatt I thus
Þar es ane þay calle Ihesus
He smerid with clay myn eghne twa
And sythen bad me forthe ga
To þe natatorye of Syloe   13570
And bad I solde þare wasche me
I went and dide his biddynge
And þan moghte I see all thynge
Whare es he quod þay þat Ihesow
I ne wate he said whare he es nowe   13575
Thay hym hent þase felle Iewes
And ledd hym to the Pharysewes
Þat maistirs of þe lawe were than
And askede at this sely man
How gates þat he had his sighte   13580
And he said Ihesus þus me dighte
Þan saide some þat stode þer by
He was neuer godd certanely
Oure haly daye haldes he noghte in state
For it was done one oure Sabath   13585
And som said how it moghte
Off synfull man swilke dede be wroght
Þe Pharisens þat ware sa felle
Grete striffe made þam ymelle
And gruched & couthe na resoune fynde   13590
And gart calle agayne þe blynde
What haldis þou þat man said þay
A prophete said he be my lay
Þe maistirs Iewes þan bigane
To mystrowe þat sely man   13595
Some said he blynde had bene
Some saide he hafes euer sene
Þan gart þay forthe brynge
Þe men nerreste of his kynn
Es this ȝoure sone þay ansuere ȝaa   13600
Was he borne blynde þay said ȝaa   fol. 22v col. 1
Says vs nowe bi ȝoure lewtee
How gates may he now see
His frendis said oure sone es he
When he was borne he moght noght see   13605
How þat he may see now
Askes hymseluen how
He es of elde & wele we wate
He kane speke for his awen state
Þase sely men thus ansuerde þare   13610
Þay drede þe Iewes wondir sare
Þat had þay made wele þay wiste
Any louyng to Ihesu Criste
Or hym bygun to loue or loutte
Þay had bene schent withowtten dowt   13615

For thi hy*m* seluen þay bad þam frayne
Þay wolde hafe bene away full fayne
ȝitt thir Iewes felle of kynde
Þe thrid tyme calde hy*m* þat was blynde
Grete wondir þay sayde hafe we   13620
How synfull man moghte gare þe see
Be he synfull be he clene
He gart me see þat blynd hase bene
Now quod thay per charite
Tell vs how he dide with the   13625
He said þe sothe I talde ȝow are
At me ne sall ȝe wete na mare
After hym swa whi spirre ȝe
His discyples will ȝe bee
Þan þase Iewes þay bigane   13630
Felly to myssaye this man
Be þou his discyple quod thay
For will neu*er* turne fra oure lay
For a grete faytour þan es he
And Moyses discyples are we   13635
Þat was a man *with*owtten make
Godd hymseluen with hym spake
And of hym this no thyng knawe we
To thase Iewes þan ansuerde he   fol. 22v col. 2
Þareof thynke me selcouthe   13640
Whi ȝe halde hy*m* swa vncouthe
And knawes noghte þat lorde free
Þat my sighte gaffe to me
I wate it wele & wenys it noghte
Synne þat man neu*er* ȝit ne wroghte   13645
He hates alle thase þat dose ille
And luffes all þase þat dose his will
He es a man *with*owtten pere
Pore me*n*nes prayers will he here
Off swilke anoþ*er* was neu*er* herde   13650
Sen þe begynny*ng* of this werlde
Þat Blynd borne men gatts þe sighte
*With*owtten þe grace of godd of myghte
Þan spakk þay alle to hy*m* in skorne
Bathe þou and he in syn were borne   13655
If þou stande sermonande alle þe ȝere
Þou ne garres vs neu*er* his lawes lere
Þay regroyned hy*m* als a dogge
And dange hym fra þaire Synagoge
Herken this lurdane quod thay   13660
Wold vs lere ane vncouthe laye
Þis begger þat in syn was getyn
Fra thair temple when he was betyn
Fra þam þan he went full ȝare
Sekand Ih*esu* here and thare   13665

Ih*es*u thoghte hym to do solace
And schewe mare of his grace
When þat Ih*es*us and he mett
Full semandly his lorde he grett
Till hy*m* said Ih*es*us say me now say   13670
Trowes þou in goddes sone or nay
Whare es he that wiste I whare
One hy*m* to trowe full lefe me ware
Ih*es*us saide þou hafes hym sene
And w*ith* hy*m* spekes w*ith*owtten wene   13675
ȝit said Ih*es*us my co*m*mynge
Es Iuggement till erthe to brynge
þat thase þat noghte sees solde se   fol. 23r col. 1
And thase þat sees solde blynd be
Than said some of þat semble   13680
Sais þou þat blynde are we
Ware ȝe he said w*ith*owtten sighte
Þan ware ȝe w*ith*owtten plighte
Bot now he said þat ȝe may se
In synn þ*er*fore lefte are ȝe   13685

Now forthirmare ȝitt schall I tell ȝowe
Off þe werkes of swete Ihesow
Als telles this Ilke Euangliste
Þat he saghe folowande Criste
Vnto Olyuete that hille   13690
Þat he mekill haunted till
Thare to bidde his bedis vmstont
Thedir to gaa ofte was he wont
Þat hille one a day went he fra
And to þe temple gane he gaa   13695
For to ken and for to lere
Þe men þat hadd will hy*m* to here
Þe pharasens þat ay luffed stryfe
Vnto þe kirke þay broghte a wyfe
Þat in horedame was tane   13700
Þe lawe wolde men solde hir stane
In myddes þat temple wyde
Many man was þare þat tyde
Aboute hir heuede hir hare hyngande
Many ware thare w*ith* stanes in hande   13705
Þan spake ane for þam alle
Vnto Ih*es*u gun he calle
Maister he saide lo this womane   13709
Þat þou sees here redy to stane
Breken scho hase hir spousaile   13710
Scho sall be staned þ*er*fore sance faile
For Moyses badd vs stane all slyke
Ware þay pore or ware þay ryke
Late vs see now thi Iuggement

Þat was noghte saide with þaire assent 13715
For alle had þay sworne þer till fol. 23r col. 2
Þat sary woman for to spille
In wrange dede or worde þay thoghte
To take hym þat þay neuer moghte
Thay thoghte if he wolde hir stanne 13720
Man of mercy was he nane
And if he lette hir quytte gange
Thay myghte he dide wrange
To make hym madde alle saide þay swaa
And to atteynte hym bytwene thase twa 13725
When þay hadde þusgates soghte
Ihesus knewe full wele thaire thoghte
He stouped downn & with his handes
He wrate a while in þe sanddes
Þan said alle þat þare wasse 13730
Whi giff vs ansuere & latte vs passe
Vs thynke full lange we duelle alle day
Wha lettes ȝowe to wende away
Bot wha þat es withowtten
Þe ffirste stane at hir sall caste 13735
Þe man þat es withowtten synn 13737
Firste to stane hir he bygynn 13736
In this he stoupede doune ofte sythe
And alle thase ware dombe als swythe
Ilkan soulkede þan awaye 13741
Na thyng þan couthe thay say 13740
In that temple lefte was nane
Bot Ihesus and this womane
Ihesu raysed vp his heued
In þe temple saghe he nane leuede 13745
He saghe this woman standand thare
For hir he mourned selly sare
Womane he saide whare are þay
Þat the solde do till dede þis day
Qwakand scho loked hir aboute 13750
Ihesu badd hir hafe no dowte
Lorde scho said alle are awaye
For thi womane to the I saye
Ga now forthe ther þou will wende fol. 23v col. 1
Schall nane of thi faes the schende 13755
I ne dampne the noghte forthir þou fare
Bot ga now forth and will synn no mare
Be na mare in will to synn
And clense the of that þou hase bene in

Off the man that was helide at the Pissoyne
A watir ther es in that thede 13760
Pissoyne it es called in lede
Þat water als the storye sais

Was mekill remowede in þase dayes
Bi þat ilke vynere
Many a man laye vnfere   13765
Þare In ware wonnte for to discende
Angells it for to blende
Þan did it swa in that siquare
When þat it drouy ware
The firste seke man myghte thedir wynn   13770
With þat watir to wasche hym In
He ne solde neuer thethyn fare
Till he ware hale of alle his sare
Ihesus this tyme was walkande
& come by this vynere grete folke he fande   13775
Þat þare ware liggande for to bide
When þair hele sold betyde
Thare fande Ihesus a man vnfere
And had bene aught & thritty ȝere   fol. 23v col. 2
Swa harde in lymes was he tane   13780
Þat weldynge of þam ne had he nane
Ihesus byhelde this caytif thare
And rewed of hym selly sare
Gode man he sayd with me þou mele
ȝernys þou for to hafe thi hele   13785
ȝa sir he said no thyng so gladde
Bot I am swa with sekenes stadde
Þat I ne may to that watir wynn
Ay other gase bifore me therInn
And thar es nane þe sothe to telle   13790
Þat me will bere vnto þe welle
Lange hafe I ledde this sary lyfe
Will nane rewe one me caytife
And gud man I the trewly say
Þou sall be hale this ilke day   13795
Rise vp now sall þou ly no langere
Gang hethyn tite with alle thi gere
Vp he rase withowtten mare
And one his bak his bedd he bare
Þat day þis man was made fere   13800
The Iewes helde haly day & þat dere
When þay hym saghe þat birden vndir
One hym bigane thay for to wonder
Whatt cursed man art þou quod thay
Þat thus wirkes on our halyday   13805
Þou of god hafes nane awe
And saide many anoþer sawe
Þou carle whi brekes þou oure lawe
Worthi þou ware to brenne & drawe
Agayne thi birden bere þou nowe   13810
Or full sare it sall the rewe
Gode men he saide by goddes myghte

Me to wite ȝe ne hafe no righte
At þe welle of Syloe thare I laye
A man come gangande by þe waye   13815
And made me bothe hale & fere
And bade me ryse *with* my littere   fol. 24r col. 1
And said do þe forthe & gaa
And als he me bad loo I do swa
Aughte and thritty ȝere I lay *in* bande   13820
And I ne remouede neu*er* fote ne hande
The angelle lyghtyng I ay habade
Vnto this man me hale made
And he þat me hale hase wroghte
Agayne say hym ne awe me noghte   13825
Þay lete hym passe þam ymelle
And than sayde þe Iewes felle
This is noghte with godd quod þay
Þ*at* þusgates brekes oure haly day
The lyfe he ledis may na man lede   13830
And greues vs with his fraward dede
He will noghte come till oure bewyst
Ne till oure lare will he noghte liste
Oure haly day he noghte forberis
Bot many wirke on þam he geris   13835
He fandis faste vs for to payere
With vs ne will he neu*er* speke faire
Wele ofte he greues vs selly sare
And eu*er* ilke day mare and mare
Many gederyngs he garres vs make   13842
And many consaile for his sake
And done vs hafes he mekill angere
Þat certis we may thole na langare
A consayle of hym will we taa
And of hym sall we neu*er* take maa   13845
Þe nexte tyme þat he co*m*mes in handes   13847
We will þat he be done in bandes   13846
And wha sa thare agayne sais oghte
It sall be ful dere boghte
In that skatterid þaire assemble   13850
Ih*esu* went owte of that Cite   fol. 24r col. 2
Ferre away by anothir syde
Out fra þair sighte hym to hide
For ȝitt was noghte his tyme co*m*men
Into thaire handes for to be no*m*men   13855
Ne myghte þay neu*er* hande lay hy*m* one
Till he wolde þat it were done
Fra þat tyme he hy*m*seluen bedde
Neu*er* a fotte fra þam he fledde
Till he his blode amanges þa*m* bledde   13860
And for vs lefte his lyfe in wedde
Ih*esu* went to the temple þan

Þare spake he w*ith* this alde man 13863
He saughe hy*m* full of sorow & waa
Þe Iewes hy*m* hadd regroyned swaa
Crist till hy*m* spake w*ith* wordes hende
Fra now þou moste my dere frende
Tent to my techynge & my tale 13870
Thynke one thi sekenes þou arte hale
Ih*esu* went here and thare
And did Miracles eu*er* ay whare
Till it come a solempnyte
He come agayne to that cite 13875
With hy*m* come his disciples lele
And othir folkes folowande fele
Into þe temple þay with hym ȝede
And he bygane thaym to rede
Als þay herkened his sermoun 13880
With full grete deuocyoun
And som saide þam ymelle
Wha herde man eu*er* swagates spelle
Bathe lawes men & men of lare
Off hym spake bothe lesse & mare 13885

Ihesow þan þaire speche herde fol. 24v col. 1
And myldly he thaym ansuerde
My lare es noghte myn said he
Bot his þat hafes sent me
Þat neu*er* lyghed ne neu*er* sale 13890
His witt his lewte ay es hale
And his lare sall laste for ay
This will hy*m*seluen witnes & say
Þat man þat spekes hy*m*selfe of ros
Wate ȝe gode men whate he dose 13895
When he his awun rose hase soghte
Sothefastnes in hym es noghte
Bot sothefastnes es in his worde
Þat othir men giffes luffe worde
Moyses ȝo*ur* lawe ȝow broghte 13900
ȝe knawe it bot ȝe do it noghte
Selly me thynke ȝe hate me swa
And sekes seregatis me to slaa
Till hym þan said all þat semble
Whe hope some deuyll be in the 13905
Wha will the sla whi sais þou wrange
I hafe done gud werkes ȝow Imange fol. 24v col. 2
Nane was pryue alle hafe ȝe sene
And thare at hafe ȝe grete tene
Moyses gaffe ȝow in the alde 13910
Lawe Circumsyse to halde
And ȝe Circumsyse one halyday
And lettis noghte for the lay

And whi hate ȝe me thane
For I made hale a seke man   13915
At the Pisoyne one ȝour Sabath
And demys me þerfore sere gate   13917
Swa ne sold ȝe do wolde ȝe me trowe   13920
And wele I wate it were for ȝowe
Many men ware by and stode
And herd this folke wrathe & wode
Þare ware comen to the toune
To here this disputicyoune   13925
Many wordes þay spake & felle
Ouer lange were alle to telle
Some sayd when sall criste hym schewe
Wethen sall he come sall na man knawe   fol. 25r col. 1
His kyn ne his contree   13930
Bot this mannes kyn wele knawe we
Off this lande es bathe he & his
Þe contre knawes it wele ywys
Þan saide Ihesus a worde to myn
Sen ȝe knawe me and my kyn   13935
Off ȝour vnwitt when will ȝe blynne
Sekes me noghte sakles swa with synn
And tentis to skille & to resoune
ȝe ken me and my nacyoune
In na place thare ȝe me see
ȝe sall noghte here bot sothe of me
For he þat me to ȝow wolde sende
Es sothfastnes withowtten ende
He þat me sent I wate what es
And ȝe knawe hym noghte ywysse   13945
If I said þat I hym noghte ne knewe
Þan were my wordes vntrewe
Bathe were I false & lyghere
Als þat ȝe ȝourseluen ere
I knawe hym and hase knawen euer   13950
Fra hym ne sall I sonder neuer   13951
Full fayne þay wolde hym hafe nommen   13954
Bot ȝitt was noghte his tyme comen   13955
Many man bygan to trowe
Fra that tyme forthe in Ihesowe
Euer more after that day
Þe Iewes aboutewarde trauelde ay   13959
Full fayne þay wolde hym hafe tane   13952
Bot hande on hym moghte þay lige nane   13953
And many tymes þay toke þair rede   13960
How þay myght beste bryng hym to dede
Sythen sall ȝe here one what wyse
Ihesu garte lazare ryse   fol. 25r col. 2
Bot or that I ferrere ga
I sall speke of his sistirs twa   13965

Þat was Martha es noghte to layne
Þe toþer was þe Magdelayne
Lazare als sais the storye
Was of a place highte Bethany
Sistirs þan hadde he twynne   13970
Þe tane was a woman full of synn
A synfull woman was scho ane
Fo scho commone to Ilke a man
This womans ffairenes
Garte many synne mare and lesse   13975
Seuen fendis fra hir keste criste
Als sayse sayne luke þe euangliste
A sely Synfull was scho this
Alle hir synn turnede to blysse
Wonnande scho was in þat siquare   13980
Þare Ihesus prechede here and thare
Þare he many meruelle dide
And to mankynd hymseluen kydd
And to many seke men he gaffe þe hele
And als he come bi a castele   13985
A man hight Symond leprouse
Had prayed criste vnto his house
And for he prayed with gud chere   13989
Ihesus hym granttede his prayere   13988
Full faire seruys Symond hym dighte   13990
Als was to swilke a lordyng righte

How Ihesus fforgaff þe Magdelayne hir Synnes   fol. 25v col. 1
When Ihesu was sett in sete
With his discyples at þe mete
This synfull woman noght to layne
Þat es called þe magdelayne   13995
Within the castelle þat I off talde
Scho moghte do what so scho walde
Þar godd will þat man syn be bette
Þar may no thyng hym lett
Þe worde of Ihesu sprang full brade   14000
For a miracle that he made
Who Mary wist Ihesus was commen
A Boyste with smerells hase scho nommen
A smerell þat was of price ful dere
In a boyste with hir scho bere   14005
And schortly my tale forthe to telle
Bifore Ihesu one knes scho felle
Ther with scho felle one swilke a grete
Þat with hir teris scho wesche his fete
One his fete scho grette full sare   fol. 25v col. 2
And sythen scho dred þam with hir hare   14010
Þar scho fande any galle or sare
With hir smerells scho smered it thare

Alle this honours scho hym dide
And sythen kiste his fete in myde   14015
Alle þay wondred one mary
For thay hir saghe neuer are so sary
Scho lefte hir dede for no schame
Symond þe maister of that hame
Wondred & said in his thoghte   14020
Bot with mouthe he neuend it noghte
Ware this man a verraye prophete
Þe woman þat standis at his fete
And he wist whatt scho were
Scho solde noghte hym neghe so nere   14025
For scho a woman of synfull state
Als alle þis contree full wele wate
Þat hym ansuerde Ihesu crist
What Symond thoght ful wele he wyst
Herken to me he said a stounde   14030
Ful fayne lorde sayd Symonde
It was a man whilom was wont
Siluer for to leue vmstont
Þis man was ane hokerere
And twa men come þat hade mystere   14035
And asked hym siluere of lane
Þis riche man lent vnto þe tane
A hundrethe penys swilke als was than
And ffifty to þe tothir man   fol. 26r col. 1
When it come to þe terme day   14040
Noghte þay hade for to pay
For he þam saghe no catell hafe
Alle þe dett he þam forgaffe
He þam forgaffe and bad þam fare
Whethir aghte to lufe hym mare   14045
Sir me thynke withowtten lette
He þat he forgaffe þe maste dette
Þat was maste forgyffen till
Maste hym aughte to luffe with skill
Wele þou ansuere symond   14050
Hym aghte to do swa with resoune
Alle wayes scho wepte appon his fete
And Ihesus hir allane lete
Vnto Symonde he saide onane
Sees þou he said this woman   14055
To my fote watir gaffe þou me nane
And þam to wasche neuer sythen scho fane
Þou wate wele þat sothe it es
Þat þou me bedde noghte anes to kysse
Now sen I come vnto thyn Inn   14060
To kysse my fete wolde scho neuer blyne
Oynement þou gaffe me noghte
And scho hase oynement with hir broghte

And me annoynted fote and schanke
Þerfore I cone hir mekill thanke   14065
And for scho me hafes luffede ay
I sall aquyte it if I maye
Off hir synnes scho sall be clene
I here forgyffe þam alle by dene
Mekill þou luffed he said mary   fol. 26r col. 2
Mekill the es forgyffen forthi   14070
Ga whare þou ga thi mekill trewthe
Haue the sauede and thi rewthe
Now art þou saued thurgh thi fay
Kepe þe wele nowe fra this day   14075

Ihesus aftwarde in hy
Come to preche in Bethany
Gyffande many seke þair hele
Men hym folowede wonder fele
Martha and mary thare he fande   14080
Lazare thaire broþer thare was wonnande
He gestened with thir sistirs twa
With mary and with martha
When þay wiste he thare wald duelle
Off grete comforthe gan þay telle   14085
For neuer ȝitt swilke a geste
Come vnto þaire house to reste
Martha was houswyfe of þat house
To serue was scho full curyouse
Mary hir allane lete   14090
And sett hir doune at Ihesu fete
One þe grounde scho sett hir doune
For to here his sermoune
Nothir scho tent to mete ne borde
Bot toke all tent to goddes worde   14095
For scho martha helpe ne wolde
Off hir martha a playnt hase tolde
To Criste & sayd see ȝe noghte how
Þat I allane serues ȝow
Mi sister sittis als ȝe see   14100
And will noghte ryse to helpe me   14101 fol. 26v col. 1
Leue lorde ȝe bidde hir ryse
And helpe me now in this seruyse
Martha : martha saide Ihesow
In grete besynes arte þou nowe   14105
And besy abowte many a dede
Bot maste þe whethir of ane es nede
Þe bettir part mary hase chosen
Þat neuer fra hir sall be losen
Blissede be that affliccioune   14110
Þat mary broghte to swilke perdowun
Alkyn thyng scho forsoke

Out tane ane þat sho to toke
Off alle thynges scho toke till ane
Withowtten whayme rewarde es nane   14115
Es na man kan telle þe tend   14118
Part þat godd dose till his frende
For es na man with hert may thynke   14120
Ne na clerke may write with Inke
Ne eghe may see ne ere may here
Ne mannes witt thare may come nere
How mekill mede till vs es dighte
If we þat man will serue righte   14125
Lefe we now thies sistirs thus
And speke we will of lazarus

How Ihesus Raysed Lazarus Fra dede
to lyffe
Lazarus of Bethany
Had sistirs Martha and Mary
Mekill he luffed þam bathe   fol. 26v col. 2
Did he neuer ȝitt man skathe   14130
A castelle was bathe his & thaires
Þare of ware þay clere ayers
To this castelle Criste was calde
To herberghe with In that halde   14135
And als þe storye telles vs   14137
Seke was he this lazarus   14136
In sekenes was he halden swa
Þat one erthe he myghte noghte gaa
Mary and Martha ware full wa   14140
For his sekenesse & swa was maa
His systirs seruys hym to hande
Þat bownden laye in goddes bande
Bot bot till hym þat swa was bunden
Full ferre was soghte bot nane fonden   14145
If þay it soghte þay fande na bote
Sekenes hym haldis in hande & fote
When he saghe þer was nane oþer
Ne no mendyng at thaire broþer
Conselle þay toke Ihesu to seke   14150
For þaire Broþer þat was so meke
Till hym þay thoghte þe sothe for to say
How þair broþer in langoure lay
And praye hym if his will were
Come see þair broþer þat was vnfere   14155
For wele wist thies sistirs twa
He couthe hym hele of alle his waa
Hym þay soghte ouer alle Iudee
Bot he was noghte in that contree   14159
And that was for this resoune   14162
Þe Iewes hym soghte with tresoune

Þay fande hym noghte in that lande   fol. 27r col. 1
Bot thay fane neuer till þay hym fande   14165
Thire messangers þaire Erande sayde
To Ihesu that was one thaym layde
Þay prayed hym als lorde dere
For his frende that was vnfere
Þat he till hym a torne wolde make   14170
For hym & his twa sistirs sake
He es full seke that lele and trewe
A lorde þay sayd one hym þou rewe
To thase men þat þe message bare
Ihesus gaffe swilke ansuare   14175
Ganges hame he sayde þe way
And vnto þam sall ȝe say
Þat þay noghte for þaire brothir morne
To dede sall noghte his sekenes torne
Bot sall now blis ther with be sene   14180
Mare þan euer byfore hase bene

Agayne þay went with þair ansuere
Twa dayes oure lorde was there
Þan his disciples gart he calle
Graythes he saide now ȝow alle   14185
For vnto Iude sall we nowe
And þay sayd what thynkes þou
Thedir agayne and þou gaa
Certis þe Iewes mon the slaa
Forthi if þou will be oure frende   14190
One na wyse thedir þat þou wende
Ihesu said whi say ȝe swa
Ten houres es hafe þe day and twa
wha þat sall wend any way
Gode it es to ga by day   14195
For wha sa walkes by nighttertale   fol. 27r col. 2
In many perells falle þay sale
To my talkynge takes gode kepe
Lazare oure ffrende lygges one slepe
Þat I wende till hym es tyme   14200
Hym to wakken of his swyme
He hafes me lufede euer and ay
It sall be quytt for sothe to say
Sir þay sayd if he slepe oughte
Drede of dede ne es it noghte   14205
If he slepe his hele es at hande
Ihesu saide ȝe sall vnderstande
Þe tyme es comande nere till
Þat some of ȝow sall lyke full ill
For he es dede þat I of say   14210
And sythen es gane þe fourt day
Dede and grauen bathe es he

He es noghte qwyke þat sall ȝe see
Now þan am I gladde and blythe
Þat I was noghte thare þat sythe   14215
Bot now sen þay me aftir sende
Allgates thedir will I wende
When Thomas þat highte dedim*us*
Knewe þat dede was lazarus
Als his maist*er* said Ih*es*us   14220
He mornede sare & sayde thus
Vnto his felawes þan sayd he
Lordynges he sayde now heris ȝe
Þat lazarus es noghte in lyve
Gaa we and dye with hym swythe   14225
Me liste na lengere lyfe nowe
Bot we hafe helpe of Ihesow
We sall mys full gretely
Þat gudman in Bethany
Bytwixe Ier*usale*m and the castelle   14230
Wonned þe Magdelayne ȝe herd me telle
Thase folkes þat hafes there bene   fol. 27v col. 1
Says it es noghte miles fyftene
Thedir there als lazare was dede
Ih*es*us to that place streghte ȝede   14235
When þat þay comen ware
Lazare frendis ȝitt fande þay thare
In that Castelle bothe alde & ȝynge
For lazare dede þay make mornynge
Mary and Martha þe boke says   14240
Wepid for lazare foure dayes
Thedir come many a Iewe
Ma than I kan tell ȝow now
Bathe of ane and of othir
To comforthe þase women for þair brothir   14245
Righte w*ith* this ther come tithande
Þat Ih*es*u was þer nere co*m*mande
Þat he and his companye
Was righte nere comande certanly
Martha was neu*er* halfe so fayne   14250
And tytte scho went hym agayne
To fote scho felle hym saryly
And one hym scho keste a crye
Leue lorde scho sayde whatt es þi rede
Now es my brothir fra me dede   14255
A lorde hadd þou here bene
Had no dede one hym bene sene
Bot for what thynge þou makes prayere
Wele I wate god will the here
Martha he sayd thi broþer sall ryse   14260
scho said ȝa one somkyn wyse
One domesday I wate then

Ryse he mon with othir men
Sayd Criste I am vp rysyng & lyfe
Whaa þat in me traystes man or wyfe   14265
If þay ware dede þay solde lyfe
Swilke a gifte I solde þam gyffe
Alle þat lyffes and trowes in me
Dede ne sall þay neuer see
Trowes þou this scho said ȝaa   14270 fol. 27v col. 2
I trowe this and I trowe alswa
Þat þou arte goddes awun sone
Comen Imanges vs for to wone
Martha sorowfull and sary
Called one hir sistir mary   14275
And vnto hir scho gane rowne
Ihesu scho sayde es commen to townn
Gange and speke with hym in hy
Are thare be any mare kry
Vp scho rase & till hym went   14280
Righte with sary chere hir ment
Hir chekes were full bla and wanne
Full many a tere thaym ouer ranne   14285
Vntill brothir grave scho gase   14286
Swonnande thare scho said allas   14287
And sythen fra that monument
With hir lorde to speke scho went   14289
Till hym scho ranne and felle one knes   14292
Lorde sho sayd als thou sees
Dede es my brothir lazare
Þare for my hert es full sare   14295
Hadde thow lorde bene here with vs
Hadde noghte my brothir drede thus
Ihesu hir blyssed in that stirt
For hir he hadde rewthe in hert
Lazare frendis that thare ware   14300
For hym þay morned swythe sare
Ihesu comforthe of alle care
Kyndnes grete he kydd þam thare   14303
For he wept sarrere than thire othir   14306
With thir twa wymmen for þaire broþer
Tendirly he grett and sayde
Whare now es þe corps layde
Sir said Mary com forthe and see   14310
A lorde mekill luffed he the
Now lorde þat luffande es and sly
Þat the swa luffed whi lete þou dy
Ihesu þair mornyng vnderstode
To the graue with thaym he ȝode   14315
When he come thare withowtten hone
He badde the graue solde be vndone   fol. 28r col. 1
Fra the tombe thay toke the lydde   14317

His comandment full sone thay dide
Than said Martha lorde I trowe   14320
Wormes bygynnes one hym to gnawe
He stynkes for foure days are gane
Sen he was stoken in this stane
Thane said Ihesus Martha do way
It es na witt I here the say ·   14325
Forgeten hafes þou sone the lare
Þat I kende the langare
If þou walde trowe are said I the
A grete selcouthe solde thou see
Sawe thou nane swilke many day   14330
Many men ware thare I say
The tombe lydde away þay toke
Vpwarde to heuen Ihesu gane loke
Till his ffadir made his boune
And his ffadir herde hym sone   14335
Honowred be thou ffadir ofte
Sittande with angells one lofte
Thi sone the thankes þou down has sent
Till erthe thurghe þe holy gaste assent
Fadir I wate I am of the   14340
Alle are we ane in persones three
I walke here ymange myn awun
If I with thaym be littill knawenn
I wille alle wete for whate resoun
Þou me sent hedir downn   14345
And me here with thi myghte hase ledde
Þat I am bathe luffede and dredd
Þou þat in this tombe es stadde
Lazare come forthe he badd
Lazare than gaffe a kry   14350
Þat alle herde that stode hym by
At his biddynge he rase one ane
That thare laye stoken in the stane   fol. 28r col. 2
In wyndyng clathe als he was wonden
Fete and handes bothe were bunden   14355
Lowses hym he saide I wat why
Þat he es liffande certaynly
Þan said alle that thare stode
Criste kidd thir sistirs mekill gude
Fra the tyme þat this wonder sprange   14360
Folkes till hym gedirde ffull strange
Full wyde whare þe worde rase
How lazare fra dede raysed was
I hope ferrere þe worde was ryfe
Þan euer was it of his lyfe   14365
Þe takens ȝe hafe herde here
Gude es þat ȝe thaym lere
Swilke ne herde ȝe neuer I wene

How myghte Meruelle mare be sene
Crippills gange þe blynd hafe sighte 14370
Þe dombe to hafe þe speche righte
Þat hadd bene mesells many a ȝere 14371
He þam made bathe hale and fere
The dede he raysede agayne to lyue
Swilke meruells did he many & ryve
Wha þat trowes noghte in his myghte 14373
He ne es noghte bot a cursed wighte 14375
Als ware many In that townn
Thare he raysede lazarownn 14377
That ware of the Iewes false
That hym solde menske & honour als
For he was borne of thaire kynn 14380
And thay hym maste waytted with vnwyn

How þe Iewes consailled to slaa Ihesu
Thir werkes of Criste þat were gude 14384
Menged thir Iewes in mayne & mode 14385
Þairefore thay consaile thaym ymange fol. 28v col. 1
Other hym to hede or to hange
Alle the gode werkes þat he thaym wroghte
Euere settes thay thaym at noghte
Þan a conselle toke thay 14390
What ware beste to do or say
Than spake þay to and fra
Consaile þay toke thaire lorde to slaa
Þat þaire awun lorde es
And euer helpande to thaym ywysse 14395
Swa mylde and swa meke of mode
Swa gyffere of alkyne gude
Lordynges wele we wate
Þat oure eldirs þe bible wrate
Godd luffed the Iewes lange byforne 14400
Are that his sone in Erthe was borne
And mekill kyndenes thaym had done
Delyuerde thaym fra pharaone
Fra pharaon þat was so strange
And þam had ledd in bonndage lange 14405
He sent a man thaym to lede
Out of that cursed thede
Moyses than highte he
He ledd thaym drye thorowte þe see
And pharaoo thaym folowed to slaa 14410
And thare was he drownned & his men alswa
In wildirnesse withowtten swynke
He þam fande bathe mete & drynke
Fra alle greuance he thaym gete
And gaffe thaym manna for to ete 14415
Grete luffe he thaym gan schewe

And with Moyses sent thaym þe lawe
And delyuerde þam owtt of waa
And kept thaym fra pharaon thair faa
And helide thaym bathe dombe & defe   14420
And garte þe wande bere fruyte & lefe
Þat Aaron hymseluen bare
Als that I hafe tolde ȝow are   fol. 28v col. 2
And thaym appertly gaue hete
Thurgh þe mouthe of a prophete   14425
Þat ane solde come of thaire kynn
Þat solde fordoo adame synn
And when þay asked Saul þe kyng
He þam gaffe thaire askynge
And sythen kyng Dauid with chesynge   14430
Þat sloghe Golyas with a slynge
And aftir hym kyng Salomon
And the lande of promyssyoun
Vnto thaym In for to wonn
And there appon he sent his sone   14435
For to be borne þe sothe to telle
To rawnsone thase þat were in helle
Alle this thaym tolde Saynt Symeoun   14439
And ȝitt ne trowes noghte thies felouns   14438
Off that barne þat mary bare   14440
Bot euer mystrowande mare and mare
When hymseluen ymange thaym kydde
And meruells many ymanges þam dide
Als byfore archidyclyne
Off watir made he the wyne   14445
And of ten men þat were mesele
He þam gaffe full faire þaire hele
Lazare that was dede alswaa
He hym raysede and other maa
And helid a man þat was vnfere   14450
Mare than aught & thritty ȝere
And other many poynttes sere
Wele maa than I may neuen here
And he thaym gaffe nane other taske
Bot righte alle als þay wolde aske   14455
The mare kyndnes þat he thaym bedde
The ffaster fra hymwarde thay fledde   fol. 29r col. 1
Alle that he moghte do to gode
The Iewes helde hym euer wode
Thay were to hym full Envyous   14460
And to thaymseluen full contrarious
And agayne thaire awun witte
That thay wolde noghte trowe hym ȝitte
Ne that he solde take manhede
Off a mayden of thaire sede   14465
And ȝitt walde þay noghte vndirstande

When Iohn þe Baptist with his hande   14467
Saide ȝoure Sauyoure es ȝone   14470
Faythe till hym ne gaffe þay none
He ne myghte neuer bryng þam in fay
For thyng þat he couthe do or say   14472
For na taken þat euer did Ihesow   14474
Mighte he neuer garre þe Iewes trowe   14475
Bot for his gud dedis Ilkane
Alle thay thoghte hym to stane
And namely for that resoun
Þat he raysede lazaroun
Fra þat tyme forthe þay did þair payne   14480
Þat bathe lazare and he were slayne
Hym for the folke that till felle
And lazare for he of hym gun telle
Faste ymanges thaym thay ordayne how
Þat þay may beste sla Ihesowe   14485
And vmbythoghte Þam of a gynn   14487
How þat þay moghte beste bygynn   14486
And how þat he moghte taken be
In this thay made a grete semble
In a house was in that towune   14490
Off thaire awun dampnacyoune
Thare thay thaym ordayned a tresoune
For hym wolde þay take na rawnsoune
He es thay sayd so wonder wyse
Þat alle men mon with hym ryse   14495 fol. 29r col. 2
Alle this werlde mon till hym bowe
Alle men bygynnes in hym to trowe
And men of skorne mon come may falle
And take oure stede oure folkes with alle
And fra vs oure lawes rewe   14500
And in thaire baundon mon we byleue
Att this gaderyng a man ther was
His name was callede Cayphas
He was Bischoppe in þat ȝere thare
And that may hym euer mare rewe full sare   14505
Bischoppes ware thay than abowte
Ilkane bot his tweluemonthe owt
Cayphas sayde gode men ȝe whate
In Gastelynes I halde ȝoure state
Trowes me and my consayle   14510
And it schalle ȝow full mekill availe
ȝe wate noghte alle that I
Vnderstandes thurgh prophecy
Þat a man sall in hande be tane
And dampned for the folke & slane   14515
Now certanely swa mon it bee
This Ilke Ihesu than es hee
Dye allane for sothe he salle

Are þat þe folke be tynt alle 14519
Ihesu to slaa alle þan hafe þay hight 14522
And ther to hafe þay trowthes plighte 14523

Kayphas spakke ȝitte vnto tha 14526
Swilke wordes and many maa
Off the dede of Ihesu Criste
And said sothere than he wiste
For he come for to dy with will 14530
And the prophetes sawes to fullfill
Fra than thay soghte withowtten awe
Ihesus for to hynge and drawe
Ihesus will duelle thare no lengare
Þat thay solde hym see or angere 14535 fol. 29v col. 1
Till Effraym went he es
A cite by a wildirnesse
With his menȝe lend he thare
He wiste the Iewes hym wold forfare
And þay may handes one hym lay 14540
Bot ȝitt ne come noghte his day
Þat he wolde to þe dede be done
Bot it was after commande sone
The Iewes euere hym helde in striffe
Thay hated na man mare one lyffe 14545
His discyples ware full waa
Þat þaire maistere was hated swaa
And namely of thaym that hee
With resoune maste solde honoured bee
I hafe he sayde ȝow chosen twelue 14550
The twelfte es the fende hymselue
By hym he this tale talde
Þat hym to the Iewes salde
That was he this Ilke Iudas
That to selle his lorde aboutewarde was 14555

In Effraym he was a stownde
And sythen thethyn gan he founde
He went owt of that contre
And toke þe waye to galyle
The lande of Iudee he hafes forborne 14560
For thare thay hafe his dede sworne
Thane helde þe Iewes in that cite
A grete feste hight cynophe
Than the appostels sayde vnto Ihesu
The wordes that I sall tell ȝow now 14565
Sir þay sayde wendis vnto Iudee
Þat men may ȝoure meruells see
Or to Ierusalem we rede þat ȝe wende
For thare now hafe many a frende fol. 29v col. 2
Frendis hafe ȝe euer aywhare 14570

Bot þe maste plentethe hafe ȝe thare
Thaire feste es nowe ga we Sir þan
For thedir ganges full many a man
It es no resoune ȝee ȝowe with drawe
Bot putt þow forthe the men to knawe   14575
If ȝe will hafe ȝowre werkes kydde
Drawe ȝow euer the folke ymydde
Þat þay bathe may see and here
And loue the for thy sygnes sere
Wha þat lufe worde ȝernys in nede   14580
Baldely forthe he moste hym bede

Ihesu said frendis wate ȝe noghte
Anothir thyng es in my thoghte
The werlde nathyng hates ȝowe
Bot it hates me that sall ȝe trowe   14585
Bothe me and my werkes alle
And alle that to my trouthe will falle
I cane noghte hate it certanely
If it hate me ne es na celly
For it wate neuer whatt I ame   14590
And of it speke I mekill schame
I of it and It of mee
By twne vs gude lyfe may nane be
That feste sall ȝe gaa too
I hafe na tome ȝitt swaa to do   14595
Thedir as ȝitt will I noghte fare
For sone me lufande fynd I thare
Thay went forthe and lefte hym thus
And preualy thaym folowed Ihesus
Swa þat thay hym solde noghte see   14600
Knawan of thayme noghte wolde he be   fol. 30r col. 1
With þe Iewes ne with his awun
Walde he noghte þat tyme be knawen
He wiste wele the Iewes sware
That thay hym solde no lengare spare   14605
Thase men þat wolde þat he were slayn
Aftir hym full faste gane þay frayne
Mekill of Ihesu thir men spakke
Now solde he be here said that pak
For to mostere his maistries   14611
He that þat makes hym so wyse   14610
Þan at the ȝate of Salomon
Oure lorde to þe toune come
And thare he fande byfore hym boune
Off Iewes many a feloune   14615
In myddis þe strete þay hym mett
And alle aboute he es vmsett
It was a wondirfull grete rowte
Þat sone was gadirde hym aboute

Allane ymyddes thayme he stode   14620
One hym thay ʒelled als þay ware wode
Faste we spirred aftir the nowe
What thyng to do sayde Ihesow
For þou art swa dredde of alle
And will þat men godd þe calle   14625
If þou swa be some thyng thou schawe
Þat we may it trowe and knawe
Sothe it es that I am hee
With godd than speke ʒee
Bot wele I wate ʒe leue me noghte   14630
Ne in the werkes that I hafe wroghte
Ilk a day bifore ʒoure syghte
Þat neuer was done thurgh mannes myghte
ʒe lufe me noghte þat wate I wele   fol. 30r col. 2
Ne ʒe ne trowe me neuer a dele   14635
And for ʒoure hirde halde ʒe noghte me
Forthi my schepe may ʒe noghte be
I abowte ʒow full gerne hafe bene
One ʒow my trauayle es noghte sene
Mi lare ne will ʒe noghte lere   14640
For thi are me nothynge dere
Bot thay that honours me ywysse
Thay may be traiste of paradyse
One domesday þan sall þay stande
To take thaire mede one my righte hande   14645
In the blysse þat neuer sall leue
And þat sall na man þam reue
Certis ʒow drede I na thynge
For my ffadir es heuen kynge
And þat sall ʒe vndirstande   14650
Hym take I euer to my warande
I am his Ihesus þat sale
Mankynd bryng owte of bale
My tyme sall laste bot lyttill space
I do bot bydes my ffadirs grace   14655
Neuer þe lesse wele salle I kepe
Þat me es taghte my fadir schepe
I sall þam in alle ways defende
In helle þaire saules bese neuer brende
I am now myghty I sall be mare   14660
My ffadir and I euer euen we are
This is þe sothe my fadir and I
We are bathe ane Certanly
Swa that thurgh nankyn art
May na thyng vs depart   14665
Thir wordes were noghte vnto þair will
Bot þay þam greued wonder ille
Þay bigane to be full grym   fol. 30v col. 1
And lathely þay lokede on hym

And said than with grete stryfe   14670
Loke he eschape noghte with þe lyfe
Worthy it ware to stane hym sone
Whi said Criste what hafe I done
Agaynes ȝowe in any ways
For þou art goddes sone þou says   14675
I say sothe þat sall ȝe see
For my gude dedis whi stane ȝe me
Lelly matir ne hafe ȝe nane
Me to do harme or to stane
For thi gode dedis quod thay   14680
We will noghte stane the parfay
Bot for þou wirkes agayne þe lawe
And ofte greuys at thi myssawe
Goddes sone þou sayse art þou
Þan to þam ansuerde Ihesow   14685
Certanely I am swa
And may naman sounder vs twa
Gase lokes ȝoure bokes of ȝoure lay
And ȝe schall fynd sothe þat I ȝow say
In bokes redy ȝe may it fynde   14690
Bot certis ȝe are wonder blynde
ȝoure awenn boke ȝe kan not spell
And þat ȝe wate noghte I will ȝow tell
And þat proues ȝow for feloune
And me goddes sone thurgh resoune   14695
For he es called goddes sone
Þat gode werkes es wonte to done
Into þis erthe my ffadir me sende
Þat were seke for to amende
Off his sendyng I come ywysse   14700
And he me haldes for ane of his
Þe haly writt lyghes to na wyghte   fol. 30v col. 2
What þat vndirstandis righte
I wirke alle in his name
Forthi my werkes may nane blame   14705
He þat in me will trewly trowe
It sall hym turne to mekill prowe
And wha will noghte trow þat I telle
Ordayned he es to be in helle
My ffadir es euer mare in me   14710
And I in hym sall euer bee
Swilk wordes þan spake he thare
That þam concludid tha þare ware
And alle with haly writtis lare
A thowsande ȝere þat was said are   14715
And þay couthe fynd resoune nane
Till hym bot fledde euerilkane
Agaynes hym couthe þay noghte say
Bot als couwardes skulked away

And als men menged in mode 14720
And Ihesus to þe temple ȝode
Thare he many chapmen fande
Serekyn marchandise chepande 14723
Þaire oxen thaire robys þar þay salde 14727
And moneours þaire monaye talde
Ihesus at thaym was full tene
And owte he keste þam alle by dene
Beste & man owtt putt hee 14730
Thare In ne lete he na thyng bee
The monayoure for thaire mysgilt
Keste oure þaire burdis þaire penys spilt
Þe stolis þat þay one sete
Keste þam downn vndir þaire fete 14735
Ne wolde he neuer riste ne blynne
Till alle was owtte þat þare was In
Amanges thase men þat I of talde
Some thare ware þat doffes salde
With thaym full faste gane he flyte 14740 fol. 31r col. 1
Gase owte he sayde of my house tyte
Mi house solde with resoune
Be called house of Orysoune
A Recett to traytours and thefe 14745
Thare of to make es ȝow righte lefe 14744

When the Iewes herd this
Gretely were þay greued ywys
Maister þay saide meruell thynke vs
Þat we so lange suffre the thus
Whatt kyns sygnes do canes thou 14750
Þat solde garre vs till the bowe
Oure lorde Criste þam gaffe ansuare
Bot þay knewe noghte þe charge it bare
ȝe felle this temple downn to grounde
I sall it rayse in litill stownde 14755
Alle hale within the thirde day
I sall it rayse that dare I lay
Bot than the Iewes ware full of Ire
And said þou arte a selcouth syre
It is bot foly thi talkynge 14760
Þat is ane Inpossible thynge
When Salomon the kyng of blysse
Maste hadd of his welthe I wysse
In fowrty wyntter myghte he nott gare wirke
With alle his helpis this noble kyrke 14765
Wonder hafe we than howe
Withowtten helpe sayse þat thowe
Oure faire temple of stane and tree
May felle and rayse one days three
It solde be fourty ȝeris paste 14770

Or thou it halfe doune myghte caste
Bot þay ne knewe noghte Cristes entent
For he it of his Body ment
To late þam distroye it als þay did
It solde be raysede þe day thridde   14775
Bot þan þe Iewes withowtten mare
Lefte hym and his discyples thare
And thethyn warde als þay went awaye
Mekill schame þay gan hym saye   fol. 31r col. 2
Ilkane sayde till othir of thaa   14780
Whaa herde eu*er* any man speke swaa
Som saide he es som p*ro*phete
He ne es noghte goddis sone I ʒow hete
For certanely wele wate whe
Þat Ioseph sone þan es hee   14785
Alle are þay comen of Galyle
Bot godd hese neu*er* of þat contree
Bot of a Castelle certaynely
Wharein was borne þe kyng Dauy
Þat is þe townne of Bedleme   14790
Þe boke beres wittnesse for to teme
Sone sayde ane till othir thane
Þan es godd this Ilke man
Off Bedleem kynd þan is he noghte
Gode is þat he be tane and broghte   14795
Who knawe hym wele in this kythe
His ffadir alswa his modir hym wyth
In Galilee was he borne and getyn
And that ne sall neu*er* be forgetyn
How opynly byfore alle   14800
Goddes sone he garres hym calle
The ffolke es founed þat es wele sene
That with hym ryses so clene
Ilke a man of hym standis awe   14805
Swilke a Sire neu*er* ʒitt we sawe   14804
Oure men fra vs þan hase he dryuen
Sawe we neu*er* nane so smertly thryuen
Salomon in alle his Blisse
ʒitt ne was noghte his happe till his
For till hym was þe lawe taghte   14810
Bot that he thurgh lerynge laghte
Alle þe p*ro*phetes þat euer ware
Off othir men hadd þay alle þair lare
Bot now hy*m* this newe com*m*en man
Off man neu*er* leride he þat he kane   14815
Loo how p*ar*fitly he melys oure lawe   fol. 31v col. 1
With hym to speke vs standis awe
In his hert es alle puruayede
Þat he will say redy es sayde
Qwayntly vs hase he ouerecomen   14820

Lange for vs are he be no*m*men
For if alle riche men be noghte his frende
Þe pore will eu*er* with hym wende
Þan come thay to the pharyseus
Þay of alle were maste schrewes   14825
And þay þam askede sone in hy
Whare es that oure enymy
Hafe ʒe noghte tane hy*m* þay said nay
And whare fore & why saide thay
And þan þay ansuerde so and so   14830
For we ne may noghte wynn hym to
He kane wirke so qwayntly
Þat we ne may noghte wyn hy*m* by
For swilke a man wi*th*owtten wene
Ne was thare neu*er* in lande sene   14835
Agaynes his worde may nane stryue
Þat in lande es nowe one lyve
Allas þan said thase phariseus
Þat false folke þat eu*er* ware schrewes
For eu*er* mare þan are we schentt   14838
And he þus be fra vs wennt
For he es so qwaynt of arte   14840
Off hym nowe ne gete we neu*er* part
Whe sary men whatt may we say
Þat he es thus fra vs away
Wele we wate he mon vs schende
Þan sayd ane was goddes frende   14845
Highte Nichodeme was sent wi*th* sande
With skill and resone þam to fande
Me thynke he saide lordynges on rawe
Ane y welle rede ʒe one hande drawe
Wi*h*owtten dome nane awe to be slane   14850
With felonye bot he be tane
And if that ʒe will graythely loke   fol. 31v col. 2
ʒe schall fynd it in the boke
If any man be tane for oghte
Bifore Iustyce he schall be broghte   14855
And if it ware swilke a wyte
Þat he thereof myghte hym qwite
Till hym þe dome men solde gyffe
Þat he solde gaa qwitte and lyffe
And if he myghte noghte clene hy*m* make
He solde þan þe dome take
And eu*er* ilkane sayen ʒee   14860
Criste solde be borne in galyle
I say noghte swaa bot ells whare
Criste solde noghte be borne thare
Bot in Bedleem of Dauid kynde
Solde he borne þat sall ʒe fynde   14865
Hamwardes þan þay wenten swythe

With heuy hert and chere vnblythe

Certis this folke was full feloun
Off symple witt of pore resoun
Hally to the fende bytaghte   14870
Hym þay serue bothe day & naghte
Off wikked will of Iuell mode
Agaynes hym of þaire awun blode
Off hym na thynge þay vndirstode
Þat till þam dide full mekill gude   14875
In whatt place so eu*er* he ʒode
He fande þam redy eu*er* the fode
Bot alle for noghte till hy*m* it stode
At þe laste þay hangede hy*m* þe one þe Rode
Thaym had leuer see þe fende of helle   14880 fol. 32r col. 1
Than see hym ymange thaym duelle
Mikill þam aughte hym to luffe
Þat swa come for þaire byhoufe
He þam folouse and þay hy*m* flee
Þay wolde neu*er* appon hym see   14885
Swetly þam hym drehe he too
And thay abowtwarde hy*m* to fordo
Hadd selynes with thaym bene sene
Full blythe of hym solde þay hafe bene
And many tymes hy*m* fallen to fote   14890
That swa was borne to þaire bote
He luffed þam at his hert rote
Bot of thaire luffe es noghte to mote   14893
Bot noghte for thi for wele ne wa   14896
Now will he noghte twyn þam fra
Bot now w*ith* þam will he lende
Till p*ro*phecyes be broghte til ende
Till he was nayled one þat tree   14900
We ilke day off: Ensample may see   14901
Off his passyoun þat was so harde   14904
We schall here now forthwarde   14905
He will bowe now þam vntill
Mekely with his awenn will
For þe tyme es comande nere
That hy*m* byhoues thole paynes sere   14909
He will hym alle vnbunden bede   14912
For faste now neghes to þe nede
For to suffre his passyoun   fol. 32r col. 2
Anothir boke spekes of þat rawnsou*ne*   14915
For now I thynke of this make ende
And to þe passyoun will I wende
Anothir boke to bygynn
And I may to my purpose wynn
And þat I it till ende may brynge
I beseke oure heuen kynge

Als I this till ende hafe broghte
He grante me *grace* þat me dere boghte
Till his honoure and haly kirke
He leue me space this werke to wirke
Amen Amen that it swa bee
I pray ʒow alle ʒe praye for mee
þat takes one hande þis begynnynge
He brynge me vnto gode endyng   Amen

Ih*esu* was of Mary borne   17111
For synfull man þat was forlorne
I forsoke my fadir blysse
And come vnto this werlde ywysse
I lete me take and harde bynde   17115
For þe lufe I hadd vnto mankynde
And tholed pouert pyne a schame
Alle for synfull ma*nn*es name
Thynk ay thynk þou synfull man
Hafe I noghte made the my leman   17120
I stode naked als I was borne
Þe Iewes wikkede me biforne
Bouden till a pelare faste
Whils þe bandis wold laste
One my bake I bare the rode   17125
When I to my dede ʒode
Hadd neu*er* man so mekill schame   fol. 32v col. 1
Here in erthe for nonkyns blame
Þou synfull man þat gase by me
Dwelle a while and þou may see   17130
Dwelle a while and fonde to stande
Bihalde my fete and my hande
Mi body es with scourges swongen
Handis and sydes & fete thurgh stonngen
I hynge appon this harde rode   17135
For synfull man I gaffe my blode
The thornes one myn heued standes
Thirlled thurgh fete and handes
Byhalde & see my blody syde
Þ*at* for thi luffe es opyned wyde   17140
Putt in thi hande & grape my frende
Take þou my herte bitwix þi hende
Than may þou with thyn eghne see
How trewly þ*at* I hafe luffed thee
Fra my crown vnto my taa   17145
Full I ame of pyne and waa
Bytwix twaa thefes hang I here
Als I a thefe or traytoure were
Byfor my modirs eghne Mary
Suffre I all this velanye   17150
I hafe thus many blody wondes

And suffrede many harde stowndes
And swelte on the rode tre
Þou synfull man for þe lufe of the
Syn I hafe the so dere boghte   17155
Whatt ayles the þou luffes me noghte
With thy syn þou pynes me
Als dide þe Iewes appon þis tree   17158
Synfull man and þou couthe gude   17161
Ofte bird the thynke appon my blode
Nyghte and day & alle thi tyme
Aghte the to thynke appon my pyne   fol. 32v col. 2
A wayleway þou synfull man   17165
Hafe I noghte made the my leman   17166
Hafe I noghte gyffen the alle my blysse
And myseluen therwith Iwysse
If þou neuer swa noble ware
What thynge myghte I do for the mare   17170
I ne wate neuer one whatkyns wyse
Thane birde þe thynke ay for to ryse   17172
Now payne þe faste for to ryse
And to lufe me one alkyns wyse
Sone þou ryse & fande to blyne   17173
And for my lufe forsake thy synn
Forsake thy syn par charyte   17175
And fande to ryse & come to me
I sall þe halse I sall þe kysse
And brynge the to my fadirs blysse
Now Ihesu for thi haly blode
Þat þou for vs bledde one þe Rode   17180
Þan sende thi grace till vs & myghte
Euere and ay to lufe the righte
And swa oure synnes to forsake
Þat vs to Ioye with the þou take
And nyghte & day & alle tyme   17185
Swa to thynke appon thi pyne
That we may when we hethyn wende
Come to thi Ioye withowtten ende   Amen   17186
Amen   Amen   Per charite amen amen

Et sic procedendum ad passionem domini nostri Ihesu
Christi que incipit in folio proximo sequente
secundum ffantasiam scriptoris

APPENDIX C

The following Passion narrative replaces *Cursor Mundi*, ll. 14916-17288 in MS BL Additional 36983. Line numbers are from the edition by J. Meadows COWPER, *Meditations on the Supper of our Lord, and the Hours of the Passion*, EETS OS 60 (1875; rpt New York, 1975).

Here begynneth þe meditation of   fol. 118r col. 2
þe pascion of Crist & of þe
lamentacion of Oure Lady Saint
Mary þat sche made for her
son when sche se hym
torment among þe Iewis which
was compiled of Bonaventure
a gode clerk & a cardinall of Rome
& þe meditaciouns of all þe houris of þe day

Allmyghty God in trenite   fol. 118v col. 1
Now & euer with vs be
For þy sonis pascion
Saue all þis congregation
And graunt vs grace of gode lyuing   5
And bring vs to a gode ending   6
Þou Cristis criature be Goddis grace   9
Open þy hert & hyde þy face   10
For þou schalt chaunge þy chere anon
Or þy hert is harde as ston
I will þe lere a meditacion
þe memory of Cristis pascion
And of his modir þat is so dere   15
What paynis sche soffred maystow her
Take hede for I will no þing say
Bote þat is preuid be Cristis fay
Be holy writt sayntes or sarmons
Or be dyuers holy openyons   20
When þou þenkest in þy þoght
Þere may no man noye þe with oght
Mening þe tyme of Cristis mercy
When God sent doun his son fro hye
Off a mayde he wolde be borne   25
To saue mankynde þat was forlorne
Bote noþer with siluyr ne with golde

Bote with his blode he bye vs wolde
When tyme was come to soffre þis
A soper he made his disciples   30
Or he were dede & schuld fro hem wend
His memory to haue in mynd
Þe soper was riall as þou mayst here   fol. 118v col. 2
Four riall þingges Crist made þere
3iff þou þink wele on þis fedyng   35
God will not lete þe go fasting
Four þinges þou mayst haue in þoght
Þat in þis soper Crist haþ wroght
Þe first is bodely fedyng
Þe seconde is þe disciples waching   40
Þe þryd in brede hymselffe taking
Þe fourþe a sarmon of fayr makyng
Now to þe first take gode entent
How Petir & Iohn fro hym he sent
Into þe mount off Sion   45
To dight þe soper aȝens he com
On a Þursday þedir he light
With his disciples aȝen þe might
Þe soper was dight as I herd say
Be disciples seventyn & twey   50
Saint Marcialis legent witnes it
With hem he was þe soper þe dight
When the soper was all redy
Crist sett hym doun & þay hym by
Iohn þe Euangelist sat hym next   55
3off he were of age ȝongest
To hym was none of hem ichone
To Crist so trew as was Saint Iohn
For fere wolde he not go hym fro
Till he were dede & beryed also   60
How iche man sat in his degre
Beholde now & ȝe may se
Her table was brode & foure quarter   fol. 119r col. 1
Þe maner of it chekyr
On euery syde sat þre   65
And Crist at a corner mekely to se
So þat þou herby mayste here
Þat off one disch þay ete all in fere
Þerffore þay myght not vndirstande
Whan Crist sayde he þat his hande   70
In my disch putteþ forþ right
He schall betray me þis night
Þis tale at Rome men haue sen
In Saint Iohn chirche þe port laten
Anoþer maner þou mayst vndirstande   75
Þat þay stode with staues in hande
Eting faste & stondyng still

Moyses lawe to fullffill.
Crist lete hem sitt so semyþ best
For ellis Iohn slepe not on his brest
When grace were sayde & all I sett   80
Þe Pasce lombe rostyd forþ was fett
Þe lambe toke vp Crist Ihesus
A very lambe I slayn for vs
All in smale gobett he it kut   85
And seruid hem þat with hym did sitt
With hem he ete with glad chere
And comffortid hem to ete in fere
Bote euyr þey dred to ete gladly
For sum sorow was hem nye   90
Whiles þay ete in þis maner
Crist sayde þes wordis dere   fol. 119r col. 2
Long haue I desirid þe soþe to say
Þis Pasce to ete or þat I dye
Forsoþe forsoþe I ȝow say   95
One of ȝow schall me betray
Beholde now man what sorow & wo
Þe disciples toke to hem þo
Þis voys of sorow her hertis perischt
And of her mete anon þey sesyd   100
Euerich lokid on oþer with grisly ye
And sayde lorde am it I
Þe traytour wept fast & wolde not blyn
As þogh þe treson com nat be hym
Preuily þan Iohn gan pray   105
And sayde lorde who schall þe tray
For speciall loue Crist to hym tolde
Iudas Scariot þat is so bolde
Þan Iohn þoght his hert wold brest
And layde his hede on his brist   110
Full mekely Crist lete hym be still
And lete hym haue all his will
Why Crist wolde not to Petir tell
In Augustine sarmon þou may spell
ȝeff Crist to Petir þis traytour had tolde   115
With naylis & teþe rent hym he wolde
Beholde what mekenes on hym rist
To holde his disciple on his brist
And how tendirly þay louyd in fere
Þus to loue þy maystir þou lere   120
Þink man a rewly þoght
What sorow his disciples be in broȝt   fol. 119v col. 1
At Cristis wordis he helde anon
Þey ete no more bote made her mon
Iche of hem lokyd on oþere   125
Bote counsayle toke non of oþer
Be þingk wele & haue in mynd

How his soper is now broght to end

Þe seconde point beþink þe wele
For grete mekenes it will þe spell   130
When þe soper was do Crist ros anon
And with hym þey rose euerichone
To a lower place gan þey go
Þay þat þe hous haue sen say so
He made sitt doun in þat stede   135
Beholde & þink on Cristes dede
His cloþis he cast of swiþe sone
Þe disciplis wondred what he wolde done
With a towell he hym gert
Watir he bade bring forþ smert   140
Be it in a basyn of ston iputt
And wisch her fete greuid hym not
Petir reffusyd his seruis
Crist bade hym soffre in all wys
Beholde man of þis doing   145
And þink on mekenes with wondiring
Þat þe hye mayster & myghtiest eke
Bowyd hym to a fischer fete
He stode crokyng on knees kneling
Before his traytour fete sitting   150
With his handis he his fete wisch
And wiped & swetely he hem did kys   fol. 119v col. 2
Off more mekenes ȝe mowe grice
Þat he to his tratur did seruis
O Iudas sore aschamyd be þou may   155
So meke a maystir to betray
Þy hert is harder þan any hardenes
Aȝens swich mekenes deth to dres
Whan Crist þis seruis had idon
To þe soupyng place aȝen þay com   160
Be þis ensample & many oþer
He comfort echeman do so to his broþer
Man beþink þe in eche degre
How faire ensamplys Crist schewid to þe
Ensample of mekenes to þe loke   165
When he his flesch to þy fode toke   168
A faire monesching his sermon schewid
Þat þe lernid men schuld teche þe lewde   170
Paciens he schewid his traytour in soffring
So schamly as a pesse to deþ hym bring
In going to þe deþ he schewid obediens
In fullfilling of his fadir comaundmentes
Stedffastely to pray her maystow lere   175
he prayd þryes or his fadir wold her
Be þes vertues folow hym I rede
Into þe blis þay will þe lede

Þe þryd point þou haue in mynd
How derworþely affore his ende 180
A noble ȝifft he to þe lete
Hymselffe all holy to þy mete
When he had wasch all her fete
He sat aȝen þere he sete fol. 120r col. 1
A new testament he gan soun
Þe olde sacrifice to fordon
A new sacrifice he founde
And toke vp brede in his hande
And to his fadir lifft vp his ye
He blissid & made his precious body 190
To his disciples he ȝaffe it & sayde
Þis is my body which for ȝow schalbe trayed
Also of þe chalis drink he bad
Þis is my blode þat schall be schad
In memory withoute ende 195
He sayde make þis in my mynde
Beholde how trewly & devoutely
He comaund & comfort þat blissed meyni
þis mete schall most of any þing
Glad þy soule in euery werching 200
Þy hert schall bren for grete loue
When þou takist hym to þy behoue
No þing more profitable ne mor cler
Þan hymselffe ne myght he leue her
Þat sacriment þat þou sest þe beffore 205
Wondirly of a mayde was bore
Fro hevyn he cam for þe to dye
He ros fro deþe to hevyn to sty
On his fadir right hande he is sittyng
He made hevyn erþe & all þing 210
He gouernyth all þing swetely & best
He þat þou sest in þe prestis fist
In whos power onely it is
To ȝiffe þe payne or endeles blis fol. 120r col. 2
He þat þou sest in forme of brede 215
Is God son quik and not dede
With clene hert þou hym resayue
Or þyselffe þou wilt dissayue

Þe fourþe point beholde & here
A lovesom lesson þou mayst lere 220
When Crist hem fed euerichone
A fayre sarmon he began anone
Full of swetenes & of loue
Folke to comfort to oure behoue
Off which wordis sum mynde to take 225
Fyve principally I þenk to take
Þe first I tolde of his parting

And comfort he*m* w*ith* fayre semi*n*g
ʒitt a while I am w*ith* ʒow
Bote fadirles will I not leue ʒow   230
I go and come to ʒow aʒen
Forsoþe efftsonis I will ʒow sayne
Þan ʒour hertis ioy schall make
Þat ioye schall noman fro ʒow take
Lyke to þis mo gan he move   235
Þat kid her hertis for grete loue
In þe second þou mayst se
How he comforte hem in charite
Offte he rehersyd þes wordis dere
Þis is þ*at* I bade ʒow loue in fere   240
ʒiff ʒe loue all men knowith þis
Þat ʒe be my dere disciples
Þ*is* hertely charite he taght he*m* well   fol. 120v col. 1
Þat þou mayst fynde in Iohns gospell
Þe þrid he taght he*m* by any þing   245
Forto kepe his comau*n*dyng
Kepe my comau*n*deme*n*tes ʒiff ʒe me loue
ʒiff ʒe kepe hem ʒe duelle aboue
Þe fourþe he warnith he*m* faiþeffully
What þay schall soffre or þay dye   250
Bote trewly I haue þis world ou*er*come
ʒe schull here haue sorow su*m*
Bote ʒiff þe worlde hat þe now
Wite ʒe he hateþ me & ʒow
ʒe schul be soroufull & þe worlde schall ioy   255
Bote þour sorow schall torn to ioy
Þe first beþink þe how Crist Ih*esus*
To his fadir tornid & p*r*ayed for vs
Fadir kepe hem which ʒe ʒaue me
For while I was with he*m* I kept he*m* to þe   260
Now holy fadir to þe I come
For hem I p*r*ay not for þ*is* won
And not for hem bote for all men
Þat schull leue on me be heme
Fadir I will where þ*at* I be   265
Þay be w*ith* me þy blis to se
Þes wordis & oþ*er* þat he tolde
Kitte her hertis & made he*m* bolde
Beholde how þe disciples i*n* her morny*n*g
How þey stode w*ith* handis wringi*n*g   270
Mourni*n*g sorowing & offte sighing
Þat Crist wittnes to hem semy*n*g
For þes wordis to ʒow haue sayde
Sorow ʒour hertis haþe all belayde   fol. 120v col. 2
Beholde how Iohn lyeþ sleping   275
On Cristis brest as his derling
Þ*is* sarmon att his brist sleping he souke

And toke it to vs in holy boke
Among all oþer Crist taght hym
And sayde arys & go we hen   280
A grete drede went in hem þo
Þay wist neuer wheþer to go
Forth þay went as I schall say
Crist endid his sarmon be þe way
Beholde þe disciples in her wendyng   285
As chekenys vndir þe damis wing
Sum go beffore & sum go behynde
His blissed wordis to haue in mynde
One prest on hym & efft anoþer
Þe meke maystir was neuer þe wroþer   290
Fast þey went & cam anon
Ouer a broke men callith Cidron
Þe traytour abode þere till he cam
And oþer armyd many a man
Now foloweth þe Meditacion   295
Off Cristis Pascion

Now Crist criatour take gode hede
And do þy hert for pite blede
Loþe þe noght his paynis to se
Which hym loþeth not to soffre for þe   300
Beholde & se with rewly mone
What paynis he soffrid euer anon
Beholde hym in an orcher sitting
His traytour mekely habyding
He bade his disciples pray & wake   305
Þat no temptacion зow take   fol. 121r col. 1
A stone caste fro hem he went
And to his fadir his knees he hent
Now þink how mekely & reuerently
To his fadir he prayed an hye   310
My worschipffull fadir I pray to þe
Bowe þyne erys and ley to me
Here my bon & dispice it noght
For sorow my soule haþe þou soght
My spirit is hevy within me   315
My hert is distempryd fadir now se
Þou sent me hedir as þy will is
To bie mankynde aзen to blis
To do þy will I sayde I go
In þe bokys it is wretyn so   320
Here haue I ben & prechyd þyn helþe   320
In pore trauayle & not in welþe
Fadir þyne heest I haue fullfillid
And more I will зeff þat þow wilt
Þou sest what sorow is to me dight   325
Off my foes aзens all right

ʒeff any wickydnes is in me found
Or euill for euill had ʒolde any sound
Þan were I worþy þes paynis fong
Bote fadir þou wost þey do me wrong 330
Euill for gode þay haue me ʒoue
And also grete hate for my loue
My disciple which I haue cherid
Me to betray hym haue þey hirid
Þerty pens for me is take 335
Þey haue pressyd my wo to wake
My swete fadir I pray þe fol. 121r col. 2
Arise vp in hope of me
For þogh þey wote not I am þy son
ʒitt because of þe here I won 340
Lying with hem an innocentis lyffe
Þay schuld not scape me so grete stryffe
Þink fadir I stode beffore þy sight
To speke for hem boþ day & night
To torne away fro hem þy mode 345
Bote wheþer not euill be ʒolde for gode
For þay for my soule haue do a lake
A vilans dethe to me þey schape
Wherfore dere fadir ʒeff it may be
I pray þis dethe may go fro me 350
ʒiff þou þink it be not best
Þy will be do right as þou list
Bote fadir myn hert I take to þe
Kepe it & strength it how so it be
To his dissiples his way he toke 355
And founde hem slepyng hem awoke
Her yen were slepy & heuy as clay
He bade hem algatis wake & pray
Aʒen to pray he toke his pace
Twyes prayed he in dyuers place 360
Þe same orison he did beffore
He prayed now & did no more
Fadir ʒiff þis dethe may not fro me go
I am here þy will to do
My swete modir fadir I þe betake 365
My breþern kepe hem also fro wrake
I kepte hem while I was with hem
My dere fadir now kepe þou hem fol. 121v col. 1
Þus long he prayed till he was hote
For anguysch his blode ran doun as sote
Man take ensample here of godis son 370
When þou schalt pray God of a bon
Pray stedfastely till þou be herde
For Crist prayed þries or he wer herd
Whiles he prayed þus in grete dolour 375
Saint Michaell com fro hevyn tour

And hym comfortid & sayde þus
Hayle my lorde Crist Ihesus
Þy prayer & þy swete body
I haue offred to þy fadir on hye   380
In sight of all þe court of heuyn
For 3ow we pray all with one stevyn
Þat he schuld not soffre þe to dye þus
Þy fadir by reson ansuerde vs
My dere son wote þis full well   385
Þe manis soule þat beth in hell
May not semly to blis be broght
Bote þay first with his blode be boght
Þerffore 3iff my son will þe soulis saue
Nedis for hem þe deþ most he haue   390
Þo Crist ansuerde with mylde state
Soulis saluacion I will algate
Þerffore to dye I raþer chece
Þan we schuld þe soulis in hell lese
Þe which my fadir made to his liknes   395
His will be done I will no les
Þan sayde þe aungell to hym an hye
Comfforte þe well & do manly
It is semly to hym þat is hyest   fol. 121v col. 2
Grete þinges to do & soffre mest   400
Þy payne schall sone ouerpas
And ioye schall schew in euery plas
Þy fadir saith euer with þe he is
And kepith þy modir & þy disciples
Crist bede þe aungell go & grete þou me   405
To my dere fadir in his se
Beholde how mekely þis comfort toke
Off his criatour so saiþ þe boke
A litell fro þe aungels he is mad les
While he is in þis valay of distres   410
Þis wo he suffrid in his manhed
Bote God suffred not in his godhed

Þe þrid tyme he ros fro his prayer
All besprong with blode clere
Beholde hym & þou mayst se   415
Withoute sorowe may þis not be
To his disciples he went & sayde
He comyþ here þat me haþe betrayed
Anon com Iudas with his company
Crist went a3enst hym mekely   420
Hayle mayster he sayde & to hym stert
And kissed his mouþ with treson hert
Þay fill vpon hym all þe route
For of his knowing þey wer in doute
Þe cursyd houndis run hym aboute   425

And drowe hym forþe with þe route
Sum bounde hym sum blynd hym sum on hym spit
Sum boffet hym sum sayde who on þe spite
Sum scornid hym sum smite hym with song
Sum asked hym questions to do hym hong   430 fol. 122r col. 1
Bote hem no þing ansuere he wolde
Wers þan a fole among hem was holde
Sum sayde where is all now þy wisdam
Þou heldist þe wiser þan any oþere man
Off our patriarkes & prestis þou had dispite   435
Þerffore schaltow haue þy dethe as tyte
Þou sayst þat þou art Goddis son
Help þyselffe ȝiff þat þou can
Sum seke on hym fals witnes
Sum say on hym vnsekyrnes   440
Sum tog hym sum drawe hym fro se to se
A lorde Ihesu how may þis be
Þerwhiles he suffrid sorow & wo
His desciples run away hym fro
To Magdalaynes hous Iohn went right   445
Þere þe soper was idight
Oure lady he tolde & her felisschip
Off her dere son schendeschip
Þink man on þe desciples doing
Þey wepe & wayled & handis wring   450
Her mayster is take þat schuld hem kepe
Þey inne aboute as heerdeles schepe
Oure lady went herselffe allon
To Þe fadir of heuyn sche made her mon
My worschipffullest & most meke   455
Most mercyable & most helpely eke
My swete son I þe betake
Derworþy ffadir kepe hym fro wrake
Be not cruell to my dere child
For to all men ȝe be mylde   460
Fadir schall my son dye Ihesus
What haþe he mysdo to dye þus   fol. 122r col. 2
Bote fadir ȝiff ȝe will þat mankynd
Be broght to blis withoute ende
I pray ȝow oþerwise do be hym now   465
For all þing is possible to ȝow
Lete noght my son fadir dede be
I pray ȝow ȝelde hym aȝen to me
He is so boghsom to do ȝour will
Þat he chargeth noght hymselffe to spill   470
Help my son oute of cursyd handis
Dere fadir bring hym oute of her bondis
Þink man & rewe on her sighing
For þus prayed sche with watir weping

In a colde morning of þe day   475
Þe prestis & þe princis gan hem aray
Bolles of wyne & of iangeling
Cam oute forto se of Ihesu endyng
Þay schoke hym oute of his cloþing
And bounde his handis hym behynde   480
As a þeffe among hem led forþ he was
Now to Pilate now to Heraude now to Cayphas
Þay cried þou þeff com to þy dome
And he as a lombe mekely afftir hem come
His modir & Iohn & oþer kyn   485
Went by a bypath to mete with hym
When þey hym se so schamely lad
No tong may tell þe sorow þey had
Þink on his modir þat first hym behelde
Adoun sche fell aswoun in þe felde   490
Þan was Crist in moche care
When he se his modir so pitously fare
Beholde to Pilat forþ he is drawe
Falsly acused aȝen þe lawe   fol. 122v col. 1
Pilat sent hym to Heraude þe king   495
And Heraude was glad of his comyng
A miracle he couaited off hym to se
Bote no worde speke wolde he
Þan as a fole Heraude hym had
And in white cloþing in scorn hym clad   500
And sent hym aȝen to sir Pilat
And þo was made schenschipe þat erst hate
Noght onely a mysdoer he is holde
Bote a lewde fole he is tolde
Þay cried on hym as foulis do on an oule   505
With wete & dong þey hym deffoule
His modir þat tyme folowid hym long
And wondred why he wolde soffre þat wrong
Þay broght hym to Pilat he stode full faint
Boldly þe houndis pursued þe plaint   510
Pilat þoght to delyuer hym
For no cause of dethe he fond in hym
I will vndirnym hym he sayde so
To scorge hym wele & lete hym go
To a piler þey faste hym bonde   515
ȝitt scheweþ þe blode of his wounde   524
A lorde Ihesu how may þis be   525
Who was so hardy to spoile þe
Who most hardye þat þe bounde
Who most hardy þat þe wounde
Allmyghty God where ertow now
Þes houndis seme myghtier þan þou   530
Bote truly þou sonne of rightwisnes
Withdrawest þy bemys of derknes

When þey had betyn hy*m* so dispitously
Þey com to Pilat & cried on hye
Sir þ*is* fole clepith hym a king 535
Cloþe we hym in kynges cloþing fol. 122v col. 2
Þink þ*is* was do at oure of prime
Þe doing of iche oure will I ryme

ȝit all þey cloþed hy*m* in scorne
And crounyd hym w*ith* a crou*n* of þorn 540
And in his honde a rede þey did hy*m* tage
And many one on his hede þey brake
Þey sette hy*m* openly in her seing
And knelid & cried hayle s*er* kyng
A Ihesu þy paciens may not be tolde 545
Þ*ou* angry man þy Sauio*ur* þou beholde
For þe he suffred þis payn & schame
And for a litell worde þou wilt men gr*a*me
Efftsonys to Pilat þey com crying
And sayde s*er* saue cayser we haue no ky*n*g 550
Who hymselffe a king will make
Be lawe þe deþe hym most take
Þo þilat sayde what will ȝe do w*ith* hy*m*
Þay cried crucifige cr*u*cife hym
Pilat þo dred þe peples voice 555
And dampnid hy*m* to hong on cros
A fals iustys where fyndestow þat reson
To dampne an innece*nt* w*ith* so gr*e*te treson
When he was dampnid on cros to ho*n*g
Þe hou*n*dis wolde not tary long 560
Bote anon fro Pilat þey led hy*m* oute
And ioyed her malice was broght aboute
A cros forþe was fett long & grete
Þe length þ*er*off was fifften fete
On his schuldir þe cros þey caste 565
Þat his bak bent & well nere braste
Þey punchyd hy*m* þorogh eu*er*y slogh
As an hors is þat goþe to plogh
Beholde now man w*ith* weping hert fol. 123r col. 1
And late noght þis þoght lightly stirt 570
Crist goþe crokyng his cros vndir
And fayntly it berith it is no wond*er*
Þay hygh hym & he goþe w*ith*oute stryffe
He berith his dethe for þy lyffe
ȝitt is hym schap more schenschip 575
Þevis be broght to hym in feleschip
ȝitt more for Crist berith his owne iwis
I fynde not þat þe Iewis did on þe same wis
A Ih*es*u what schame did þay to ȝow þ*ere*
To make ȝow vilain þeffis fere 580
Bote þe prophecy mvst be fullfilled

Þat saith with wickyd men he is spilled
Mary his modir foloweth fro fer
Sche myght not for pres com hym ner
A schort way ches þan gan sche   585
And mett her sonn withoute þe cite
And when sche se hym þat grete tre bere
Halffe dede sche was & confoundid þere
Full fayne sche wolde his paynis light
Sche myght not so þe houndis hym hight   590
None of hem myght speke oþer to
For sorow þat eche had of oþer þo
Forth þey drove hym with burdoun
Till he for faintnes fill ner doun
For ouer long þe cros he bare   595
Þe place will schew who haþe be þare
þes houndes were loþe his dethe to tary
Þey dred þat Pilat his dethe wolde vary
Foreuyr it semyd be his will
Þat he was loþe Ihesu to spill   600 fol. 123r col. 2
A man þay mell & hym þay raynid
To bere þe cros þey hym constraynid
So forth as a þeffe þey Ihesus nam
To þay to þe mount of Caluere cam

Petiþ now man how þis is done   605
In þe oure of vj afftir none
Beholde þe paynis of þy Sauiour
And crucifie þe cros with grete dolour
Whan he to Caluere mount was broght
Beholde what wickyd men þer euill wroght   610
Sum diggin sum deluyn sum erþ vp cast
Sum pichid þe cros in þe erþe faste
Sum on euery syde laddirs vp sett
Sum ran afftir hamyrs sum naylis fett
Sum spoiled hym dispitously   615
His cloþis cleuin on his body
Sum rent hem of as þay were wode
His body aȝen ran all on blode
And with þat sorow his modir was fed
When sche se hym nakid & bled   620
Furþermore þan gan sche to seke
When sche se hem lifft hym no breke
Sche ran þo þurgh hem & hastly hid
And her kerchiff his hippis hid
Sche wold do more bote sche ne myght   625
For forsly her son is fro her plight
To þe cros fote þey drowe hym highing
Se now þe maner of þe crucifying
Two laddirs be sett þe cros behynde
And two enemyes vp fast þay clymbe   630

With hamyrs & nayles scharpely swifft
A schort ladder beffore hym pight   fol. 123v col. 1
Þere as þe fete schorter were
Beholde þis sight with rewly tere
Crist Ihesu his bodye vp stye   635
Be þe schort laddir þe clos on hye
Withoute nay he gan vp wende
And when he cam to þe ladder ende
Towarde þe cros his bak he layde
And his riall armys displayed   640
His faire handis he oute streght
And to þe crucifiers hem right
And to his fadir he caste his yen
And sayde here I am fadir myn
Vnto þis cros þou mekist me   645
My for manhede I offre to þe
My breþer & sister þou hast made hem
For my loue fadir be merciabill to hem
All olde synnis þou hem forȝeffe
And graunt þy blis with vs to lyue   650
Derworþy fadir saue all mankyn
Lo here I am offred for her syn   652

Beholde man þy lorde on þe rode
Þere was no lym bote þat ran on blode
While he þus ruly prayed in hert   653
Þat one Iew a nayle in his hand gert
Þe toþer drew to þe nailis brast   655
And nailed þe toþer to þe rode fast
Anon þey cam doun with her gere
Anon þe laddirs remevid were
Beholde now man a grete angwis
For be þe handis þe body hangis   660
To þe fete anon þey strakyd
Þay naylid harde to þe cros crakyd
All þe ioyntis þey brast on twyne   fol. 123v col. 2
A Ihesu why soffredestow þis for our syn
His fete þey nailed as a tre to lede   665
Þan myght he noght meve bote his hede
Beholde þes naylis bere all his lymes
Loke all aboute hym ran blode stremys
He soffred sorowis bittir & fell
More þan any toung may tell   670
Betwix two þeffis he hong in same
A what wrong what payn & schame
Sum dispite his lore his faith & saiþe
Fy on hym þat Goddis temple distreyeþ
Sum sayde saue þyselffe ȝiff þou can   675
Come doune & þou be Goddis son
Also þe Iewis þat crucified hym

Þe cloþis of hym þey partid atwin
Sum sayde oþer couþ he saue
Bote hymselffe can he not saue   680
Þis while his modir þe cros stode ny
Rewly on her son sche did cry
A her sorow her anguysch & payne
I may sum þink bote not all sayn
Truly in hert was sche crucified   685
Full fayne for sorow sche wold a died
Her sonis paynis were moche þe more
Þat he her paynis se so sore
And to his fadir still he plainis
Fadir sest þou not my modir paynis   690
On þis cros sche is with me
I schuld be crucified & noght sche
My crucifiing sufficeth for all mankyn
For now I bere all her syn
Into þy keping I her betake   695 fol. 124r col. 1
Derworþ fadir her penauns þou slake
Also sche prayed with bittir weping
And sayde my fadir euerlasting
Schall my dere son dye algate
Hym to saue me þink allate   700
Se fadir what paynis in hym is
I pray þe sumdele his paynis lis
Be her stode Ihesu & Maries þre
Iacob Magdalayne & Cleoffe
Wonder it is to tell þe sorow þat þey did mak   705
For her swete maystir is fro hem take

Þenk now how Crist hong on þe cros
Sevyn wordis he sayde with ruly vois
Þe first þat he þere sayde
For his crucifiers he prayde   710
Fadir forȝeff hem her synnis son
For þay wote not what þey don
Grete loue grace paciens þis word schewiþ þe
Þat þou schuld pray for hem þat þy fon be
Þe second worde to his moder was won   715
Woman he sayde beholde þy son
To his disciple he sayde anoþer
He sayde Iohn beholde þy modir
He wolde Mary his modir clepe
Left for loue her hert wold breke   720
Þe þrid to þe þeffe sayde he
Today in þaradis þou schalt with me be
Þe fourþ he cried with vois on hye
Ely Ely lamazabatany
Þat is my God my God wherto   725
Hastow forsake me in my wo

As so saith þou me forsakist   fol. 124r col. 2
And fro þis worlde þou me takist
Þe fiffte worde he sayde me þrist
Þan þe houndis wroght worst   730
Þey þoght to noye hym most of all
Þey ȝaffe hym to drink ayȝell & gall
He tastid sumdele his þrist to liue
A A how strong was his pyne
ȝiff it be expowned in sarmon   735
Þat he þristed soulis saluacion
ȝitt trewly þe manhode þrist on þe rode
For he was full drye for faute of blode
Þe sext worde anon he spirid
Sayde all þing is now fullfillid   740
As so say fadir full fillid haue
All þyne hestis þy soulis to saue
I haue ben scorgyd & scornid & deffeylyd
Woundid anguyschyd & crucified
Fullfillid I haue þat is writen of me   745
Þerffore dere fadir call me to þe
ȝiff þou wilt more I will it fullfill
For her I haue do þy will
Þan sayde þe fadir derworþy son
Come to þy blis euer þere to won   750
All þing full well þou haste fullfilled
I will nomore þat þou be þus spillid
For soulis þou hast broght oute of bonde
Come son & sitt on my ryght honde
Anon he trauayled as men do in dying   755
Now swetyng & casting vp his yen
He þrew his hede now here now þer   fol. 124v col. 1
For bodily strength had he nomore
Þe sevenith worde full loude he spac
Fadir into þy handis my soule I take   760
He ȝeld vp his gost his fadir þankyng
Towarde his brest his hede gan hyng
Þan to þe cry centori turnid son
And sayde forsoþe þis was Godis son
For with a grete crye þe soule is forþ go   765
Oþer men when þay dye do not so
Þat cry was so grete as I ȝow tell
Þat it was wele herde doun into hell
Þink þou man what ioy þere is
When soulis wer broȝt fro payn to blis   770
And how long þay haue þus layne
To habide our sauiour in mani payne
Þey clepid & cryed com Godis son
How long schall we fro þe won
Here endith now Cristis pascion   775
Fullfillid in þe oure of none

Now begyn we a swete meditacion
Off a swete lamentacion
Þat Mari modir meke and mylde
Made for her dere childe 780
Grete paynis he soffred hir beffore
Bote now sche soffrid moche more
For when sche se hym drawe to ende
I leue sche wex nere oute of mynde 785
Sche sownid sche pynid sche wex halff dede
Sche fill to ground & bete her hede
Þo Iohn ran to her & her vpbrayde
When sche myght speke þis word sche saide
A my son my socour wo is me
Who schall graunt me to dye with þe 790 fol. 124v col. 1
Þou wrechid deþ to me þou come
And do þe modir die with þe son
Aboue all þing desired sche
Com deþ & to my son fech me
My fadir my furmer my maister my make 795
Why God son hastow me forsake
Þink how we louid & lyuid togedir
And late vs here son dye togedir
I may not liue here withoute þe
For all my fode was þe to se 800
A son where is now my ioying
Þat I had in þyne hering
And now þat ioy is turnid to wo
Simon saide soþe it schuld be so
He sayde a swerd myn h[er]t schuld perce 805
Certes swete son þis may I rehers
Þan gan her felaschip her sorow to slake
And sofftely & myldely aȝen sche spak
Now ȝe godemen se with ȝour yen
ȝeff þer be any sorow to myn 810
My son is slayn her beffore myn ye
Which I bare wemles on my bodye
Þere was neuer woman þat bar such a childe
So gode so gracious so meke so myld
I felt no sorow in his bering 815
Nedis þan mvste I in his dying
Myn owne swete son is fro me take
What wondir is ȝoff I sorow make
While sche satt in her lamentacion
A company armyd sche se come 820
Þe which were sent in a grete rek
Þe dampnid mens lymes to breke fol. 125r col. 1
To sle hem & to caste þe bodies away
Þan no men schuld se hem on þe haly day
A Mari modir þy wo wex now 825
Se man her martirdom & þeron rew

For so offte sche was martird þat day
As offt as her sonis martirdom say
Sche sayde what mowe þay my son more do
Ne haue þey crucified hym & slayn þerto   830
I wende þey had ben full of þe
Now derworþ son haue mercy on me
Son I may help þe in no degre
Bote ȝitt will I do þat is in me
To þe cros fast sche ran   835
And clippid þe cros fast in her arme
And sayde my son here will I dye
Or þou fro me be borne away
Fast þes houndis com rynnyng þen
And founde þe þeff boþe on lyne   840
Þey brak her þese boþe a twyne
And founde a diche & cast hem þerin
Sche wende þay wolde so serue her son
And þoght with mekenes hem ouercom
On knes sche knelid with her felischip   845
And sayde siris I pray ȝow of frenschip
Poyniþ hym nomore breke not his þies
Ȝiff me hym hoole for dede ȝe se he is
I will hym bery & none oþer
Haue reuþe on me I am his modir   850
A lady what do ȝe to knele weping
Þus to þes houndis for socour sekyng
Off Salamons sawis ȝe be not avisid   fol. 125r col. 2
Þat mekenes of proude men is all dispisid
Þan Longeus a knight dispisid her plaint   855
Þat now be miracle is a saint
A spere he sett to Cristis syde
And laused & openyd a wound wyde
Þorough þe hert he prikyd hym with mode
And anon ran oute watir & blode   860
O O wrong & wickidnes
To martir his modir for her godenes
Þe son was dede & felt no smert
Bote certes it percid his modir hert
Þey woundid & hepid arm vp armys   865
Sche fell as for dede on Magdalayn armis
O Ihesu þis dede is wondir to me
Þat þou soffredest þy modir be martired for þe
Þo Iohn stirt vp freschly anon
And sayde men what will ȝe done   870
Haue ȝe not slayne hym with wrong & wo
What will ȝe sle his modir also
Go hens for we will hym bery anon
All schamid þe houndis away gan gone
When Mary was wakyd of her swoun   875
Aȝens þe cros sche sett her doun

Petously sche beheld with grevous wounde
For weping sche myght stynt no stounde
What sorow made Iohn Cristis derling
What Magdalayn with teris his fete wasching   880
What Iacobe what Cleoffe & oþer mo
I wis no tong may tell þe wo
Full faine þey wolde Ihesu doun take
Bote strength & instrumentes did hem lak   fol. 125v col. 1
Among hem þey cast what was best to do   885
Sum sayde þat night wolde com sone
ʒeff we go hen þis body will be stoll
And ʒiff we wake deþ schull we þoll
Þay praide to God sum socour sende
For liue nor dede þey wold not wend   890
A new compascion þey se comyng
Instrumentis & oynementis with hem bring
Oure lady dred þey were enmyes
To Iohn on hem had sett gode spies
Be of gode comfort he sayde þey seme   895
Ioseph ab Aramathi & Nicodeme
Þis was her comyng when þey com þeder
Þey worschepid þe cros & salued togeder
And þankid God þat þedir hem sent
Oure lady prayed hem to do her entent   900

Now will I tell of evensong our
Se man a sight of grete dolour
Two laddirs beffore þe cros now stond
Ioseph & Nicodem clym þay fonde
With pinsons pinched & oþer gere   905
When þey to þe hondis come wer
Preuily with her pincher forþ þay plight
Lest Mary schuld gris sore of þat sight
Þey halid harde or it wolde be
Þe naylis stak so fast in þe tre   910
Full fast þey wraist noþing þey wounden
Nedis þay mvst brest foule his handen
Bote rightwis God þat made all þing
Know her hert & her doing
When þey had drawe oute þe naylis with fors   915
Ioseph bare vp þat precious cors   fol. 125v col. 2
While his felaus to þe fete went
And myghtily þe nailis oute hent
When þe nailis were oute ichon
Nicodemus toke hym & Iohn   920
Anon roun to all þat þer were
And halpe þat precious body to bere
Iohn bare þe brest & wept full sore
For þeron he ristid þe night beffore
His fete bare Magdalayn & on hem wepe   925

For att hem her synnys sche lete
Þo þat were þere bare all þe oþer
Saue his right arme bare his modir
Faine wolde sche haue more of her son
Bote grete sorow her strength ouercom   930
Þe arme weping full offte sche kist
Sche collid it & clippid it on her brist
Bote euer when sche behelde þe grisly wounde
For sorow sche fill to þe grounde
Offte sche sayde a son son   935
Where is now all þy werk become
Þat þou were wonte to worke with þis hande
All þat were seke bring oute of bande
A freschly fode fairest & fre
Þorough þe Holi Gost consayuyd be of me   940
Why fadest þou no filþ is in þe founde
Bote sinles I bare þe into þe mound
A manis sin hastow dere boght
With a gretter price myght it neuer be wroght
Þis company forþ þis cors gan cary   945
And prayed his modir no lengger hem tary
With oynementis & schetis þey wolde hym dight   fol. 126r col. 1
And bery it anon for it was night
Þan sayde Mary I pray 3ow a bon
Takith it not fro me so sone   950
Bery me with hym in graue
For oþer dede or quik I mvst hym haue
Atte last sche consent so long þey prayed
Þan to bery þis body þey hym arayed
Þis bodie was layde vpon a schete   955
To anoint it & sow it doun þey sete
Mary his modir att þe hede satt
Sche kist his hede & layde it in her lap
Sche beheld it how it was ibroke
Prickid & brosyd with many a stroke   960
And schaue also was berde & hede
With þorns rent of blode all rede
In a hye story þis reson truly I nam
Þat God sayde onys to an holy woman
When þe Iewis had dampnid hym deþ to haue   965
Schamely his berde & hede þay schaue
Þe euangelistis tell not of þis doing
For þay myght not write all þing
In his berde I fynde a reson
Þe which saith in Godis person   970
My bodye I 3affe to man smytyng
And also my chekis to manis grubbing
First þan Mary with a swete cloute
Wiped her sonis hede aboute
A son I was wont swetely to wrap   975

And now I haue þyne hede in my lap
Þe oþer anoint hym & closid þe schete
Till þey cam doun to þe fete
Magdalaine prayde his fete to dres
For þere sche gate of her synnis forȝiff
Sche wept & wasch hem with mani a tere
Sche kissid hem & wipid hem with her here
When þe cors was all well dight
To þe sepulcre þay bare it right

Now is þe oure of cumplyne
Þey layde þe cors þere it schuld ben
In a sepulcre a faire grane
Þat Nicodemus made hymselff to haue
Þey schett a bon with a grete ston
And arayed hem þens fast to gon
Habide here gode breþer Mary gan say
Wherto hegh ȝe so faste away
ȝiff ȝe be to full of my dere son
Go hens & lete me allon here won
Whedir schuld I wende to frend or kyn
I can nowhere go bote I had hym
He was my broþer my maystir my spous
Now am I a widdow in hous
Wolde God þat ȝe wolde me bery with hym
For þan schuld we neuer part atwyn
Now certes myn hert is melte away
For right so loue gan to me say
I haue hym soght I fynde hym not
I haue hym clepid he ansuerith not
I will habide hym here in fay
For he sayde he wolde arisė þe þrid day
Bote I had trist to his saying
Myn hert schuld haue brist att his ending
Þan Iohn consailed her & sayde anon
Þis Sabat we mow not here wake allon
ȝiff þe Iewis vs take her þey will vs spill
And þus was also ȝour sonis will
Þan ansuerd Mary myldely weping
My son Iohn toke me þe in keping
I mvst nedis do as þou me bedist
And right with þat worde vp sche rist
Right beffore þe sepulcre sche satt doun
And weping sche made her lamentacion
A swete son now wo is me
Þat I no lengger may duell with þe
For nedis I mvst þe forsake
Þy fadir of hevyn I þe betake
Oure felischip is now deuidide
For I may not with þe be beryde

fol. 126r col. 2
980

985

990

995

1000

1005

1010
fol. 126v col. 1

1015

1020

Bote swete son where þat I be   1025
Holy myn hert is beried with þe
ȝiff þou arise as þou me behight
Myn hert schall rise with þe as light
ȝiff þou arise þe þrid day
Truly I am comfort foreuer & aye   1030
Þerffore swete son arise vp & come
And schew wele þat þou art Godis son
Þe sepulcre swetely anon sche kist
And went þer aboute & faire it blissid
And sayde swete son slepe in þyn ese   1035
For þis place is made for þe in pes
Efft sonys þe sepulcre sche kist kneling
And cried þes wordis with sore weping
A son here may I no lenger lende
Nedis fro þe þou wolt me sende   1040
Bote þerwith ner swounyd sche had
Bote Iohn lifft her vp & þens her lad
Towarde þe cite her way þay toke   1045 fol. 126v col. 2
Offt aȝenwarde sche gan loke
When sche cam to þe cros habide sche saide
My son my Sauiour hereon died
Herevpon he haþe boght all mankyn
His precious body haþe wasch our syn   1050
Sche worschepid it first & sith þay ichon
Towarde þe cite þay gan gone
Or sche entred þey couerd her visage
As for a widowe þey did þat vsage
Þey nist neuer wher sche herborowid schuld be   1055
Echone sayde with me with me

Now þe quene of hevyn modir highest
Haþe noght wherin forto rist
Sche þanked hem & sayde I am betake
To Iohn I may not hym forsake   1060
Iohn sayde we will with Magdalayn alight
For sche resayvid oure maystir wele anight
Also my breþer will com all þedir
Þere will we rest & speke togedir
Þey had her forþ þurugh þe cite   1065
Widowes & wyffes of her had pite
When þey had broght hem þer ichon
Sum toke her leue & went home
Mary & Martha were besy þat night
To ese her & serue her þat þay myght   1070
Þink man how sche myght not slepe
Bote sorowed & sighed wayled & wepe
And euermore sayde my derworþy son
I liue in anguysch till þou come
Anon cam Petir with weping chere   1075

And salute Mary & Iohn in fere
Þan com þe disciples eche afftir oþer   fol. 127r col. 1
For schame durst non loke on his broþer
Þay askid þe doing of her dere lorde
Iohn tolde hem þe proces euery worde   1080
Allas sayde Petir me schameþ to loke
For I my swete lorde forsoke
Which louid me & cherisched me tendirly
Allas I wrech mercy I cry
Also þe disciples made her confescion   1085
And wept with grete lamentacion
Þan Cristis modir her mylde maystres
Had grete compascion of her hevynes
Sche comforte hem faire & sayde þis
Dismay 30w not for my son Ihesus   1090
For to þe dethe he wolde be borne
To saue manis soule þat was forlorn
In trauaile & pouert to lede his lyffe
Þerto he cam to me full riffe
No wonder þou3 3e forsoke hym in his end   1095
His fadir forsoke hym socour to send
Hymselffe he forsoke for our mysdede
I prayed for hym I myght not spede
Certes I am sory for his grete pascion
Bote truly I am glade for soulis saluacion   1100
Þey schull in hell euermore a be lore
Bote I hym to þis deth had ibore
3e wite wele how benigne my son was
And lightely he for3aff all man trespas
Doute 3e not of his grete mercy   1105
For largely he 3evith it þat affter will cry
Be of gode comffort & trust in fay
We schull hym se on þe þrid day
Sith he haþe boght vs with so grete price   fol. 127r col. 2
Nedis from deþ he mvst arise   1110
Certes sayde Petir þis night at cene
He sayde we schuld hym efftsonis sene
And all oure sorow schall to ioy come
And þat ioye schuld no man fro vs nom
A breþ sayde Mary I 30w pray   1115
Þat a swete sarmon 3e wolde say
Anon Iohn tolde her for he couþ best
For sleping he founde it att Cristis brest
Þus þay duellid in her meditacion
Till tyme cam of þe resurrexion   1120

Þenk man & se crist afftir his dethe
For þy synnis into hell streight goþe
Oute of þe fadirs bondis to make þe fre
And þe fende bounde to make to þe

Þenk also of þe grete dede of his power   1125
He myght haue sent an aungell to saue vs here
Bote þan our saluacion we schull not þank hym
Bote call þe aungell sauiour of mankyn
Þerffore he so hertely lovid vs
He ȝaffe his owne son god Ihesus   1130
Þat we hym onely schuld þank & do honour
As fadir & more socour & sauiour
Þank we now our fadir þat vs saue haþ broght
Our sike soulis to saue when syn haþ hem soght
And of his grete godenes giue we grete   1135
And sing þe wordis of Zacary þe prophet
Lorde God of Israell blissid mote þou be
Þe peple þou hast visit & broght hem to þe
Þat satt in derknes of deþ & disese
Þou lifte hem & lede hem in þe way of pece   1140

BIBLIOGRAPHY

PRIMARY SOURCES

AILERANUS. *Interpretatio Mystica Progenitorum Christi Moralisque Explanatio Nominum Eorumdem.* *PL* LXXX.

ALCUIN. *Interpretationes Nominum Hebraicorum Progenitorum Domini Nostri Jesu Christi. PL* C.

AMBROSE. *De Elia et Jejunio. PL* XIV.

——. *Sermones. PL* XVII.

AMEDEUS. *Homiliae de Maria Virgine. PL* CLXXXVIII.

ANASTASIUS SINAITICUS. *Anagogicarum Contemplationum in Hexaemeron. PG* LXXXIX.

AUGUSTINE. *De Civitate Dei. PL* XLI.

——. *De Genesi Ad Litteram. PL* XXXIV.

——. *In Epistolam Joannis Ad Parthos Tractatus Decem. PL* XXXV.

——. *In Joannis Evangelium. PL* XXXV.

——. *In Psalmum XCII. PL* XXXVII.

——. *Sermones. PL* XXXIX.

BAKER, Donald C., John L. MURPHY and Louis B. HAU, Jr., ed. *The Late Medieval Religious Plays of Bodleian MSS Digby 133 and E Museo 160.* London: Oxford University Press, 1982. EETS OS 283.

BEDE. *Chronicon Breve. PL* XCIV.

——. *De Temporibus Liber. PL* XC.

——. *De Temporum Ratione. PL* XC.

——. *Expositio in Evangelium S. Joannis. PL* XCII.

——. *Expositio in Evangelium S. Lucae. PL* XCII.

——. *Expositio in Evangelium S. Marci. PL* XCII.

——. *Expositio in Evangelium S. Matthaei. PL* XCII.

——. *In Pentateuchum. PL* XCI.

BELFOUR, A.O., ed. *Twelfth-Century Homilies.* London: Paul, Trench, Trubner and Co., 1909. EETS OS 137.

BLOCK, K.S., ed. *Ludus Coventriae.* London: Oxford University Press, 1922. EETS ES 120.

BRAULT, Gerard J. *The Song of Roland.* University Park, Pennsylvania: Penn State University Press, 1978.

BROWN, Beatrice, ed. *The Southern Passion.* London: Oxford University Press, 1927. EETS OS 169.

BROWN, Carleton, ed. *Religious Lyrics of the XIVth Century.* 2nd ed. Oxford: Clarendon, 1957.

BRUNO. *Expositio in Psalmum XLI. PL* CLII.

CAMPBELL, Gertrude H., ed. "The Middle English 'Évangile,'" *PMLA*, XXX (1915), 529-613.

CHAUCER, Geoffrey. *The Works of Geoffrey Chaucer.* Ed. F.N. Robinson. 2nd ed. Boston: Houghton Mifflin, 1957.

CHRISTIANUS DRUTHMARUS. *Expositio in Evangelium Matthaei. PL* CVI.

CHROMATIUS. *Tractatus in Evangelium S. Matthaei. PL* XX.

CYPRIAN. *De Unitate Ecclesiae. PL* IV.

D'EVELYN, Charlotte, ed. *Meditations on the Life and Passion of Christ*. London: Oxford University Press, 1921. EETS OS 158.

───── and Anna J. MILL, eds. *The South English Legendary*. 3 vols. London: Oxford University Press, 1956-59. EETS OS 235, 236, 244.

EUSEBIUS. *Historia Ecclesiastica. PG* XX.

EVANS, Sebastian, ed. and trans. *THE PERLESVAUS or "The High History of the Holy Grail."* London, 1969.

FOSTER, Frances A., ed. *The Northern Passion*. London: Kegan Paul, Trench, Trubner and Co., 1913-16. EETS OS 145, 147.

───── and Wilhelm HEUSER, eds. *The Northern Passion: Supplement*. London: Oxford University Press, 1930. EETS OS 183.

─────, ed. *A Stanzaic Life of Christ*. London: Oxford University Press, 1926. EETS OS 166.

FOWLER, Roger. *An Edition of Lines 9229-12712 of Cursor Mundi*. Diss. Ottawa, 1981.

FURNIVALL, F.J., ed. *The Digby Plays*. London: Kegan Paul, Trench, Trubner and Co., 1896. EETS ES 70.

─────, ed. *Hymns to the Virgin and Christ*. London: Kegan Paul, Trench, Trubner and Co., 1898. EETS OS 24.

─────, ed. *Adam Davy's Five Dreams about Edward II and Other Pieces*. London: Trubner and Co., 1878. EETS OS 69.

Glossa Ordinaria. PL CXIV.

GOATES, Margery, ed. *The Pepysian Gospel Harmony*. London: Oxford University Press, 1922. EETS OS 157.

GREGORY. *Homiliae in Evangelia. PL* LXXVI.

─────. *Moralium Libri: Expositio in Librum B. Job. PL* LXXV.

GROSSETESTE, Robert. *Le Chasteau d'Amour*. Ed. M. COOKE. Publications of the Caxton Society XV (1852); rpt. New York: Franklin, 1967.

─────. *Le Chateau d'Amour de Robert Grosseteste Évêque de Lincoln*. Ed. J. Murray. Paris: Champion, 1918.

HAMELIN, Mother Marie du Bel Amour, ed. Þe *Passioun of Oure Lord*. In *Middle English Devotional Pieces*. Diss. Fordham, 1962.

HENNECKE, Edgar and Wilhelm SCHNEEMELCHER, eds. *New Testament Apocrypha*. 3rd ed. 2 vols. Trans. R. McL. WILSON. Philadelphia: Westminster Press, 1963.

HERMAN de VALENCIENNES. *La Bible von Herman de Valenciennes*. III. Ed. Hans BURKOWITZ. IV. Ed. Eugene KREMERS. V. Ernst MARTIN. Griefswald: Hans Adler, 1914.

─────. *Li Romanz de Dieu et de sa Mère*, ed. Ina SPIELE. Publications romanes de l'Université de Leyden, XXI. Leyden: Presse Universitaire de Leyden, 1975.

HILARY. *Commentarius in Evangelium Matthaei. PL* IX.

─────. *Tractatus in CXXXV Psalmum. PL* IX.

HILDEBERTUS. *Physiologus. PL* CLXXI.

HILDEFONSUS. *De Cognitione Baptismi. PL* XCVI.

HILDEGARDIS. *Physica: Subtilitatum Diversarum Naturarum Creaturarum. PL* CXCVII.

HONORIUS AUGUSTODUNENSIS. *De Imagine Mundi, PL* CLXXII.

─────. *Elucidarium*. Ed. Yves LEFÈVRE, *L'Elucidarium et les lucidaires*. Paris: de Boccard, 1954. *Bibliothèque des Écoles françaises d'Athènes et de Rome*, fasc. 180.

HORRALL, Sarah, ed. *An Edition of the Old Testament Section of the Cursor Mundi from MS College of Arms Arundel LVII*. Diss. University of Ottawa, 1973.

─────. *The Southern Version of Cursor Mundi*, Vol. I. Ottawa: University of Ottawa Press, 1978.

HORSTMANN, C., ed. *The Early South English Legendary*. London: Trubner, 1887. EETS OS 87.
————, ed. *The Minor Poems of the Vernon Manuscript*. London: Kegan Paul, 1892. EETS OS 98.
————, ed. "Nachträge zu den Legenden," *Archiv*, LXXVI (1887), 459-470.
HUGH OF ST. VICTOR. *De Bestiis Aliis et Rebus. PL* CLXXVII.
HULME, William H., ed. *The Middle English Harrowing of Hell and Gospel of Nicodemus*. 1907; rpt. London: Oxford University Press, 1961. EETS ES 100.

IRENAEUS. *Against Heresies. A-NF* I.
ISIDORE. *De Natura Rerum. PL* LXXXIII.
————. *De Ordine Creaturarum. PL* LXXXIII.
————. *De Ortu et Obitu Patrum. PL* LXXXIII.
————. *Etymologiarum*. Ed. W.M. LINDSAY, 1911; rpt. Oxford: Clarendon, 1966.

JACOBUS A VORAGINE. *Legenda Aurea*. Ed. Th. GRAESSE. Lipsiae: Impensis Librariae Arnoldianae, 1850.
JAMES, M.R., ed. and trans. "The Apocalypse of the Holy Mother of God Concerning the Chastisements." *A-NF* X.
————, ed. and trans. *The Apocryphal New Testament*. 1924; rpt. Oxford: Clarendon, 1972.
JOANNES BELETHUS. *Rationale Divinorum Officiorum. PL* CCII.
JOHN DAMASCENUS. *De Fide Orthodoxa*. Ed. Eligius M. BUYTAERT. St. Bonaventure, N.Y.: Franciscan Institute, 1955.
JOSEPHUS. *The Works of Flavius Josephus*. Trans. William WHISTON. New York: Worthington Co., 1890.
JULIUS FIRMICUS MATERNUS. *De Errore Profanorum Religionum. PL* XII.

KER, N.R., ed. "An Eleventh-Century Old English Legend of the Cross before Christ," *Medium Aevum*, IX (1940), 84-85.
KIM, H.C., ed. *The Gospel of Nicodemus (Gesta Salvatoris)*. Toronto Mediaeval Texts. Toronto: The Pontifical Institute for Mediaeval Studies, 1973.
KRAPP, George Philip, ed. *The Vercelli Book*. New York: Columbia University Press, 1932. The Anglo-Saxon Poetic Records II.

LAZAR, Moshé. "La Légende de 'l'Arbre de Paradis' ou 'bois de la croix'", *Zeitschrift für romanische Philologie*, LXXVI (1960), 34-63.
LUMIANSKY, R.M. and David MILLS, ed. *The Chester Mystery Cycle*. London: Oxford University Press, 1974. EETS SS 3.

MANDEVILLE, John. *Mandeville's Travels*. Ed. P. HAMELIUS. London: Kegan Paul, Trench, Trubner and Co., 1919. EETS OS 153, 154.
MEYER, Wilhelm. "Die Geschichte des Kreuzholzes von Christus," *Abhandlungen der Philosophisch-Philologischen Classe der Königlich Bayerischen Akademie der Wissenschaften*, XVI (1881), 101-166.
MIRK, John. *Mirk's Festial*. Ed. Theodore ERBE. London: Kegan Paul, Trench, Trubner and Co., 1905. EETS ES 96.
MORRIS, Richard, ed. *The Blickling Homilies*. London: Trubner, 1880. EETS OS 58, 63, 73.
————, ed. *Cursor Mundi*. 1874-92; rpt. London: Oxford University Press, 1961-66. EETS OS 57, 59, 62, 66, 68, 99, 101.
————, ed. *Legends of the Holy Rood*. London: Trubner, 1871. EETS OS 46.

―――, ed. *Old English Homilies of the Twelfth Century*. London: Trubner, 1873. EETS OS 58.

―――, ed. *An Old English Miscellany*. London: Trubner, 1872. EETS OS 49.

MORTON, James, ed. *The Ancrene Riwle*. London: The Camden Society, 1853. OS LVII.

MOUS, Peter. *An Edition of the Apocryphal New Testament of the Cursor Mundi*. Diss. Ottawa, 1980.

NAPIER, Arthur S., ed. *History of the Holy Rood Tree*. London: Kegan Paul, 1894. EETS OS 103.

NAU, F., ed. and trans. *Histoire de Saint Jean-Baptiste*. *PO* IV.

PARIS, Gaston, ed. *La Vie de Saint Alexis*. Paris: Librairie A. Franck, 1872.

PASCHASIUS RADBERTUS. *Expositio in Matthaeum*. *PL* CXX.

PETRUS CHRYSOLOGUS. Sermo XII: "De Jejunio et Tentationibus Christi." *PL* LII.

PETRUS COMESTOR. *Historia Scholastica*. *PL* CXCVIII.

PIDAL, Ramon Menendez, ed. *Cantar del Cid Segun el Texto Antiguo*. Madrid: Espasa-Calpe, 1976.

RABANUS MAURUS. *Commentaria in Matthaeum*. *PL* CVII.

―――. *De Universo*. *PL* CXI.

REVILLOUT, E., ed. and trans. *Les Apocryphes Coptes: Les Évangiles des Douze Apôtres et de Saint Barthélémy*. *PO* II.

ROBERTS, Alexander, and James DONALDSON, ed. *The Ante-Nicene Fathers*. 8 Vols. Buffalo: Christian Literature Publishing Co., 1885-6.

ROBINSON, Forbes, trans. *Coptic Apocryphal Gospels*. Cambridge: Cambridge University Press, 1896.

RUPERTUS. *De Trinitate et Operibus Ejus*. *PL* CLXVII.

SKEAT, Walter W., ed. *The Vision of William Concerning Piers the Plowman*. 2 vols. London: Oxford University Press, 1886.

STAUFFENBERG, Henry J., ed. *An Edition of Cursor Mundi 12713-17082 from MS. College of Arms, Arundel LVII*. Diss. University of Ottawa, 1977.

TATIAN. *The Diatessaron*. Ed. and trans. H.W. HOGG. *A-NF* X.

TERTULLIAN. *Liber de Jejunis*. *PL* II.

THORPE, Benjamin, ed. *Homilies of the Anglo-Saxon Church*. 2 vols. London: The Aelfric Society, 1894.

Traduction anonyme de la bible entière. MS BN fr. 763, fols. 267-273.

VICTOR OF CAPUA. *Evangelicae Harmoniae*. *PL* LXVIII.

WARNER, Rubie D-N, ed. *Early English Homilies*. London: Kegan Paul, Trench, Trubner and Co., 1917. EETS OS 152.

WEATHERLY, Edward H. *Speculum Sacerdotale*. London: Oxford University Press, 1936. EETS OS 200.

WERNERUS. *Deflorationes SS. Patrum*. *PL* CLVII.

SECONDARY SOURCES

ABBATE, Francesco. *Christian Art*. New York: Octopus Books, 1972.

AREND, Zygfryd Marjan. "Linking in *Cursor Mundi*," *Transactions of the Philological Society* (1925-1930), 200-259.

ARNOTT, Peter. *The Byzantines and Their World*. New York: St. Martin's Press, 1973.

BACKE, Magnus and Regine DOLLING. *Art of the Dark Ages*. New York: Harry N. Abrams, 1969.

BARING-GOULD, Sabine. *Curious Myths of the Middle Ages*. New Hyde Park, N.Y.: University Books, 1967.

BARTH, Curt. *Der Wortschatz des Cursor Mundi*. Diss. Königsberg, 1903.

BECKWITH, John. *Early Medieval Art*. New York: Praeger, 1973.

BEICHNER, Paul E. "The *Cursor Mundi* and Petrus Riga," *Speculum*, XXIV (1949), 239-250.

BERGER, Samuel. *La Bible française au moyen âge*. Paris: Imprimerie Nationale, 1884.

BLOOMFIELD, Morton W. *The Seven Deadly Sins: An Introduction to the History of a Religious Concept, with Special Reference to Medieval English Literature*. East Lansing: The University of Michigan Press, 1952.

BONNARD, Jean. *Les Traductions de la Bible en vers français au moyen âge*. Paris: Imprimerie Nationale, 1884.

BORLAND, Lois. *The Cursor Mundi and Herman's Bible*. Diss. Chicago, 1929.

————. "Herman's *Bible* and the *Cursor Mundi*," *Studies in Philology*, XXX (1933), 427-444.

BOSSUAT, Robert, et al. *Dictionnaire des lettres françaises: le moyen âge*. Paris: Librairie Artheme Fayard, 1964.

BRASWELL, Laurel N. *The South English Legendary Collection: A Study in Middle English Religious Literature of the Thirteenth and Fourteenth Centuries*. Diss. Toronto, 1964.

BRODERICK, Robert, ed. *The Catholic Encyclopedia*. New York: Thomas Nelson, Inc., 1976.

BROWN, Carleton. "The *Cursor Mundi* and the *Southern Passion*", *Modern Language Notes*, XXVI (1911), 15-18.

BUCKTON, T. J. "The Greek Cross," *Notes and Queries*, 2nd Ser., II (1856), 257.

BUEHLER, Philip. "The *Cursor Mundi* and Herman's *Bible* — Some Additional Parallels," *Studies in Philology*, LXI (1964), 485-499.

Cambridge History of the Bible. Vol. II: *The West from the Fathers to the Reformation*. Ed. G. W. H. LAMPE. Cambridge: Cambridge University Press, 1969.

CAROL, J. P., ed. *Mariology*. 3 vols. Milwaukee: Bruce, 1955-1961.

CAVENDISH, Richard, ed. *Legends of the World*. Scarborough, Ontario: Van Nostrand-Reinhold, 1982.

DAREAU, Margaret Grace and Angus MCINTOSH. "A Dialect Word in Some West Midland Manuscripts of the *Prick of Conscience*," *Edinburgh Studies in English and Scots*. Ed. A. J. AITKEN, Angus MCINTOSH, and Herman PALSSON. London: Longmans, 1971. Pp. 20-26.

DIDRON, Adolphe N. *Christian Iconography: The History of Christian Art in the Middle Ages*. 2 vols. Trans. E. J. MILLINGTON. New York: Frederick Ungar Publishing Co., 1965.

DOBSON, R. B. "The Last English Monks on Scottish Soil: The Severance of Coldingham Priory from the Monastery of Durham 1461-78," *Scottish Historical Review*, XLVI (1967), 1-25.

DUDLEY, Louise. *Egyptian Elements in the Legend of the Body and Soul*. Baltimore: J. H. Furst, 1911. Bryn Mawr College Monograph Series, No. 8.

F. C. H. "The Greek Cross: Number of Nails," *Notes and Queries*, 3rd Ser., III (1863), 392.
FINDLAY, A. F. *Byways in Early Christian Literature: Studies in the Uncanonical Gospels and Acts*. Edinburgh: Clark, 1923.
FOWLER, David C. *The Bible in Early English Literature*. Seattle: University of Washington Press, 1976.
FRANCASTEL, P. *Medieval Painting*. New York: Dell Publishing, 1967.

GALLAGHER, Sharon. *Medieval Art*. New York: Tudor Publishing, 1969.
GOUGAUD, Louis. *Devotional and Ascetic Practices in the Middle Ages*. Trans. G. C. BATEMAN. London: Burns, Oates and Washburn, 1927.

HAENISCH, Dr. "Inquiry into the Sources of the *Cursor Mundi*," in Richard MORRIS, ed., *Cursor Mundi*. London: Kegan Paul, 1893. EETS OS 101. Pp. 1*-56*.
HÖRNING, Willy. *Die Schreibung der Hs. E des Cursor Mundi*. Diss. Friedrich-Wilhelms-Universität, Berlin, 1906.
HORRALL, Sarah M. "An Old French Source for the *Genesis* Section of *Cursor Mundi*," *Mediaeval Studies*, XL (1978), 361-373.
―――. "A Shippe Behoues þe to Dight," *Revue de l'Université d'Ottawa*, 48 (1978), 202-209.
HUPE, H. "*Cursor Mundi*," *Anglia Beiblatt*, I (1890-1891), 133-136.
―――. "*Cursor Mundi*: Essay on the Manuscripts and Dialect," in Richard Morris, ed., *Cursor Mundi*, VII. 1893; rpt. London: Oxford University Press, 1962. EETS OS 101.
―――. "Zum Handschriftenverhältniss und zur Textkritik des *Cursor Mundi*," *Anglia*, XI (1889), 121-145.

JACKSON, John C. "The Greek Cross," *Notes and Queries*, 2nd Ser., II (1856), 257.
J. C. J. "The Greek Cross," *Notes and Queries*, 2nd Ser., III (1857), 78-79.
―――. "The Greek Cross," *Notes and Queries*, 3rd Ser., II (1862), 463.
JONES, Carolyn E. *Cursor Mundi and Post Peccatum Adae: A Study of Textual Relationships*. Diss. Miami, 1976.

KAISER, Rolf. *Zur Geographie des mittelenglischen Wortschatzes*. 1937; rpt. New York: Johnson Reprint Corp., 1970. *Palaestra* 205.
KALUZA, Max. "Zu den Quellen und dem Handschriftenverhältniss des *Cursor Mundi*," *Englische Studien*, XII (1889), 451-458.
―――. "Zum Handschriftenverhältniss und zur Textkritik des *Cursor Mundi*," *Englische Studien*, XI (1888), 235-275.
KER, N. R. *Medieval Libraries of Great Britain*. 2nd ed. London: Royal Historical Society, 1964.

LAMBERTS, Jacob J. *The Dialect of Cursor Mundi (Cotton MS. Vespasian A III)*. Diss. Michigan, 1953.

McBIRNIE, W. S. *The Search for the Twelve Apostles*. New York: Pyramid Publications, 1973.
McINTOSH, Angus. "A New Approach to Middle English Dialectology," *English Studies*, XLIV (1963). Rpt. in Roger LASS, ed., *Approaches to English Historical Linguistics*. New York: Holt, Rinehart, and Winston, 1969. Pp. 392-403.
MÂLE, Émile. *L'Art religieux du XIIIᵉ siècle en France: étude sur l'iconographie du moyen âge et sur ses sources d'inspiration*. Paris: Armand Colin, 1923.

MARDON, Ernest G. *The Narrative Unity of the Cursor Mundi*. Glasgow: William MacLellan, 1970.

MARTINDALE, Andrew. *Gothic Art from the Twelfth to the Fifteenth Century*. New York: Praeger, 1974.

MASSERON, Alexandre. *Saint Jean-Baptiste dans l'art*. Paris: Arthaud, 1957.

MOORE, Samuel, Sanford B. MEECH, and Harold WHITEHALL. "Middle English Dialect Characteristics and Dialect Boundaries," in *Essays and Studies in English and Comparative Literature*. Ann Arbor: University of Michigan Press. 1935.

PAGELS, Elaine. *The Gnostic Gospels*. New York: Random, 1979.

PEEBLES, Rose. *The Legend of Longinus in Ecclesiastical Tradition*. Baltimore: J. H. Furst, 1911. Bryn Mawr College Monograph Series, No. 9.

PIRANI, Emma. *Gothic Illuminated Manuscripts*. London: Hamlyn, 1970.

QUINN, Esther C. *The Legend of Seth and the Holy Cross*. Diss. Columbia University, 1960.
———. *The Quest of Seth for the Oil of Life*. Chicago: University of Chicago Press, 1962.

ROBINSON, James M. *The Nag Hammadi Library*. San Francisco: Harper and Row, 1977.

SAJAVAARA, Kari. *The Middle English Translations of Robert Grosseteste's Chateau d'Amour*. Helsinki: Société Néophilologique, 1967.
———. "The Use of Robert Grosseteste's *Chateau d'Amour* as a Source of the *Cursor Mundi*," *Neuphilologische Mitteilungen*, LXVIII (1967), 184-193.

SETTON, Kenneth M., et al. *The Age of Chivalry*. Washington: The National Geographic Society, 1969.

"Sigma Tau." "The Greek Cross," *Notes and Queries*, 3rd Ser., III (1863), 315.

SMALLEY, Beryl. *English Friars and Antiquity in the Early Fourteenth Century*. Oxford: Basil Blackwell, 1960.

SOUCHAL, François. *Art of the Early Middle Ages*. New York: Harry N. Abrams, Inc., 1968.

ST-JACQUES, Raymond C. "Langland's Christ-Knight and the Liturgy," *Revue de l'Université d'Ottawa*, XXXVII (1967), 146-158.

STRANDBERG, Otto. *The Rime-Vowels of Cursor Mundi*. Uppsala: Almqvist & Wiksells Boktryckeri, 1919.

VOELKLE, William, ed. *The Stavelot Triptych: Mosan Art and the Legend of the True Cross*. New York: The Pierpont Morgan Library, 1980.

WADE, Anna Lathrop. *The Relationship of the Cursor Mundi to the English Lyric Drama: The Old Testament Plays*. Diss. Auburn, 1980.

WALCOTT, Mackenzie. "The Greek Cross," *Notes and Queries*, 2nd Ser., III (1857), 117.

WILDSMITH, Brian. *The True Cross*. London: Oxford University Press, 1977.

WOOLF, Rosemary. "The Theme of Christ the Lover Knight in Mediaeval Literature," *Review of English Studies*, XIII (1962), 1-16.

OTTAWA MEDIAEVAL TEXTS AND STUDIES
PUBLICATIONS MÉDIÉVALES DE L'UNIVERSITÉ D'OTTAWA

1 **Miracles de Notre-Dame de Chartres**, by Jean le Marchant, edited by Pierre Kunstmann, 1973, 300 pages

2 **The Tiberius Psalter**, edited from British Museum MS Cotton Tiberius C vi, by A. P. Campbell, 1974, xxvi + 304 pages

3 **Le vocabulaire des lais de Marie de France**, by Denise McClelland, 1977, 212 pages

4 **Commemoratio Brevis de Tonis et Psalmis Modulandis**, translated and edited by Terence Bailey, 1979, 128 pages

5 **The Southern Version of** *Cursor Mundi*, Vol. I, edited by Sarah M. Horrall, 1978, 432 pages

6 **Treize miracles de Notre-Dame**, tirés du Ms. B.N. fr. 2094, edited by Pierre Kunstmann, 1981, 144 pages

7 **L'Œuvre lyrique de Richard de Fournival**, edited by Yvan G. Lepage, 1981, 176 pages

8 **Le Gracial**, by Adgar, edited by Pierre Kunstmann, 1981, 400 pages

9 **Fierabras**, roman en prose de la fin du XIVe siècle, edited by Jean Miquet, 1982, 192 pages

10 **Dictionnaire inverse de l'ancien français**, by Douglas C. Walker, 1982, xxxii + 880 pages

11 **Concordance analytique de** *La mort le roi Artu*, by Pierre Kunstmann and Martin Dubé, 1982, 2 volumes, xii + 1910 pages

12 **Le Roman de Floriant et Florete ou le Chevalier qui la nef maine**, by Claude M. L. Levy, 1983, 200 pages

13 **The Southern Version of** *Cursor Mundi*, Vol. III, edited by Henry J. Stauffenberg, 1986, xx + 244 pages

OTHER MEDIAEVAL STUDIES

By Things Seen: Reference and Recognition in Medieval Thought, edited by David L. Jeffrey, 1979, 270 pages

Chaucer and Scriptural Tradition, compiled and edited by David L. Jeffrey, 1984, xvi + 242 pages

This book,
Volume Three of
The Southern Version of CURSOR MUNDI
and Volume Thirteen
in the series
Ottawa Mediaeval Texts and Studies,
was composed in Times Roman
and printed by
l'Imprimerie Marquis of Montmagny, Quebec
in nineteen hundred and eighty-five.